How to Invest in
Commodity futures

·一本商品期货的活字典·

如何投资商品期货

廖玉完◎著

SPM
南方出版传媒
广东经济出版社
·广州·

图书在版编目（CIP）数据

如何投资商品期货/廖玉完著. —广州：广东经济出版社，2019.6

ISBN 978－7－5454－6585－3

Ⅰ. ①如… Ⅱ. ①廖… Ⅲ. ①商品期货－期货交易Ⅳ. ①F713.35

中国版本图书馆 CIP 数据核字（2018）第 288963 号

出 版 人：李　鹏
责任编辑：罗振文　周伊凌
责任技编：许伟斌

如何投资商品期货
RUHE TOUZI SHANGPIN QIHUO

出版发行	广东经济出版社（广州市环市东路水荫路 11 号 11～12 楼）
经销	全国新华书店
印刷	佛山市浩文彩色印刷有限公司 （南海区狮山科技工业园 A 区兴旺路 6 号）
开本	730 毫米×1020 毫米　1/16
印张	16.5
字数	323 000 字
版次	2019 年 6 月第 1 版
印次	2019 年 6 月第 1 次
书号	ISBN 978－7－5454－6585－3
定价	68.00 元

如发现印装质量问题，影响阅读，请与承印厂联系调换。
发行部地址：广州市环市东路水荫路 11 号 11 楼
电话：（020）37601950　邮政编码：510075
邮购地址：广州市环市东路水荫路 11 号 11 楼
电话：（020）37601980　营销网址：http://www.gebook.com
广东经济出版社新浪官方微博：http://e.weibo.com/gebook
广东经济出版社常年法律顾问：胡志海律师

作者序

距离上次撰写《商品市场面面观》已经超过5年了，这几年来全球金融市场经历了欧债希腊危机，日本首相安倍晋三提出“三支箭”主张，中国新领导人上任，俄罗斯与乌克兰主权纷争，中东政局不安等国际重大事件。这些金融动荡与政治不安造就了全球货币量化宽松政策（QE）的大环境，美国是QE始作俑者；接下来，欧洲、日本也纷纷仿效，中国甚至在2014年11月开始连续七个月七次降准降息，有类似QE的味道。各国央行不断撒钱却迟迟无法提升全球经济，造成金融市场资金泛滥，于是在全球资本与投资市场中形成股债市齐扬、商品价格疲软不同以往的风貌。

现阶段全球利率降至空前低点，欧洲、日本甚至陷入负利率的环境，流动性陷阱成为金融分析家的口头禅，欧洲、日本经济疲软，使美元一枝独秀，抑制商品与原物料的价格。大型法人机构在2013年年初开始看空黄金，黄金期货在当年4月中旬每盎司（1盎司≈28.3克）跌破1500美元，终结了11年来的大多头走势；接着美国页岩油增产，加上石油输出国家组织（OPEC）宣布不减产，2014年下半年油价应声跌破每桶100美元，基本面供过于求的颓势终于触发空头狂袭，半年之内国际油价腰斩跌破50美元。此外，2013年中国缓冲趋稳的经济政策使中国经济增长速度放缓，中国GDP年增长率萎缩至7.7%，2014年更是降至7.4%，创最近25年新低。中国工业生产衰退、房市下滑与内需不振直接造成国际基本金属与农产品价格的欲振乏力。

2008年能源与农产品期货价格创下纪录高价，2011年金属与软性商品价格也创下历史新高，而后这几年商品期货价格自高位持续下滑，至2015年年初商品期货价格自历史高点平均下滑超过50%，CRB指数处于近6年低点附近。这一波全球商品价格的下滑与2008年金融海啸的状况不同，当时是因为欧美金融的大动荡，而这一次则是因为基本面需求的疲弱，前者信心恢复后自谷底回升容易，后者需要经济复苏的拉抬，扭转颓势需要耐心等待。

中国经济发展仍然主导全球商品的需求，伦敦金属交易所（LME）这家百年交易所已经被象征中资的香港交易所并购，这是中国拿回商品定价权的第一步，接着上海国际能源交易中心在自贸区的原油期货在2018年3月上市，这是中国商品期货国际化的重要里程碑。中国商品期货进军全球与美国相抗衡的布局逐步实现，全球商品期货市场可能发展出更多元的交易方式。

现阶段商品价格的走跌看似是单一事件，其实和全球金融环境变迁环环相扣，本书以衣食住行为主题，用精简且易懂的文字介绍各种商品期货的特性与影响基本面的关键因素，希望引领大家对这些与日常生活关系密切的原物料有更进一步的认识，并且本书导入很多的图形与表格，让读者能够一目了然。另外，本书还整理分析近30年各商品基本面对价格影响的重要事件说明，借此增进读者对商品的认识，以及作为读者为未来价格预测的重要参考。希望这本书不但能成为投资者有用的参考书、工具书，更能吸引一般大众来认识这些原物料商品，了解它们在日常生活中的影响力。

前 言

商品期货

如果随机问正紧盯屏幕的投资人，商品期货是什么？能够完整回答的人屈指可数！很正常，大多数投资人对期货一知半解，或是仅了解外汇、利率、股指等金融期货，对于商品期货多半只停留在那是实物商避险工具，跟我是八竿子打不着的关系，所以不想知道也没兴趣了解。

但是商品期货说穿了就像是超市的货品一样，是日常生活中使用到的物品，换句话说，是构成一般大众每天生活的必需成本。因此，就专业术语而言，商品期货就是商品价格形成的最初买卖。举例来说，你买预售房时，开发商可以在房子预备兴建或开始兴建时就销售，通过预售屋的成交价格，市场可以知道未来房屋的价值。以此类推，投资人借由商品期货可以预知商品未来可能涨价或是跌价的趋势，消费者也可以先去消费或是延迟消费，就好像知道台风要来，主妇们抢着买叶菜类食品一样。

商品期货是将实体标的物做成交易契约，而这些标的物如果通过现货交割，最终会在市场消费。因此，商品期货除了投资交易外，一般人还可借由商品期货的波动预知未来物价可能的波动。为了让投资商品期货的行为更贴近日常生活，使投资人更容易了解、上手，本书将国际间热门的商品期货分为衣食住行与贵金属五大类。

你除了可以从本书中了解商品期货与日常生活的关系外，更可深入探讨食品原料的进化史，本书加载各项丰富的历史图，包括原物料30年以上的生产消费量变化，主要供给国家与需求国家的供给与消费；更从历史价格的高低点变迁说明价格的影响因素。

先看先懂

在说明商品期货之前，必须先了解CRB商品指数，因为这项指数是由商品期货构成，几乎所有的商品期货对冲基金都以此作为策略进出的重要参考，甚至一些交易型开放式指数基金（ETF），也是以CRB指数绩效作为追踪标的。

CRB指数是指路透CRB商品指数（Reuters/Jefferies Commodity Research Bureau Index，RJ/CRB），在1957年推出，1958年首次出现在CRB商品年鉴，刚开始包括28种商品。自1961年以来，成分与比例已经过10次修正，最近一次修正是2005年6月路透集团与Jefferies金融商品公司合并后，将成分缩减为19种美国商品期货，依不同权重分为四个大组，涵盖了能源、金属、农产品、牲畜与软性商品。

RJ/CRB除了是商品操作的重要指标外，与物价变动有密切关系，它是美国生产者物价指数（PPI）和消费者物价指数（CPI）等通货膨胀指标的重要参考，CRB指数甚至对中国台湾的物价指数也有某种程度的领先参考作用。表1所列是RJ/CRB指数成分的所有商品；图1是RJ/CRB指数成分所占权重比例；图2是自2005—2014年RJ/CRB与美国物价走势图，从图2可以看出一般人日常生活中的用品涨跌受期货的影响之大，这也是本书为何会以衣食住行分类的主因，供投资人参考。

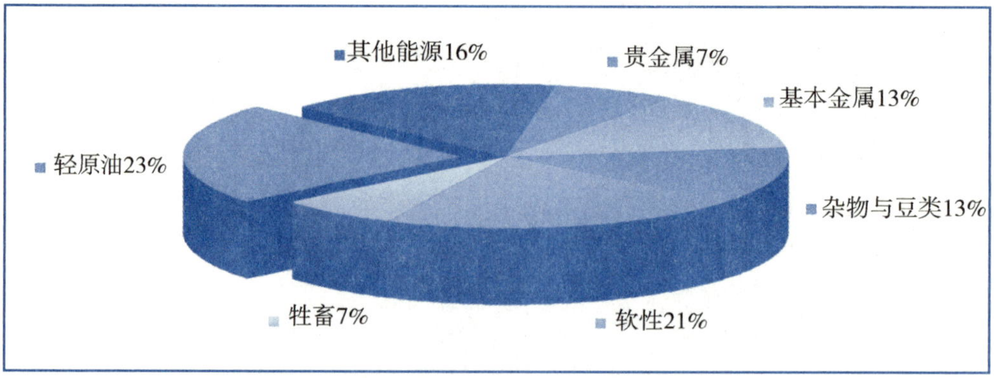

图1　RJ/CRB指数成分所占权重比例

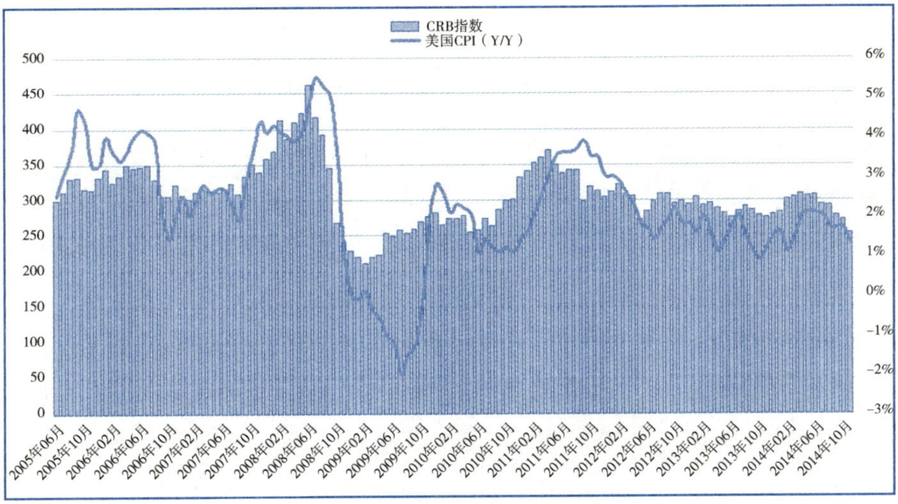

图 2　RJ/CRB 与美国物价走势图

表 1　RJ/CRB 指数成分商品

	商品期货	指数权重	交易所
组 I：石油类产品	西德州轻原油	23%	NYMEX
	热燃油	5%	NYMEX
	无铅汽油	5%	NYMEX
组 II：高流动性商品	天然气	6%	NYMEX
	玉米	6%	CBOT
	黄豆	6%	CBOT
	活牛	6%	CME
	黄金	6%	COMEX
	铝	6%	LME
	铜	6%	COMEX
组 III：流动性商品	11 号糖	5%	NYBOT
	棉花	5%	NYBOT
	可可	5%	NYBOT
	咖啡	5%	NYBOT
组 IV：分散化商品	镍	1%	LME
	小麦	1%	CBOT
	瘦肉猪	1%	CME
	冻橘汁	1%	NYBOT
	白银	1%	COMEX

注：NYMEX 纽约商品交易所、CBOT 芝加哥期货交易所、CME 芝加哥商业交易所、COMEX 纽约金属交易所、LME 伦敦金属交易所、NYBOT 纽约期货交易所。

投资商品期货需要知道的事

本书主要是以欧美热门的商品期货为主轴，再以衣食住行分门别类逐一介绍，让投资人了解商品期货不仅是投资标的，也是与我们生活周遭息息相关的物品，虽然有些不是直接消费，不过在各种食物、用品或器具中都存在过，当然要拥有这些物品绝不可缺少的是“钱”，所以**它是金融市场的先行指标**。换句话说，本书要传达给投资人的是，不仅认识商品期货、了解商品期货的投资要点，更可以从商品期货中知道金融市场的起伏变化，甚至把握全球经济增长的脉动。

你一定要知道的商品期货三件事

一、春江水暖鸭先知

就像在本书前言里所说，路透社商品研究局指数（CRB）显示美国主要商品期货的价格加权走势，而且这项指数与物价的关系密切，甚至可以说它是消费者物价指数（CPI）的领先指标。

自2005年以来，从路透社商品研究局指数与美国消费者物价指数月增长率资料来看，两者相关性高达80.6%，如果将路透社商品研究局指数提前一个月，相关性提高到85.8%。这种关系如果只看最近三年半数据（从2012年算起），相关性达87.5%；如果将消费者物价指数提早一个月，相关性更是升高至91.6%。

由此可见，借由路透社商品研究局指数的变动是可以预测美国消费者物价的变动情况，而消费者物价的变动更是美国联准会（FED）调整利率政策的两大考虑要素之一（见图3）。美国联准会强调美国，是因为2014年期货与选择权交易量以美国的CME集团蝉联第一，而这个集团交易的是全球最重要且流动性最佳的商品期货。CME集团包括芝加哥的两大期货交易所：芝加哥商业交易所（简称CME）、芝加哥期货交易所（简称CBOT）和纽约商品交易所（简称NYMEX，包括先前被并入的COMEX）。

如果以中国台湾物价变动来看，由于中国台湾大宗物资（黄豆、小麦、玉米）绝大部分都是依赖进口，所以中国台湾消费者物价指数

图3 CRB指数与美国CPI月增长率

的月增长率与路透社商品研究局指数是呈现正向关系。以2012年至今的数据来看，两者相关性达66.5%，如果将路透社商品研究局指数提早一期，相关性提高至71.7%，是属于高度的正相关，因此这项指数对中国台湾物价是具有领先的作用（见图4）。

二、大国崛起：中国需求独占鳌头

中国是全球第二大经济体，人口数量称冠全球。自改革开放以来，对粮食与工业原料的需求与日俱增，而且中国本身具有丰富的矿产与农产，因此在全球商品供给与需求方面逐渐占有举足轻重的地位，尤其是年年增长的原物料消费需求更是左右国际商品期货行情的重要因素（见图5）。

中国是全球最大的基本金属消费国，铜、铝、铅、锌、镍的消费量占全球40%以上。自1990年以来，随着中国工业的蓬勃发展，中国成为世界工厂，基本金属的市占率呈现5～10倍的增长，尤其是自2000年以后增长更为显著（见图6）。现阶段，中国黄金消费已经超越印度成为世界第一，原油进口超越美国成为全球最大，甚至中国的黄豆、小麦、稻米与棉花消费需求都是全球第一。由于需求增加导致中国的粗谷物、黄豆、棉花进口量也是全球最大，尤其是黄豆的进口占全球进口量的64%，需求变化更是动辄影响世界各国物价。

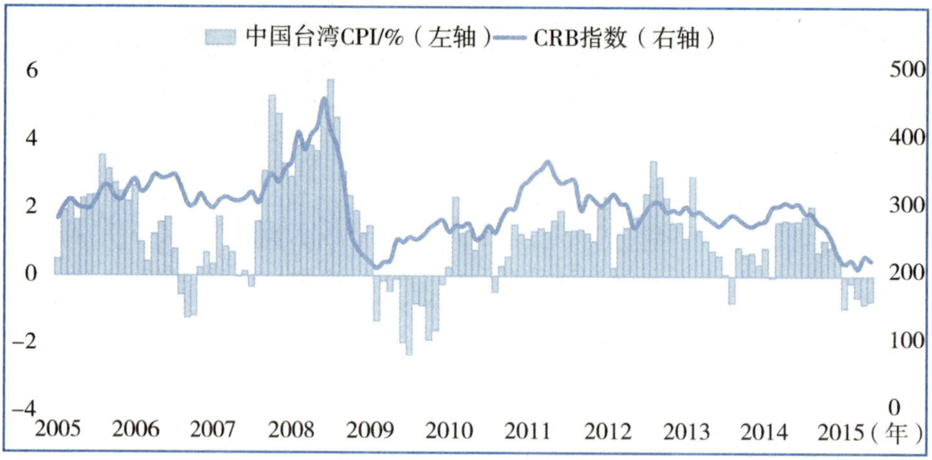

图 4　CRB 指数与中国台湾 CPI 月增长率

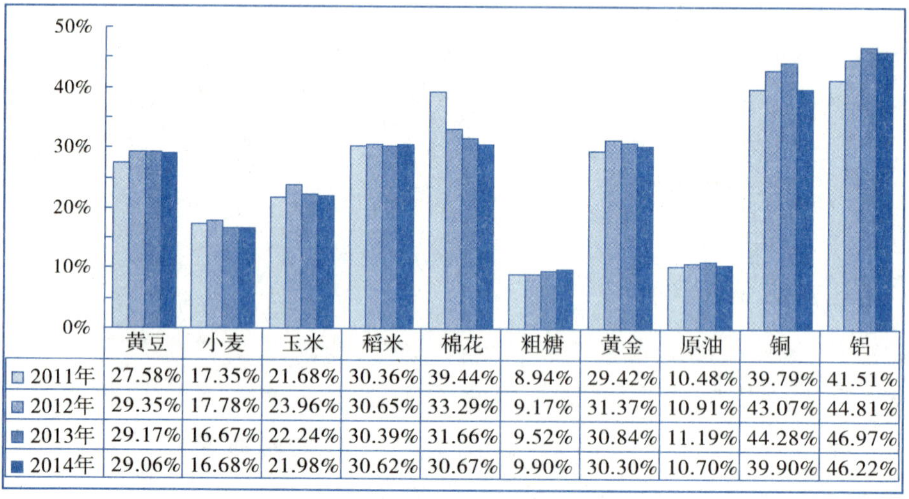

	黄豆	小麦	玉米	稻米	棉花	粗糖	黄金	原油	铜	铝
2011年	27.58%	17.35%	21.68%	30.36%	39.44%	8.94%	29.42%	10.48%	39.79%	41.51%
2012年	29.35%	17.78%	23.96%	30.65%	33.29%	9.17%	31.37%	10.91%	43.07%	44.81%
2013年	29.17%	16.67%	22.24%	30.39%	31.66%	9.52%	30.84%	11.19%	44.28%	46.97%
2014年	29.06%	16.68%	21.98%	30.62%	30.67%	9.90%	30.30%	10.70%	39.90%	46.22%

图 5　中国重要商品需求占全球比重

如果投资人要熟悉且掌握商品期货的价格脉动，**了解中国的需求与进口原物料的变动是最重要的课题**。例如：中国的经济增长数据与预期、制造业采购经理人指数、工业生产、房地产开发等公布数据对基本金属、作物的需求都具有相当高的参考意义。除了经济增长外，中国农作物的生长状况与气候变化对于全球农产品价格影响也很大。因此，如果说美国是全球金融市场的领先与观测指标，那么，中国是全球商品市场的最重要变量绝不为过。

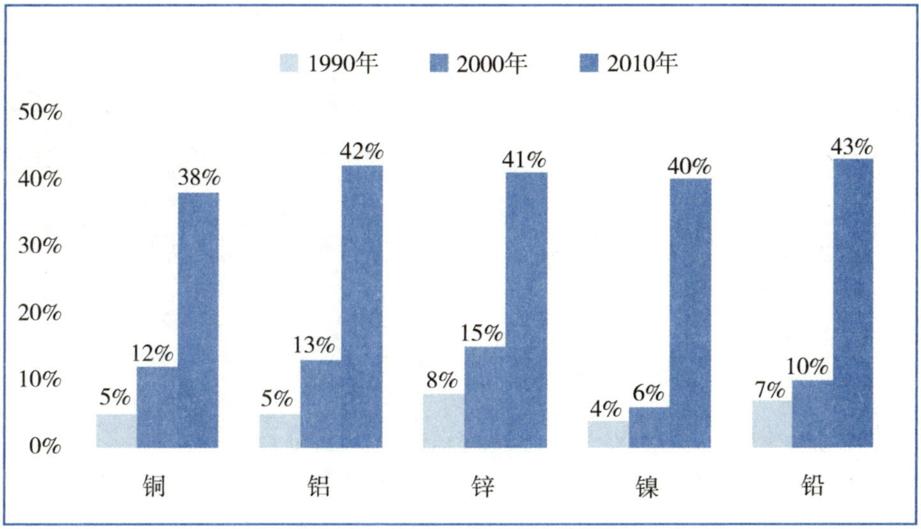

图6 20年来中国基本金属的全球市占率增长变化

三、重要的农产品、基本金属产国：澳大利亚

远处于世界边陲的澳大利亚，默默耕耘终有收获，一跃成为小麦、基本金属与黄金的重要产区。尤其基本金属，不管是产量或是储量都非常丰富，而且因为地缘关系（都在太平洋区），中国自澳大利亚进口的农牧产品与基本金属数量非常庞大，甚至中国台湾也从澳大利亚进口非常多的农牧产品与矿产。

澳大利亚目前跃居全球前十大农产品出口国与前五大矿产资源国家，澳元涨跌、气候变化与原物料价格密切正相关；以澳元兑美元现货和路透社商品研究局指数（CRB）走势比较，最近两年两者相关性高达94%，印证了这一波原物料下滑，澳大利亚的出口受到严重影响，在经济增长不佳的情况下，利率下降，澳元走跌是必然趋势（见图7）。其实除了澳元外，地理环境相似的新西兰，甚至加拿大都有丰富的天然资源与农产品，这三国的货币大致存在相同走势，所以市场上会将澳元、新西兰元与加元三种货币统称为商品货币（见图8）。

从这一点来看，投资人就可掌握商品期货的涨跌精髓，从产地国气候变化（干旱、水灾）影响农作物（玉米、小麦、棉花等）产量，

图 7　澳元与 CRB 指数走势

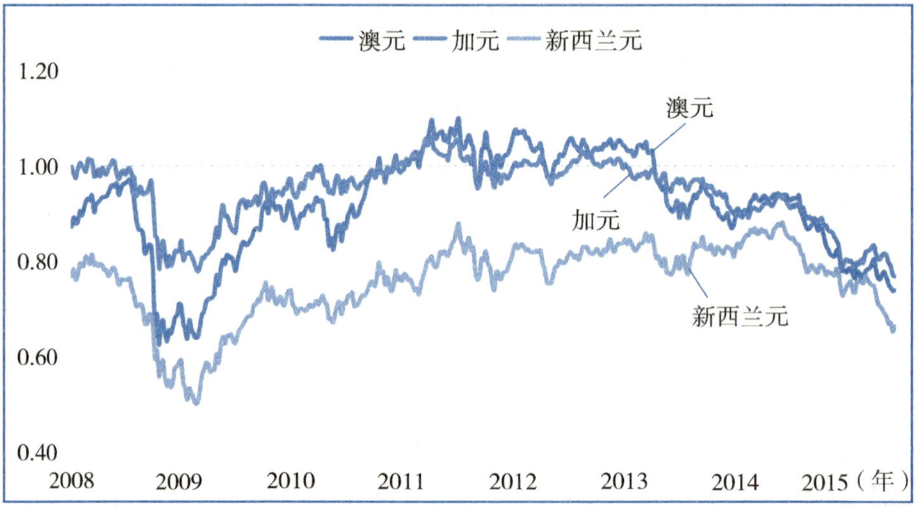

图 8　澳元、新西兰元与加元价格走势

进而产量涨跌，使得物价、利率涨跌，然后经济增长涨跌，使得政治动荡，这些环环相扣，这是下文《商品期货与其他金融商品之间的关联性》中详细解说的。以最近三年澳元与新西兰元的周线走势来看，相关性达72%，而澳元与加元同期间的相关性则高达95%，这显示澳元与加元的商品价格关系似乎更密切。

商品期货与其他金融商品之间的关联性

一、经济循环

在供需正常的情况下，商品期货在整个经济循环中扮演了不同的角色。当经济陷入谷底时，基于需求疲弱，商品期货行情不佳，触底反弹后，随着经济复苏成长，能源与基本金属价格开始回升，大宗物资与物价蠢蠢欲动，这个阶段商品价格上涨力道强。当经济渐渐进入高峰期，油价与基本金属也进入高峰期，大宗物资与食品价格续扬，贵金属开始发挥保值的投资效应。而当经济衰退时，一般农畜产品与软性商品（咖啡、可可等饮品）价格较具抗跌能力，其余商品易跌难涨（见图9）。

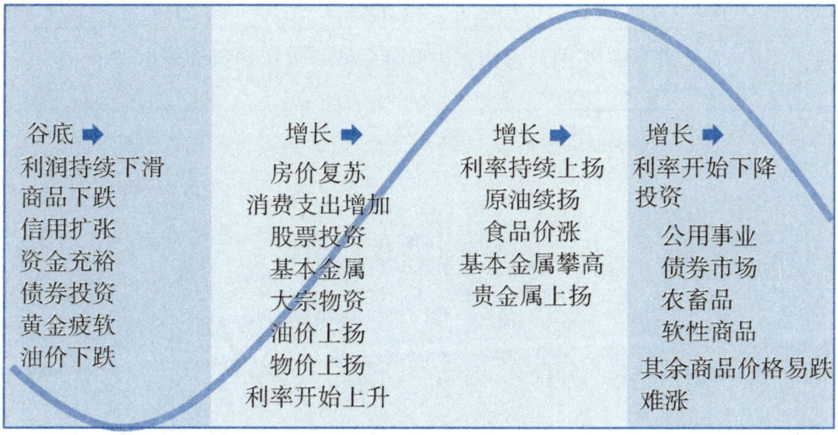

图9 经济循环与商品价格

二、商品期货与相关股票现货

很多股票变动会参考相关商品期货的价格作为先行指针，例如棉花相对于纺织股，黄金相对于金矿业股票，都有相当的价格参考性。以中国台湾的纺织类股票指数和棉花期货的走势来看，虽然纺织类原料包括人造纤维和棉花，但是棉花价格仍与纺织股有正向关系存在，尤其是在棉花价格处于高位时，纺织类股票价格也呈现上扬状态（见图10）。从黄金期货价格与AMEX推出的15大金矿业股价加权的金虫指数（Gold Bugs Index）走势来看，两者关系相当密切。从2013年黄金下跌的大波段至今来比较，两者之间的相关性高达97.9%，说明黄金与金矿股价之间高度关联（见图11）。

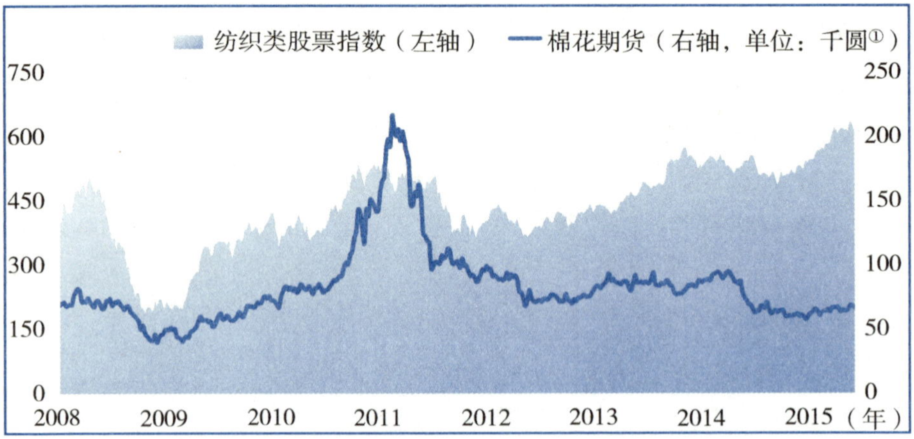

图10　中国台湾纺织类股票指数与棉花期货价格

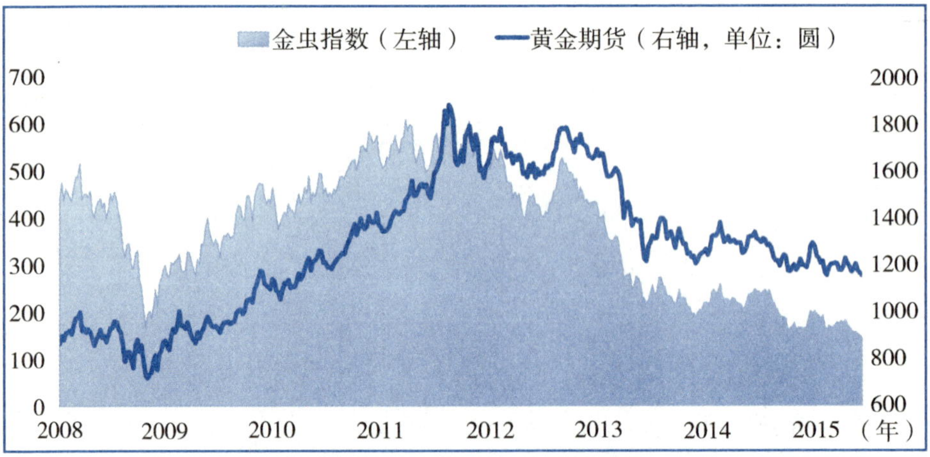

图11　金虫指数与黄金期货价格走势

如何投资商品期货

由于商品期货的交易大部分是以实物交割为主，因此是生产商避

① 新台币结算单位，1圆≈0.2元人民币。

险最重要的工具之一。而机构法人也喜欢投资商品期货，衍生出来的投资标的主要有：原材料基金，或是原材料ETF。美国商品期货交易委员会（CFTC）或是伦敦金属交易所（LME）每周提供的大额持仓人部位变化，就是商品期货筹码面变化最好的参考数据。

由于期货是**保证金交易**，一般商品期货的保证金是总契约价值的3%～10%，换句话说，商品期货的资金杠杆倍数高达10～33倍，因此风险控管是投资必要切记遵守的第一要务。

不同于金融期货，商品期货的价格对于基本面的反应直接且快速，但有时商品价格会受金融面影响，例如：黄金与原油就是复杂的商品期货，往往因政治与金融的变化带来重大影响。而美国的商品期货都是以美元为计价单位，大部分的商品现货也是以美元为主要价格参考来报价：以美元出口为例，美元升值相对商品价格要便宜才有竞争力；以美元进口为例，美元升值也代表着可以买到更多的货物，因此美元与商品期货存在反向关系，**凡是影响到美元的因素会间接影响商品期货的价格**。不过在商品期货中受美元影响程度也有不同，通常黄金、原油与基本金属受到影响较大也较快，相对地，农产品受到影响较慢，而软性商品受到的影响又更小一些。

因此，投资商品期货时，除了要针对个别商品的特性了解价格变化之外，过去的价格走势也会提供很多的信息参考。切记！**重要的指标一定要追踪**，像美元指数、采购经理指数（PMI指数）、工业生产、房市指标、经济增长和利率政策都会提供很宝贵的参考信息。

有很多投资人认为期货交易有点复杂，但当你读完本书介绍的各种商品期货后，会了解如何掌握交易重点，胆大心细地分析基本面条件，你就能掌握获利技巧。再次提醒投资人，投资期货是投资**“未来”**，而对于未来有很多变量，所以必须做足事前功课，才能以不变应万变。

目录

CONTENT

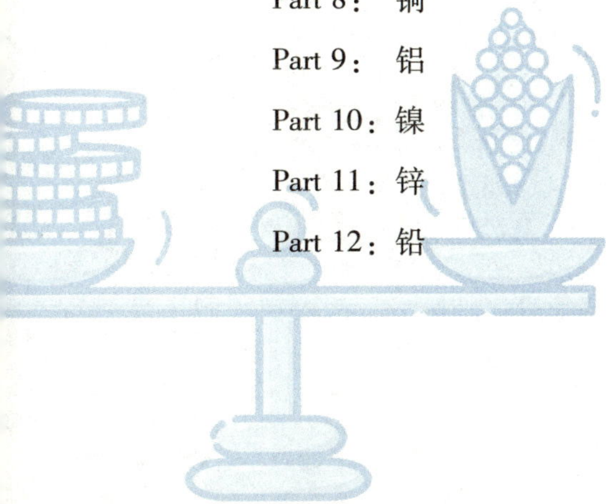

民以“食”为天

在李安执导的电影《饮食男女》中，影片主角做菜如行云流水，不但菜色美味，也处处蕴含中国“食”的文化，让看这部电影的观众身临其境，感受到吃的幸福滋味。然而自2013年以来，中国台湾陆续爆发食品安全问题，让人们开始审视在食物美味之外食品的成分，而商品期货正是食品的重要原料之一，认识它、了解它，才能使我们更了解食物的本质。

讲到商品期货首先想到的是大宗物资农产品，最热门的交易品项有三种，业界给它们起了亲切好记的名称——“黄小玉”：黄豆、小麦和玉米。其次受欢迎的是日常重要的饮品原料，也是热门的期货交易标的，例如咖啡豆、可可豆、白糖。当你点了一杯摩卡咖啡，其中最主要的原料成分就是咖啡、可可与糖；这三种原料在期货商品中统称为软性商品。

本篇就是介绍以上6种原料商品，以及它们主要的供需来源、历史价格、交易状况。近年来，农作物生长条件与气候变迁有了转变，美国孟山都公司掀起的农作物基因改造对农产品生态造成很大冲击，从前看天吃饭的农作物，现在要考虑的人为因素越来越多，这些商品不同以往的生产与消费模式，也是本书探讨的重点。

Part 1：黄　豆

黄豆的用途

黄豆富含蛋白质，可作为主食，所以又被称为“穷人的肉类”，是日常重要的食品原料。我们最熟悉的豆类制品莫过于豆浆与豆腐。医学研究显示，黄豆成分中的大豆异黄酮可减轻乳腺癌罹患率，这也让大家对这种平民食材追捧不已。黄豆除直接食用外，有很大一部分用来压榨成油脂，是很重要的植物油来源；黄豆榨油后残留的豆渣可做饲料；黄豆也可做成黄豆粉，混合在饲料中，为饲养的牛、猪提供重要营养。在期货市场，黄豆、黄豆粉（俗称豆粕）与黄豆油皆有合约可供交易，其中以黄豆的交易最为活跃。

中国台湾的黄豆

黄豆与油籽占中国台湾农产品进口商品类第一。2014 年总值 13.42 亿美元，占总进口农产品的 8.6%。最大进口国是美国，占 56.5%；第二是巴西，占 39.8%；第三是阿根廷，仅占 1.4%。这前三大进口国占中国台湾进口黄豆总量 97.7%（见表 1－1）。通常中国台湾进口黄豆是以散装和货柜方式为主。以 2014 年为例，56% 黄豆是经由散装进口，这些几乎都是转基因黄豆，虽然质量较差，不过可以同时用于食品（选豆）与饲料（统豆）；44% 以货柜方式进口的黄豆有一部分是属于袋装非转基因黄豆与有机黄豆，是较好质量的食品级黄豆。整体而言，中国台湾的黄豆自给率约 5%，有 95% 黄豆需求靠进口，而转基因黄豆占总进口量的九成以上，这告诉我们日常吃的豆类制品中，有一部分是与饲料用途相同等级的黄豆（大部分属于转基因黄豆）。而转基因黄豆与非转基因黄豆的价格差异很大，非转基因黄豆价格可以是转基因黄豆价格的两倍以上，有机黄豆价格又比非转基因黄豆价格贵一倍。

表 1－1　2014 年中国台湾前十大进口农产品

排名	货品名称	比率/%	进口比率占前二之供应国/%			
1	黄豆，油料籽实	8.6	美国	56.5	巴西	39.8
2	玉米，谷类	6.6	美国	46.4	巴西	33.9
3	酒类	6.2	英国	40.8	法国	20.0
4	烟制品	3.3	日本	71.3	马来西亚	121
5	牛、冷冻肉	3.1	澳大利亚	38.4	美国	30.7
6	小麦，谷类	2.9	美国	78.0	澳大利亚	17.3
7	奶粉及粉块	2.6	新西兰	63.3	澳大利亚	8.3
8	棉花	2.3	美国	39.8	巴西	19.1
9	阔叶树、制材	1.8	印度尼西亚	41.9	马来西亚	28.0
10	精粗制糖	1.7	泰国	56.1	澳大利亚	14.3

数据来源：中国台湾地区行政事务管理机构农业委员会。

黄豆生长期

投资人一定很讶异为什么我们要知道**黄豆生长期**？因为从黄豆生长期可以了解这些黄豆出口大国的气候、政治经济变化等因素，对黄豆价格会有多少影响，而这一切都会影响到获利报酬。别忘了！投资期货（futures）就是投资未来（future）。

目前全球黄豆 80% 以上的产量都集中在美国与中南美洲，近两年美国的黄豆产量增加，已经跃升为全球第一大黄豆产国，第二位是巴西，阿根廷位居第三。以黄豆生长时期来看，北半球包括美国、中国与印度的主要播种期在 5—6 月，收成期从 9 月开始一直到年底；南半球的南美洲巴西与阿根廷的播种期在 10 月开始的冬季（指北半球），收成则是在夏初（指北半球）；位于亚热带的一些国家和地区生产的黄豆一年有春秋两季收成，例如：中国台湾南部一年有两次黄豆收成，换言之，全球黄豆在年中与年底都有收成。

黄豆生长时，对气候最为敏感的时期是开花期与结荚期，这期间最怕过度干燥或是过度潮湿的极端气候，尤其是干旱，对黄豆结荚期伤害最大。例如：1983 年的圣婴现象与 1988 年、1998 年与 2008 年的反圣婴现象，为美洲带来豪雨和干旱，造成黄豆产量锐减，使得黄豆价格大涨，连带的与黄豆相关的商品价格也跟着翻涨（见表 1－2）。从整体来看，黄豆时常遭遇不利的环境，如：在中国与印度的生长期下大雨和在美国生长期遇到豪雨或干旱；南美洲在冬季开花结荚期也常因干旱，使得黄豆产量大减。

表1－2　历年圣婴与反圣婴期间

现象分类	发生期间	持续时间/月	ONI强弱
圣婴	1963年5月至1964年2月	10	1.4
反圣婴	1964年5月至1965年1月	9	－0.8
圣婴	1965年5月至1966年4月	12	1.9
圣婴	1968年9月至1970年1月	17	1.1
反圣婴	1970年7月至1972年1月	19	－1.3
圣婴	1972年4月至1973年3月	12	2.1
反圣婴	1973年4月至1974年7月	16	－2.0
反圣婴	1974年9月至1976年4月	20	－1.7
圣婴	1976年9月至1977年2月	6	0.8
圣婴	1977年9月至1978年2月	6	0.8
圣婴	1982年4月至1983年7月	16	2.2
反圣婴	1984年9月至1985年6月	10	－1.1
圣婴	1986年8月至1988年2月	19	1.6
反圣婴	1988年5月至1989年6月	14	－1.9
圣婴	1991年4月至1992年6月	15	1.6
圣婴	1994年9月至1995年3月	7	1.2
反圣婴	1995年9月至1996年3月	7	－0.9
圣婴	1997年4月至1998年4月	13	2.4
反圣婴	1998年7月至2001年3月	33	－1.7
圣婴	2002年5月至2003年2月	10	13
圣婴	2004年7月至2005年1月	7	0.8
反圣婴	2007年8月至2008年6月	11	－1.5
圣婴	2009年7月至2010年4月	10	1.6
反圣婴	2010年7月至2011年4月	10	－1.5
反圣婴	2011年8月至2012年3月	8	－1.0

资料来源：美国国家海洋与大气管理局。

注1：圣婴现象使得海洋厄尔尼诺指数（ONI）越强则影响越大，反圣婴现象使得ONI越弱则影响越大。

注2：海洋厄尔尼诺指数（ONI）即圣婴指数。

影响黄豆价格因素

一、供给与需求

要了解黄豆供需情况，就要知道黄豆主要的生产国家与消费国。根据美国农业部统计，2013—2014 年度黄豆前三大生产国：美国、巴西、阿根廷的产总量占全球的 81.0%；前三大消费国：中国、美国、巴西的消费总量占全球的 63.5%（见图 1－1，图 1－2，图 1－3）。

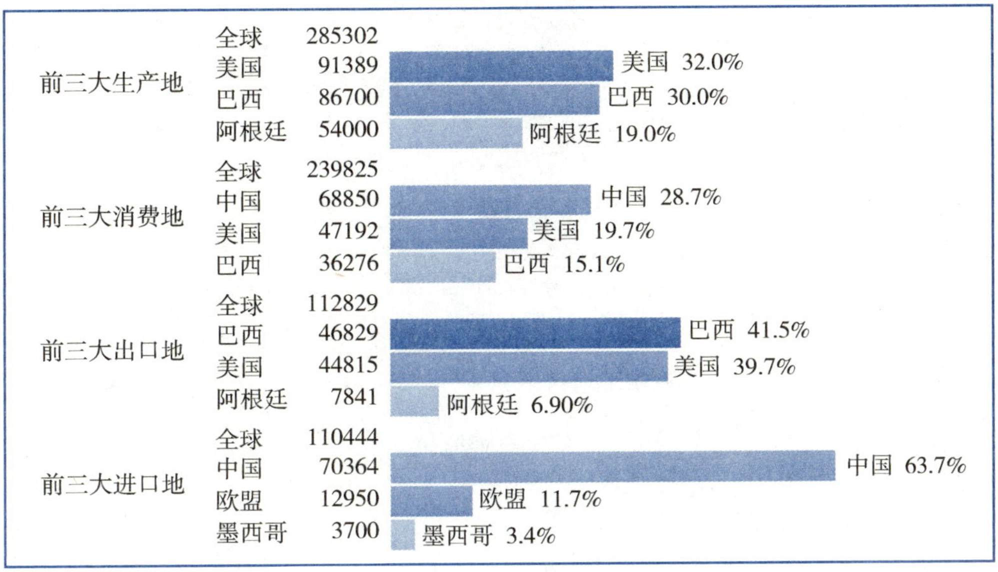

图 1－1　2013—2014 年黄豆供需重要数据（单位：千吨）

（1）供给重要影响因素：气候、农业政策、美元指数、种植面积、库存。

· 2002 年夏季圣婴现象袭击美国，导致新年度的黄豆产量大减 11%，黄豆期货价格自 4.5 美元上扬至 10.6 美元。（气候）

· 2011 年冬季的反圣婴现象使南美洲干旱不利黄豆耕作，2012 年巴西黄豆减产 12%，阿根廷减产 18%，黄豆期货价格由 11 美元上扬至 15.08 美元。（气候）

· 2012 年夏季美国再逢干旱，不利于黄豆结荚，产出率减少 8.0%，库存周转率降至 50 年新低，黄豆价格持续去年走势飙升，最高到 17.94 美元，创历史新高。（气候＋库存）

· 2014 年夏季美国气候良好、湿度适宜，预期的圣婴现象没有到来，加重

原本被美元升值压抑的黄豆跌幅，黄豆期货价格从 15.3 美元快速下滑至 9.0 美元附近。（美元指数）

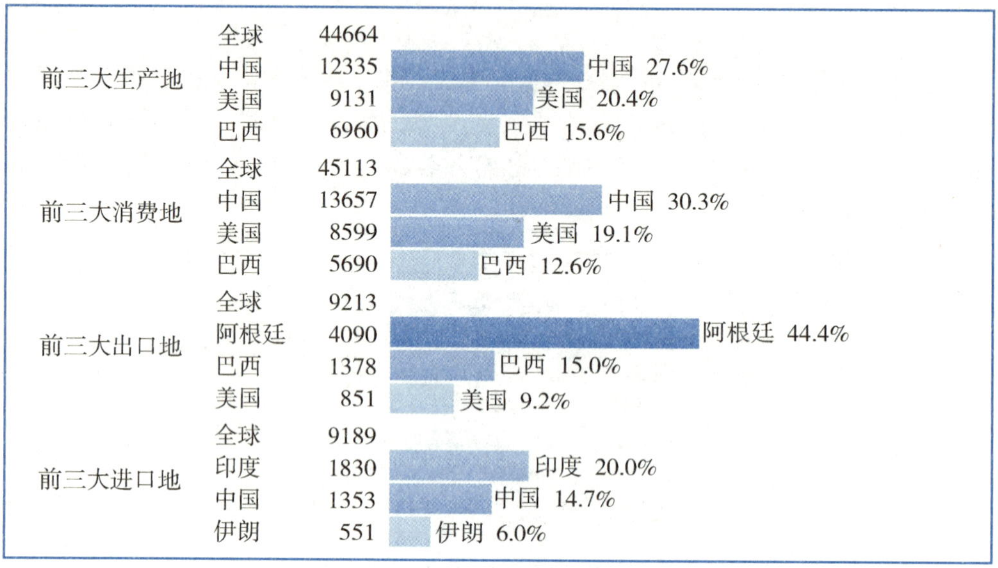

图 1－2　2013—2014 年黄豆油供需重要数据（单位：千吨）

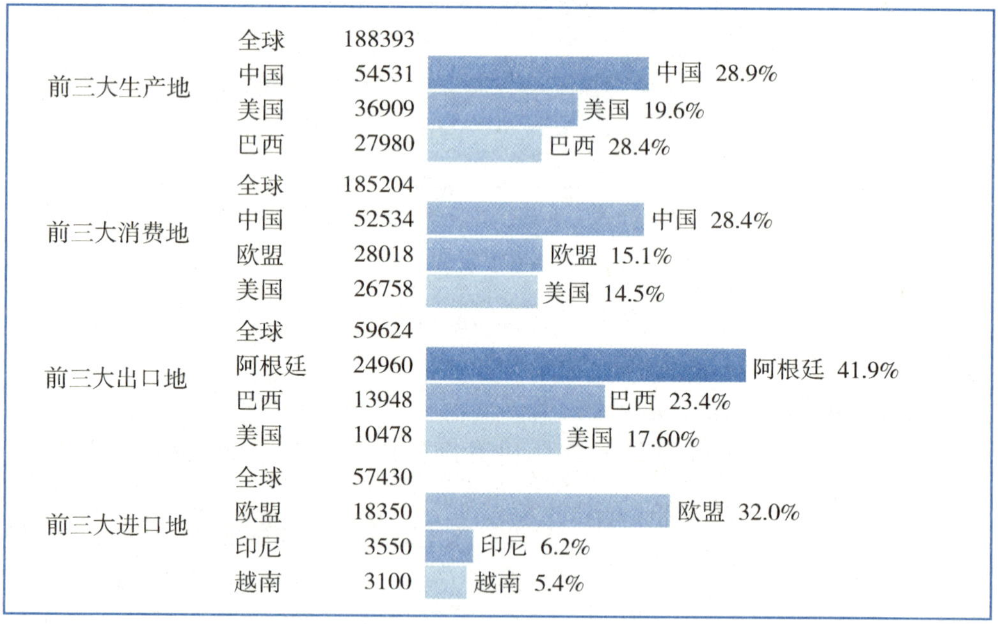

图 1－3　2013—2014 年黄豆粉供需重要数据（单位：千吨）

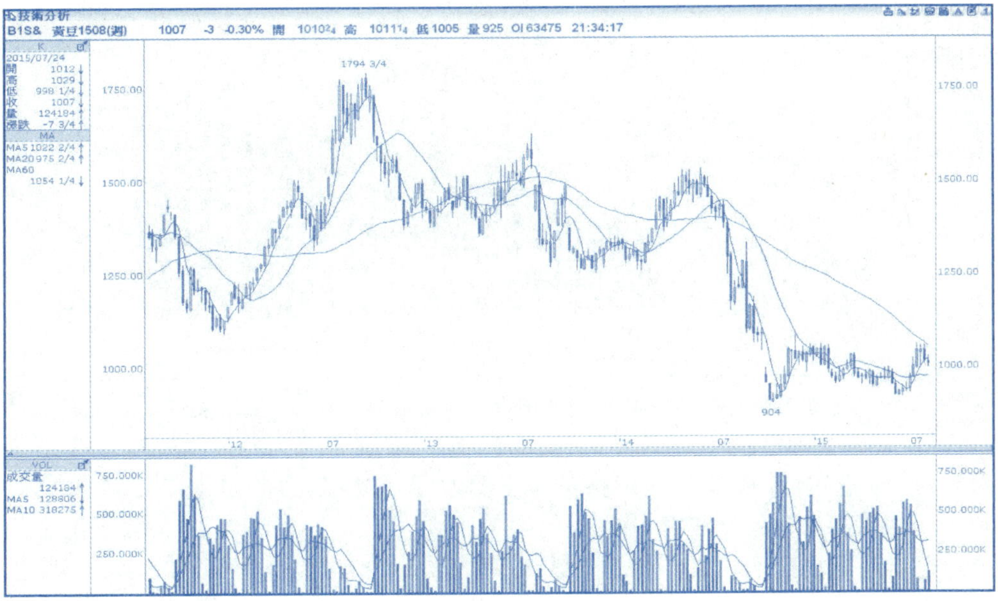

图 1－4　黄豆连续周线图

资料来源：精诚信息。

（2）消费重要影响因素：替代品、牲畜、经济增长、进口国汇率与贸易政策。

·2006 年以来，美元持续对其他货币贬值，美国黄豆价格相对便宜，加上中国经济增长快速，黄豆价格自 5.3 美元一路扬升至 2008 年 7 月创下 16.58 美元历史新高。**（经济增长）**

·2012 年中国主推经济缓增长，导致对美国黄豆油进口需求日减，连带影响黄豆价格一个月间自历史高点下滑幅度达 4 美元以上。**（贸易政策）**

·2013 年下半年美国仔猪下痢病毒蔓延，生猪养殖数量骤减，影响豆粕的需求，黄豆跟着价格疲软，价格从 16.3 美元下滑至 12.5 美元。**（牲畜）**

自 1997 年以来，全球黄豆产量逐年增加，主要是因为基因改造技术和中国经济崛起，使得黄豆的消费日益增加，相对带动黄豆价格，以及各国种植的意愿，其中以巴西和阿根廷的急速扩充产量最为明显。自 2012 年以来，全球黄豆产量与消费量皆创纪录新高，而这种状况持续三年没有改变，黄豆丰收使得库存消费比例达 31.42% 的新高纪录（见图 1－5）。**（供给与消费交互作用）**

二、季节性循环

生长的季节性因素对农产品影响很大，一般而言，收成期后库存暴增往往是一年中价格最低点，而黄豆粉与黄豆油等压榨制品在收成后进行，可能会延后一

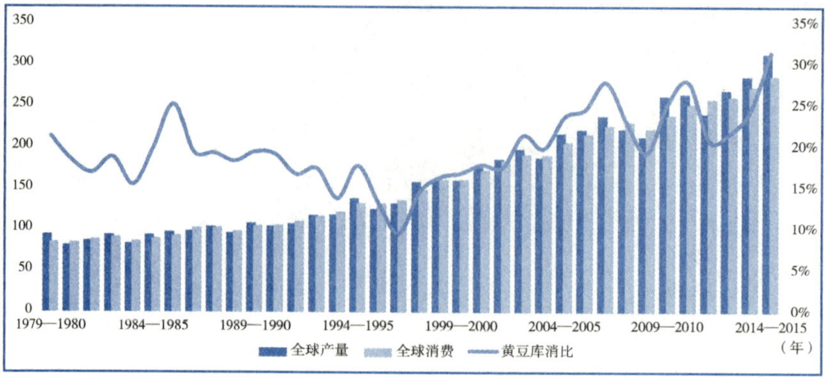

图1－5　1980—2015年全球黄豆供需变化（单位：百万吨）

两个月，此时的订单最多，价格的消长是供需互相角力的结果。以最大生产国——美国为例，年底是黄豆收成的季节，在正常情况下，此时价格是相对低点。巴西与阿根廷的收成是在春末夏初，也会对价格形成压力。

三、替代品

黄豆的主要替代品为玉米，因为生长的季节性与用途类似，黄豆和玉米价格通常维持一定的关系，通常黄豆价格是玉米的2.5倍左右。如果价格偏离太多，市场就会寻找相对便宜的替代品消费，生产者也可能会在价格偏离太大时，考虑新年度改种相对昂贵的替代品。其次是小麦，价格低到一定水平时，也会被用来替代玉米、黄豆或黄豆粉，而且它们之间也有互相替代作用；而棕榈油、椰子油、棉花籽油，甚至橄榄油都是黄豆油的食用替代品，也会间接影响黄豆价格。

四、汇率因素

芝加哥黄豆期货是以美元报价，而且通常国际上进出口的黄豆大多数也以美元报价，因此美元升贬会影响黄豆价格高低。为维持商品竞争力，通常美元走势与黄豆价格相反，如：2014年以后美元大幅升值，黄豆价格因此疲弱不堪。

五、压榨利润

黄豆交易中有一个很重要部分：压榨价差。黄豆被加工成两种产品：豆粕和黄豆油，这个加工过程被称为压榨价差。压榨价差是产品组合价值与黄豆价值之差，用来衡量黄豆压榨厂的利润。因此，黄豆压榨厂以压榨价差作为其避险策略的一部分，同时投机者也十分重视压榨价差的交易机会。

依据芝加哥期货交易所（CBOT）的盘面压榨，1蒲式耳（60磅）的黄豆可以产出11磅豆油、44磅含48%黄豆蛋白的豆粕、5磅黄豆皮和下脚料。如果以大连商品交易所（DCE）的中国黄豆压榨计算，60磅黄豆可以生产11磅豆油、

48 磅含 44% 的蛋白豆粕和 1 磅下脚料。

如果以中国的规格：**压榨利润 = 豆油销售价格 ×0.183 + 豆粕销售价格 × 0.8 – 加工费 – 黄豆进口成本**。在这种意义上，黄豆与豆粕、豆油之间存在的关系是：100% 黄豆 = 18.3% 豆油 + 80% 豆粕 + 1.7% 损耗。

根据这个公式，厂商在采购黄豆进行压榨之前，就可以承做期货契约形成完全避险，或是在锁定压榨利润的前提下，依比例做买进卖出黄豆或是豆粕（黄豆粉）与豆油的操作。

六、其他市场因素

黄豆是很重要的农产品期货，很多大型基金与投资机构都将其纳入商品投资组合内，因此当外在环境或是投资政策转变时（例如：原油价格急跌），因应商品指数投资组合调整，基金可能随时抛补黄豆期货，对价格造成助涨助跌的效果。美国商品期货交易委员会（CFTC）针对所有在美国期货交易所上市的期货合约做统计，每周五公布至当周周二的大额交易人统计数据是判断市场参与者动向的有用数据（见图 1－6），通常管理基金的投机部位与市场价格同向，如：2014 年 5 月以后价格大幅下滑，管理基金净部位也逐渐减少；通常生产商是避险部位，持有部位与价格走势相反，但当价格到达相对低点时，生产商会逐渐减少空单持有，如：2014 年 10 月以后就是如此。

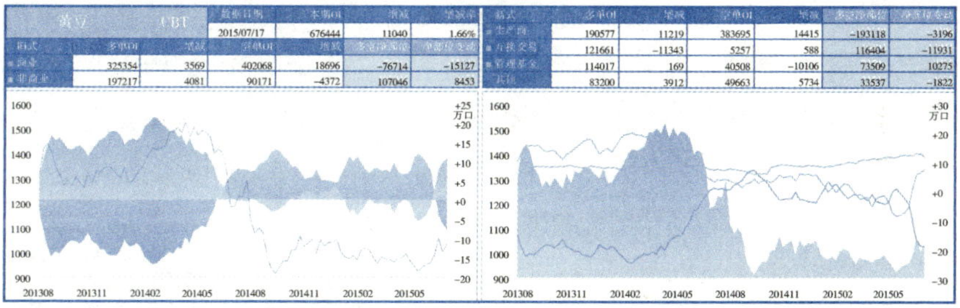

图 1－6　美国商品期货交易委员会（CFTC）黄豆大额交易人报告

黄豆的交易策略：价差交易

价差交易是买卖黄豆的交易策略之一，投资人可以斟酌当年的气候等条件，制定买卖方式：

（1）压榨与反压榨价差交易。当黄豆类期货计算出来的压榨利润比平均正常水平低时，预期压榨利润会上扬，可以依比例买进黄豆粉与黄豆油同时卖出黄豆，也就是所谓的压榨交易。而反压榨交易操作刚好相反，期货压榨利润预期会缩小。

(2)契约新旧作物的价差交易。每年 9 月是美国新一批黄豆的收获期开始，如果预期新一批黄豆将丰收时，通常投资人在 3—5 月时可卖出 11 月黄豆新作，买进 7 月黄豆旧作；如果预期歉收则反向操作。不过做跨月价差交易时，远月份交易量相对少，要考虑到滑价与流动性的问题。

(3)时间价差。类似跨年度新旧作物价差交易，如果预期未来黄豆将上涨，可以承做时间序列多头价差，也就是买进近月份期货，同时卖出远月份期货，通常较单纯买进期货风险低。反之，若是预期价格会下跌，则可反向承做空头价差。与新旧作物价差不同的是，不限月份此策略随时可实行，而且通常是交易最近两个月份契约，较可避免流动性不足的问题。不过时间性价差仍然会有价差不预期扩散，或是收敛而扩大损失的问题要注意。

(4)跨作物价差交易。由于黄豆粉和玉米甚至小麦在饲料用途是可以相互替代，而黄豆与棉花的种植面积也可以替换，因此当黄豆与这些相关商品间一旦有价格偏离现象，都可考虑以一买一卖做价差交易。

(5)跨市场交易。中国是最大黄豆进口国，主要进口美国黄豆与巴西黄豆，由于压榨行为是黄豆进口到中国后才进行，所以黄豆压榨价差交易可能形成交易芝加哥黄豆期约同时交易大连商品交易所的豆油与豆粕契约。而上述跨市场交易除了要注意契约的大小规格外，汇率的变动也是重要考虑因素。

(6)投资人必须注意的是，由于到期日不同、契约规格不同、种类不同、汇率问题等，价差交易不是完全可锁定风险，若极端事件发生在买卖任何一方时，风险有时比单纯多空操作来得大。

影响黄豆交易的事项

(1)芝加哥期货交易所（CBOT）黄豆与相关产品契约交易价格是现货市场的先行指标，也是生产商或是压榨加工厂商的重要避险工具。

(2)对冲与避险基金常以路透社商品研究局指数（CRB）为交易标的或是指针，因此路透社商品研究局指数（CRB）其他成分的变动（如能源），会间接影响黄豆的涨跌。

(3)中国绝大部分黄豆靠进口（占总消费量 85% 以上），因此中国经济与黄豆加工市场的变化，甚至官方收储政策、外贸政策与黄豆贸易融资政策等都会影响进口。

(4)美国与巴西、阿根廷产区气候变化与耕作面积、产出率、库存都是重要观察因素。

（5）美国农业部在每月10日左右会公布农产品供需预估报告，大型基金或是投资机构在此之前都会先做调查，因此行情往往在公布前一周就开始发动，波动性相对大，如果没有绝对性利多或是利空，在供需报告后几日行情会恢复平静。

（6）美国农业部除每月公布供需报告外，每年3月31日公布年度新作种植意愿面积，每季末公布至当月月初季库存数据，这些都会影响行情波动，尤其是在报告前一周就需特别注意。

（7）美国农业部每周四会公布农作物周出口报告，在播种与生长与收割期时，每周一会公布作物种植、收割进度与生长质量报告，这些也是重要观察因素。

（8）美国黄豆的作物年度是9月1日至次年8月31日；黄豆粉与黄豆油的作物年度是10月1日至次年的9月30日。

表1－3　芝加哥期货交易所（CBOT）黄豆合约规格

商品名称	黄　豆	小黄豆
合约规格	5000蒲式耳①	1000蒲式耳
产品代码	S	YK
报价单位	0.25美分/蒲式耳	0.125美分/蒲式耳
最小跳动价值	0.25美分/蒲式耳	0.125美分/蒲式耳
交易月份	1月、3月、5月、7月、8月、9月、11月	1月、3月、5月、7月、8月、9月、11月
交易时间(夏令时北京时间,冬令时顺延1小时)	人工盘21:30至次日02:15 电子盘08:00至20:45 &21:30至次日02:15	人工盘21:30至次日02:45 电子盘08:00至20:45 &21:30至次日02:45
涨跌停	70美分	70美分
最后交易日	合约月份往前算第15个工作日	合约月份往前算第15个工作日
最后交割日	最后交易日后第2个工作日	最后交易日后第2个工作日
交割方式	实物交割	实物交割
2014年主交易月平均交易量	144.4万手	8968手

注：交易所可以依照现实情况修改涨跌停限制。

① 据美国大豆协会统计单位换算表，1蒲式耳黄豆的重量为27.2154千克。

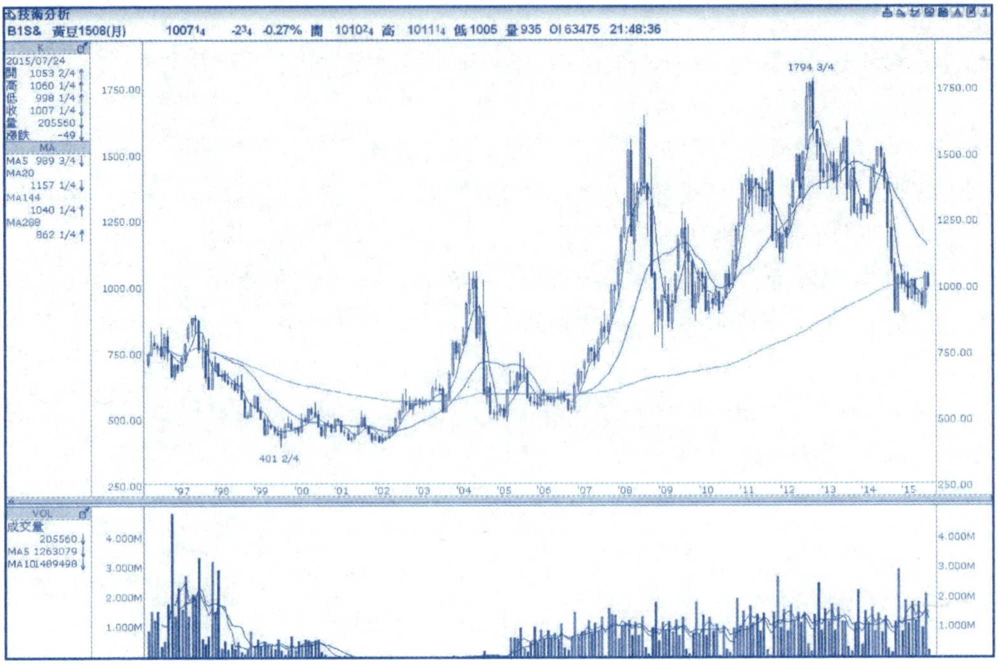

图 1-7　芝加哥期货交易所（CBOT）黄豆期约连续走势图

资料来源：精诚信息。

表 1-4　芝加哥期货交易所（CBOT）黄豆油合约规格

商 品 名 称	黄 豆 油
合约规格	60000 磅
产品代码	BO
报价单位	0.01 美分/磅
最小跳动价值	0.01 美分/磅
交易月份	1 月、3 月、5 月、7 月、8 月、9 月、10 月、12 月
交易时间（夏令时北京时间，冬令时顺延 1 小时）	人工盘 21:30 至次日 02:15 电子盘 08:00 至 20:45& 21:30 至次日 02:15
涨跌停	2.5 美分
最后交易日	合约月份往前算第 15 个工作日
最后交割日	最后交易日后第 2 个工作日
交割方式	实物交割

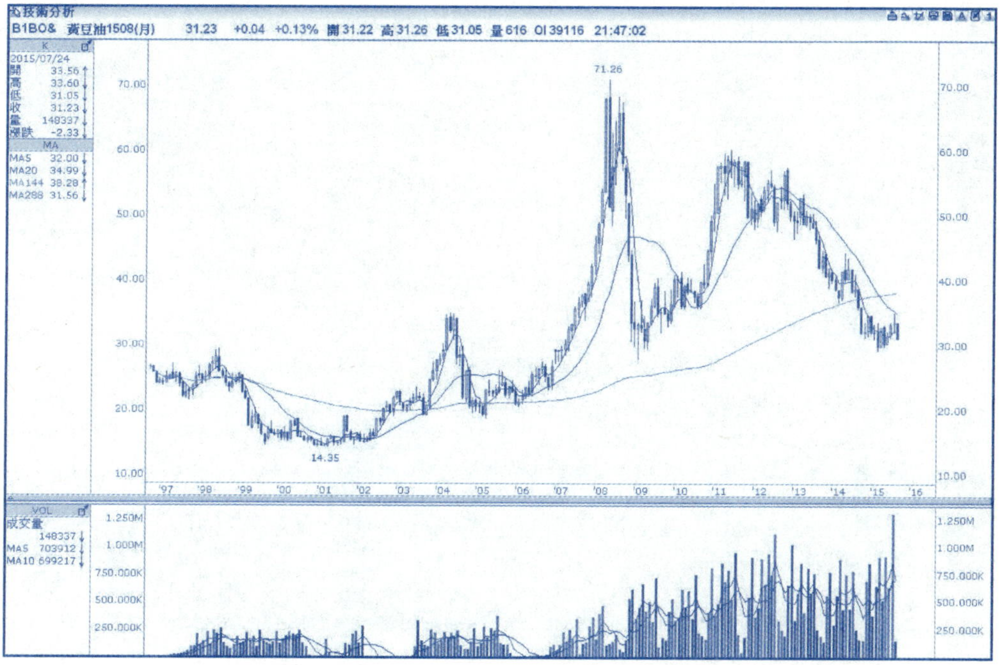

图 1－8　黄豆油期约连续走势图

资料来源：精诚信息。

表 1－5　芝加哥期货交易所（CBOT）黄豆粉合约规格

商 品 名 称	黄 豆 粉
合约规格	100 吨
产品代码	SM
报价单位	10 美分/吨
最小跳动价值	10 美分/吨
交易月份	1 月、3 月、5 月、7 月、8 月、9 月、10 月、12 月
交易时间(夏令时北京时间，冬令时顺延 1 小时)	人工盘 21:30 至次日 02:15 电子盘 08:00 至 20:45& 21:30 至次日 02:15
涨跌停	20 美元
最后交易日	合约月份往前算第 15 个工作日
最后交割日	最后交易日后第 2 个工作日
交割方式	实物交割

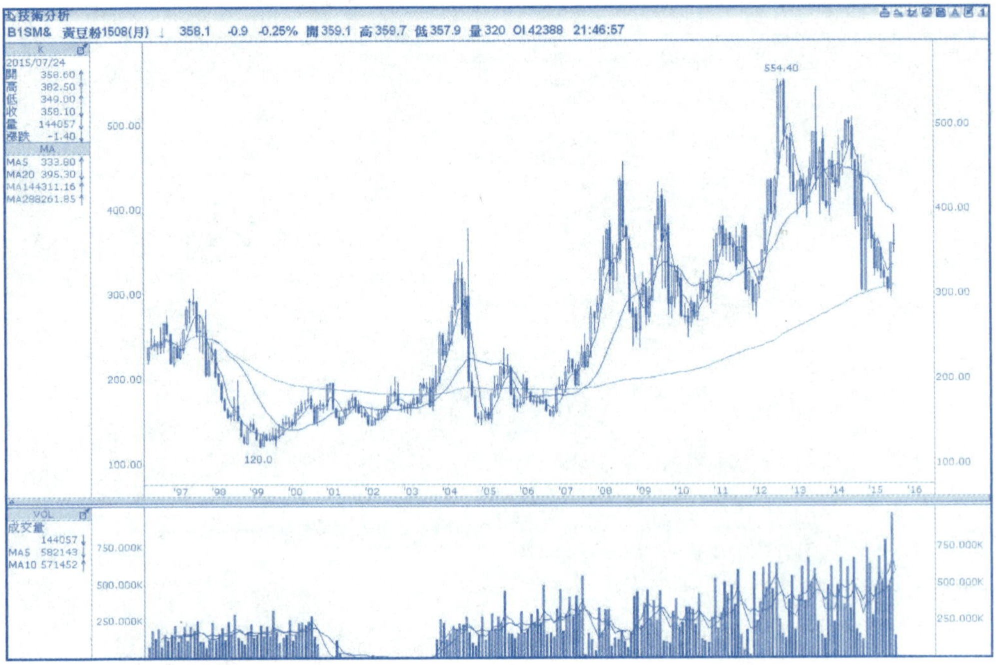

图 1－9　芝加哥期货交易所（CBOT）黄豆粉期约连续走势图

资料来源：精诚信息。

重要参考数据来源

www. usda. org（美国农业部农作物生长与供需月报告）

www. cmegroup. com（CME 交易所，交易统计，产品展望）

www. cftc. gov（美国 CFTC 大额交易人持仓报告）

www. futuresindustry. org（期货业协会，各大热门商品交易量）

www. foodchina. com. tw（中华食物网）

www. dce. com. cn（大连商品交易所）

www. customs. gov. cn（中国海关总署，进口统计资料）

www. stats. gov. cn（中国国家统计局，统计资料）

www. czgm. com（郑州粮食批发市场，中国粮油市场论坛与预测）

www. cngrain. com（中华粮网，中国黄豆产销信息，预测与分析）

www. lswz. gov. cn（国家粮食和物资储备局，中国粮油政策，统计资料）

www. chinasoy. com. cn（中国大豆网）

www. argi. gov. cn（中国农业农村部，农业价格、市场动态、法规）

Part 2：小　麦

提到小麦就让人食指大动，很多美味的面食原料是来自小麦磨制后的面粉，所以小麦可说是这些食物的基础原料。在中国所谓的“南稻北麦”，说明了小麦是中国最重要的主食之一。小麦依照麦粒的组织可以分为软、硬两种，硬质小麦富含蛋白质（介于11%～18%之间），软质小麦的蛋白质含量较低，介于8%～11%之间。硬麦主要种植地为美国、加拿大、澳大利亚与阿根廷，其中以硬红冬小麦产量最大。

中国台湾每年约进口120万吨小麦，自产小麦仅年产400吨（依农委会2013年统计），所以台湾99.9%的小麦都是进口，其中以美国的硬红冬小麦和硬红春小麦最多，约占进口量的90%，其次是来自澳大利亚的硬麦，以及加拿大西部的红麦。

小麦成分与面粉用途

小麦的麦粒结构分为：麸皮、胚乳与胚芽。最外层是麸皮，大多作为牲畜饲料，不过也有的被再度加工做成药材；胚乳是以蛋白质做基质，体积占麦粒的83%，它是制成面粉的主要部分；内层靠近麦粒顶部的是胚芽，因富含脂肪会影响面粉质量，因此加工时须将其与面粉分开，但胚芽含丰富的营养价值，是天然的健康食品（见图2－1）。

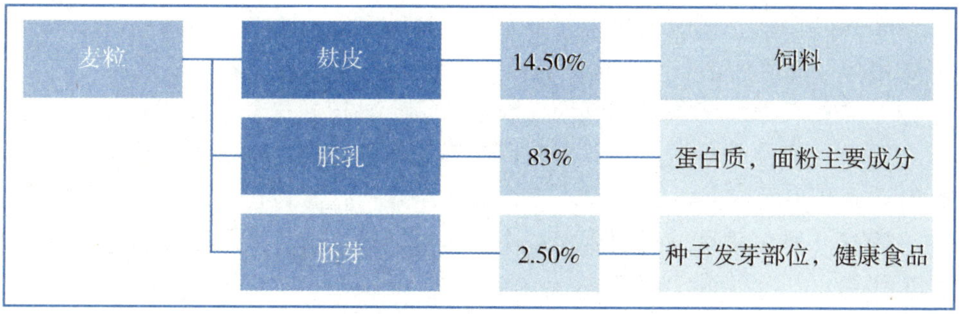

图2－1　小麦主要成分

不同于黄豆、玉米，小麦要经过研磨加工才有经济利用价值，小麦刚磨成面粉时，呈现淡黄色，由于颜色不讨喜而且此时制成面包质量不理想，所以研磨出来的面粉必须再经过漂白与熟成，才能运到市面上销售。面粉分级种类以所含粗蛋白质区分，一般分为：特高筋、高筋、中筋、粉心与低筋，其制成品依所含蛋白质高低也有所分别。

小麦生长

由于小麦可以适应各种气候，所以生长区遍布全球各地，其中以北美洲（美国、加拿大）、欧盟国家、亚洲（中国、印度），以及澳大利亚的产量最大，这些国家小麦生产以供应内需为主，美国产量虽不是第一，却是全球最大的出口国，第二是加拿大，澳大利亚为第三大出口国家。

以美国小麦生长周期来看，冬麦种植期在9—10月，冬季小麦开始休眠，至来年春天3—4月雪融化后生长，5月中以后开始收割；春麦则在雪融后开始耕作，夏末可以收割。美国冬麦占美国国内产量的65%以上，是最主要收成，冬麦依照颜色可分为硬红冬小麦、软红冬小麦与白麦，其生长需要雨量低，冬季有雪覆盖且不能太早融雪，成熟期则需温度高且湿度低；春麦需要的生长环境是土壤干燥且夏季温高。因此，冬季的雪覆盖多寡与土壤湿度都是影响小麦产出的要素。

影响小麦价格因素

一、供给与需求

根据美国农业部统计：2013—2014年度小麦前三大生产地分别为欧盟区、中国和印度，总量占全球的50.2%；前三大消费地是中国、欧盟、印度，消费总量占全球的45.3%，而中国与印度绝大部分是供应国内所需，美国和欧盟则有大量小麦出口，北非、中东与东南亚较不适合耕作小麦，为主要进口区。

（1）供给重要影响因素。气候、农业政策、种植面积、政治。

·1990年海湾战争爆发，美国对伊拉克采取农产品禁运，小麦价格由2.5美元回升至4.0美元以上。（政治）。

·2002年欧盟地区受圣婴现象冲击，小麦产量大减，麦价一度自2.5美元上扬至4.0美元。（气候）

·2007年反圣婴现象，美国早春寒害，俄罗斯、加拿大干旱，加上发展中国家消费需求增加，小麦价格自3.5美元飙涨至2008年的13.34美元方才停歇

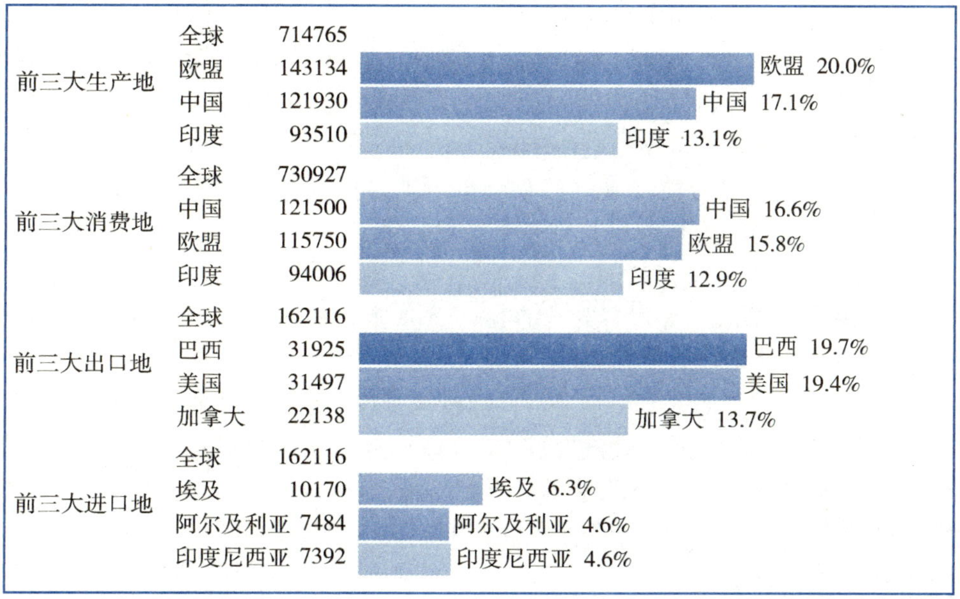

图 2－2　2013—2014 年小麦供需重要数据（单位：千吨）

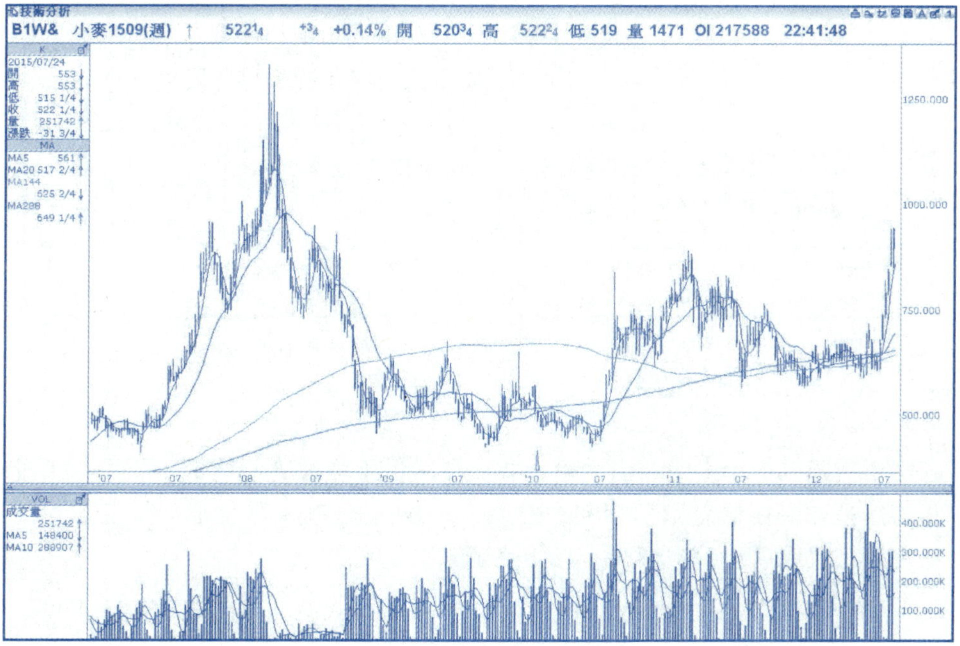

图 2－3　小麦周线图（单位：千吨）

资料来源：精诚信息。

(见图 2－3)。(气候＋需求)

(2) 消费重要影响因素。替代品、消费形态、汇率、人口增长、经济增长。

小麦是很多国家的主食，消费数量随人口增加而稳定增长，人口众多的国家，如中国、印度的经济增长会使消费增加。

·2007 年这一波价格大飙涨部分就是由需求推升的，而很多东方国家的饮食习惯西化，面粉需求日增也是助长麦价的因素之一。(人口增长、经济增长、消费形态)

·2010 年玉米需求大增导致库存减少，玉米价格飞扬带动小麦价格，2011 年玉米价格甚至高过小麦一段期间。(替代品)

由于小麦的供给受气候影响甚巨，相较消费稳定增长，供给变化对价格的影响更大。自 2013 年以来，已经连续两年全球小麦刷新历史最高产量纪录，不过伴随着消费增加，2014 年小麦库存消费比仍属 2009 年以来的相对低点，因此小麦价格受到美国、欧盟产量与供给变化影响颇大（见图 2－4）。

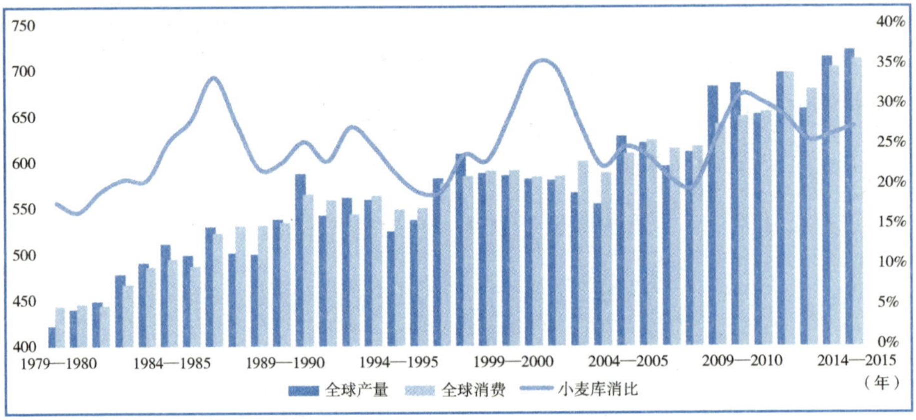

图 2－4　全球小麦供需变化（单位：百万吨）

二、季节性循环

由于美国以冬小麦为产出大宗，收成期后供给增加给价格带来压力，不过收成压力若是在库存低点则不存在，例如：2007 年全球库存位于十年低点，美国冬小麦 7 月收成后反而连续两个月飙涨了 3.3 美元。

三、替代品

小麦是人类主食之一，在东方国家与稻米的相互替代性很高，玉米、黄豆也都有替代性存在，尤其是小麦、玉米的替代性关系较高，将小麦当成饲料的比例不高，因为通常小麦价格高于玉米，两者有固定区间的价格比例。根据日交易数据统计，2000 年以来，小麦与玉米的 5 年平均价格比率 1.36；而到 2005 年，5 年平均价格比率 1.55；2009—2014 年 5 年平均价格比率 1.22，一旦价格比例过高或是过低，两者的替代效用就会启动。

四、汇率因素

芝加哥小麦期货是以美元报价，且国际上进出口的小麦大多数也是以美元报价，因此美元的升贬会影响小麦价格的高低。小麦与黄豆和玉米一样，价格走势通常与美元指数走势相反。

五、其他市场因素

不如黄豆和玉米，小麦在路透社商品研究局指数（CRB，是最早创立的商品指数）的比例仅占 1%，不过在避险基金或是大型投资机构调整商品投资组合时也会受到影响。由于美国是全球小麦最大出口国，运输成本对进口国而言也是重要考虑因素，如果原油价格下降导致运输成本下滑，可能会使进口国趁机多进口小麦，导致麦价出现短期间需求上升的现象。

此外，与黄豆不同的是，大型投资机构在操作小麦期货有很明显的趋势，例如：生产商与管理基金（投机商）的部位几乎相反，也就是生产商的避险意愿非常强烈，当价格下滑时避险部位增加，当价格上扬时避险部位出场（见图 2-5）。因此，观察美国商品期货交易委员会（CFTC）每周的大额交易人报告可以了解目前投资机构的动向。

小麦	CBT		数据日期	本期OI	增减	增减率
			2015/07/14	407177	13333	3.39%
旧式	多单OI	增减	空单OI	增减	多空净部位	净部位变动
商业	155330	3820	171392	5289	-16062	-1469
非商业	136325	2602	120598	6553	15727	-3951

新式	多单OI	增减	空单OI	增减	多空净部位	净部位变动
生产商	39369	5793	383695	3781	-114778	2012
互换交易	108685	-3046	5257	435	98716	-3481
管理基金	96928	791	40508	4281	31925	-3490
其他	39397	1811	49663	2272	-16198	-461

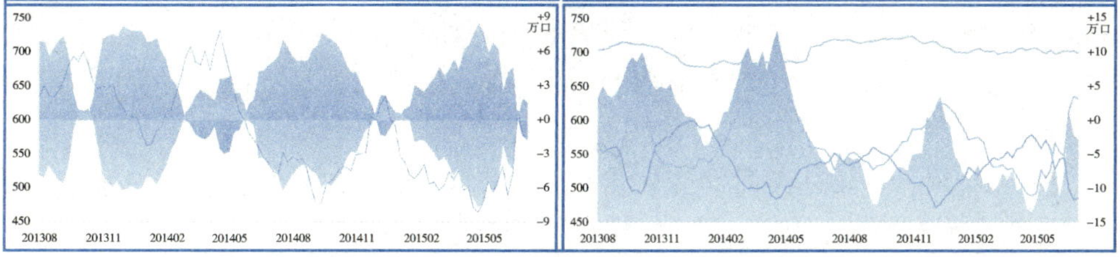

图 2-5　CFTC 小麦大额交易人报告

小麦的价差交易

价差交易是“黄小玉”常见的交易策略，基于季节性、商品替代性与气候变化，农产品价差交易在期货市场相当盛行。

（1）契约新旧作物的价差交易。每年 7 月是美国小麦的新作物开始，若是预期新作物丰收时，通常依据对新作物的预期方向，市场上会买卖小麦 5 月对 7 月或 5 月对 9 月之间新旧作物的价差交易。

（2）时间价差。类似跨年度新旧作物价差交易，若是预期未来小麦将上涨，可以承做**时间序列多头价差**，换言之，买进近月份期货，同时卖出远月份期货，通常较单纯买进期货风险低。反之，如果预期价格会下跌，就可反向承做空头价差。与新旧作物价差不同的是，不受限月份，**这项策略随时可以操作**，而且通常是交易最近两个月份契约，比较能够避免流动性不足的问题。但是时间性价差仍然要注意有价差不预期扩散，或是价差收敛而扩大损失的问题。

（3）作物间价差交易。小麦和玉米有一定的价格关系，如果两者之间价格出现较大偏离，可以一买一卖形成跨商品价差交易，尤其是小麦与玉米的收成时期不同，形成收成期预期的价差交易非常普遍。

（4）跨市场交易。美国境内有三个交易小麦的期货交易所（芝加哥、堪萨斯、明尼亚波里），实物商因为城市间的运输成本产生变化，也可能做国内的跨交易所价差交易。

影响小麦交易的事项

（1）美国是小麦最大出口国，**芝加哥期货交易所（CBOT）小麦期货价格是国际麦价的先行指标**，很多实物商利用这项小麦契约承做避险部位。

（2）小麦生产大国和地区如欧盟小麦产量变动颇大，国家会对市场价格造成不预期的变化。

（3）政治不稳定会对小麦交易造成影响，如：2014 年俄罗斯与乌克兰主权之争，导致这个区域的小麦出口受阻，而美欧对俄罗斯的经济制裁也影响国际小麦价格。

（4）欧元、澳元兑美元的变化形成各大出口国和地区小麦价格的差异，若欧元兑美元大幅贬值，则欧元区小麦出口竞争力相对较强。

（5）小麦是美国重要的食物来源，重要的出口农产品，一旦美国麦价在国际上处于不利地位，美国农业部可能祭出补贴政策。

（6）小麦是少数在美国没有被孟山都公司染指的农作物，由于美国人是以小麦为主食，加上美国小麦来自全球各国的出口竞争压力大，让美国政府否决孟山都开发转基因的硬红春小麦上市申请。因此，没有经过转基因的小麦产量相对黄豆和玉米不稳定。

（7）美国农业部在每月 10 日左右会公布农产品的供需预估报告，大型基金或是投资机构在此之前都会先做调查，因此行情往往在公布前一周就开始发动，波动性相对扩大，如果没有绝对性利多或是利空，在供需报告后几日行情将会恢复平静。

（8）美国农业部除每月供需报告外，每年 3 月 31 日都会公布年度新作物的种植意愿面积，每季季末公布至当月月初的季库存数据都会影响行情的波动，尤其是在报告前一周就需特别注意。

（9）美国农业部每周四会公布农作物周出口报告，在播种、生长与收割期时，每周一会公布作物的种植、收割进度与生长质量报告，这些也是重要观察内容。

（10）美国小麦的作物年度是每年 7 月 1 日至次年 6 月 30 日。

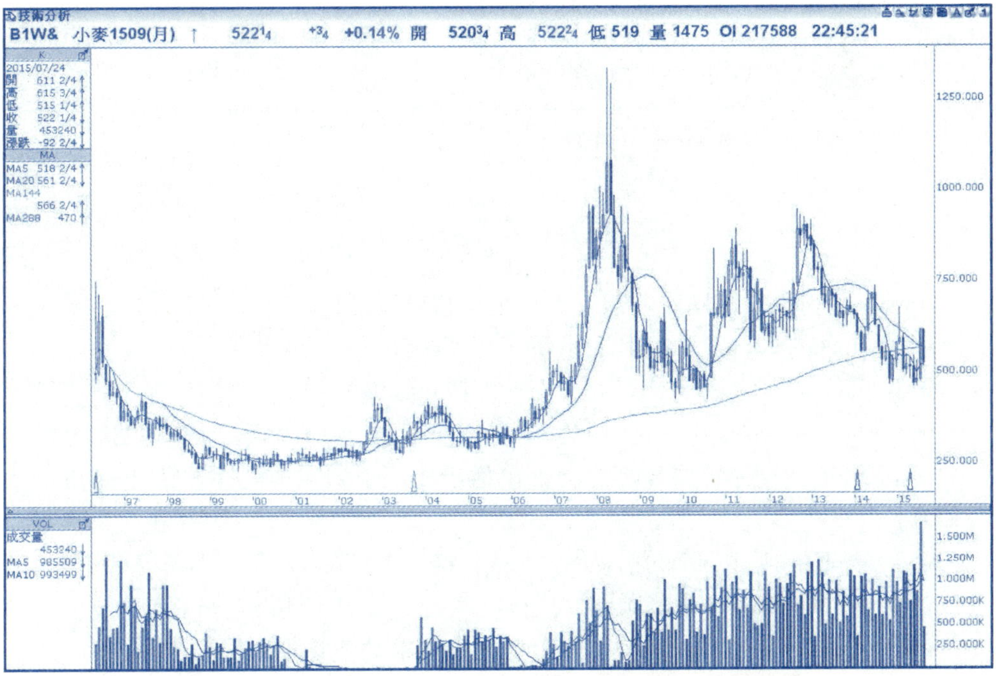

图 2－6　芝加哥期货交易所（CBOT）小麦期约连续走势图

资料来源：精诚信息。

表 2－1　芝加哥期货交易所（CBOT）小麦合约规格

商品名称	小　　麦	小小麦
合约规格	5000 蒲式耳	1000 蒲式耳
产品代码	W	YW

（续表）

商品名称	小麦	小小麦
报价单位	0.25 美分/蒲式耳	0.125 美分/蒲式耳
最小跳动价值	0.25 美分/蒲式耳	0.125 美分/蒲式耳
交易月份	3 月、5 月、7 月、9 月、12 月	3 月、5 月、7 月、9 月、12 月
交易时间（夏令时北京时间，冬令时顺延 1 小时）	人工盘 21:30 至次日 02:15 电子盘 08:00 至 20:45 & 21:30 至次日 02:15	人工盘 21:30 至次日 02:45 电子盘 08:00 至 20:45& 21:30 至次日 02:45
涨跌停	60 美分	60 美分
最后交易日	合约月份往前算第 15 个工作日	合约月份往前算第 15 个工作日
最后交割日	最后交易日后第 2 个工作日	最后交易日后第 2 个工作日
交割方式	实物交割	实物交割
2014 年主交易月平均交易量	92.7 万手	3866 手

注：交易所可以依照现实情况修改涨跌停限制。

重要参考数据来源

www. usda. org（美国农业部农作物生长与供需月报告）

www. cmegroup. com（CME 交易所，交易统计，产品展望）

www. cftc. gov（美国 CFTC 大额交易人持仓报告）

www. uswheat. org（美国小麦协会，小麦价格信息，USDA 报告整理与图形分析）

www. grains. org（美国谷物协会，包括小麦、玉米供需与生长、出口与价格等信息）

www. cnmf. net（中国面粉信息网，小麦价格，中国农业政策，小麦相关统计）

www. cngrain. com（中华粮网，中国小麦产销信息，预测与分析）

www. czgm. com（郑州粮食批发市场，中国粮油市场论坛与预测报告）

www. xiaomai. cn（中国小麦网，小麦价格，信息分析，供需统计）

www. lswz. gov. cn（国家粮食和物资储备局，中国粮油政策，统计资料）

www. moa. gov. cn（中国农业农村部，中国农业政策与监管）

Part 3：玉　米

玉米与稻米、小麦同列为人类的重要粮食；玉米品种多样化，发展至今，主要的品种是用作饲料。中国台湾进口大量玉米，区分为食用与饲料用；饲料用玉米称为硬质玉米，与食用的甜玉米不同。中国台湾每年进口的硬质玉米约500万吨，是黄豆进口量的2倍，而中国台湾的玉米自给量仅有1%，比黄豆的5%还要少！

依照玉米粒的特性，主要可分为：凹玉米、甜玉米、荚玉米、硬玉米、粉玉米、爆玉米、蜡色玉米。其中以凹玉米与甜玉米产量最多，凹玉米在成熟时，玉米粒顶端因缺少淀粉凹陷而得名，主要用途是作为动物饲料，也就是我们所称的硬质玉米。在美国约99%的玉米属于凹玉米，通常以颜色区分为黄、白与混合玉米，**一般现货与期货市场主要的交易标的以黄玉米为主**。甜玉米，顾名思义甜度较高，富含蛋白质与脂肪，是主要食用的玉米，在美国种植面积约1%。硬玉米，其硬度高过凹玉米，用途与凹玉米相同，在美国产量虽少，但是在南美和南非甚至泰国、中国台湾都有种植此品种。

玉米成分与加工制品

玉米粒主要含有四种成分，依含量高低分别为淀粉、麸、水分与油脂。淀粉主要储藏在胚乳，玉米外壳是麸皮，可做成饲料，而位于颗粒最中心的胚芽富含油脂，可炼制成玉米色拉油。（见图3－1）

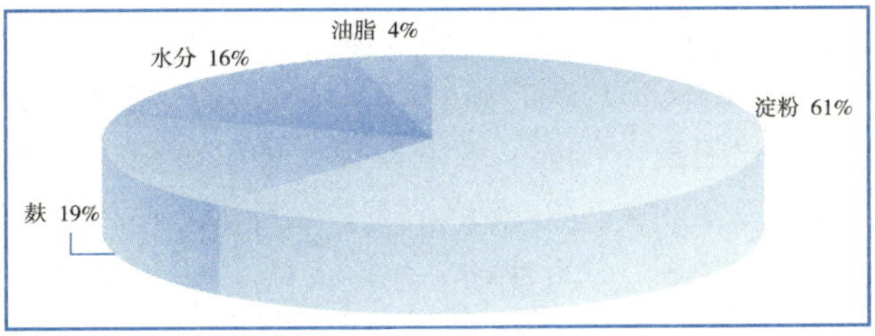

图3－1　玉米主要成分

玉米的加工方法可分为干磨与湿渍两种，又以湿渍为主要方式，通过研磨与分离，胚芽可分离出油脂制造出食用油；玉米的麸皮可做成饲料；而胚乳经过离心处理，分离出淀粉与蛋白质。淀粉加入化学原料修饰与转换后可制成调和米粉、调理食品、糖化产品（果糖、糖浆），但完成这些工序后制成的玉米淀粉只有热量没有营养。

玉米生长与气候条件

美国的农作物种植面积以玉米所占面积最大，约占总农作物面积35%，因此玉米是美国产量最多且最重要的农作物。美国玉米多在春季种植，种植期需要干爽的土壤，如果雨水过多、土壤过于潮湿就不利种植进度。（从南到北，每年3月中旬开始种植到5月底结束），以往如果3—5月的气候不利于耕作玉米，5月中以后农民会转而种植期限较晚的黄豆，此时会使玉米与黄豆的新作物产量彼此消长。玉米最晚5月种植结束，至8月中旬是生长与结穗的时期，8月以后玉米进入结粒转黄时期，7—8月天气因素非常关键，土壤此时需要适宜的湿度，一旦太过于干旱，会直接影响玉米粒的质量，收成期在9—11月，此时如果雨水过多，也会影响收成，造成作物损失。

影响玉米价格的因素

一、供给与需求

根据美国农业部统计，2013—2014年度玉米前三大生产国是美国、中国、巴西。美国产量第一，占全球的35.8%；中国产量占22.1%，不过中国玉米仅足供国内消费的97%，而美国有14.3%可供外销。前三大消费地为美国、中国、欧盟，三者消费总量占全球的61.2%（见图3-2）。在全球供给方面，由于美国玉米基因改造技术，除了美国外，南美如巴西与阿根廷玉米产量也快速增加，全球玉米产量最近十年间增长了六成之多。

（1）供给重要影响因素：气候、农业政策、种植面积。

·1973年反圣婴现象在美国玉米种植带造成干旱，7—9月的玉米重要生长期因为缺少雨水而质量变差，产量比前一年度大减17%，玉米期货价格飙涨至4美元。**（气候）**

·1981年美国中西部夏季炎热，干旱天气影响玉米开花结荚，产量比前一年度减少16%，玉米价格飙升4美元以上，创8年新高。**（气候）**

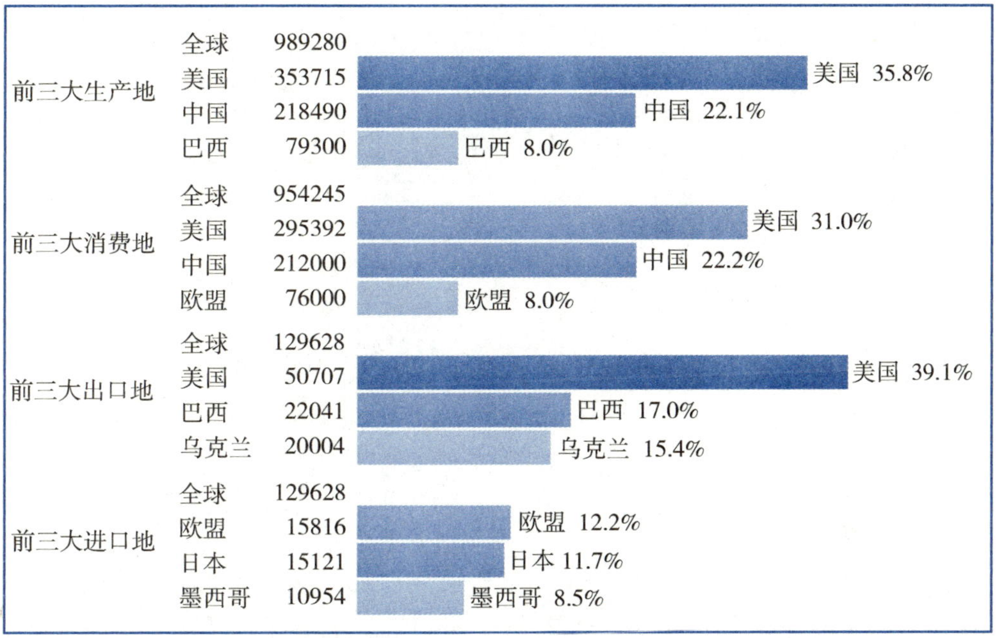

图 3-2　2013—2014 年玉米供需重要数据（单位：千吨）

·1983 年美国玉米种植期间干旱，加上政府推动玉米减产计划，种植面积大幅缩小 1/4 以上，导致产量几乎腰折，玉米价格重新自 2 美元附近上升至 3.5 美元附近。**（气候 + 农业政策 + 种植面积）**

·1988 年反圣婴现象，美国玉米带再现干旱，玉米减产 14%，加上来自日本、韩国、苏联国家的需求增加，价格上涨幅度接近 2 美元。**（气候 + 需求）**

·1995 年秋季反圣婴现象降临，气候不利于美国玉米收成，玉米产量大减 26%，又逢日本、韩国、中国台湾的进口需求大增，美国玉米出口创纪录，期货价格也突破 5 美元创下纪录新高。**（气候 + 需求）**

·2012 年美国夏季中西部干旱，玉米在炎热天气下生长大幅颓坏，美国农业部预估产量不断下修，玉米价格日益飙涨，最高创下 8.43 美元的历史新高。**（气候）**

·2013 年基于前一年度玉米飙升，农民大幅增加耕作，2013—2014 年美国玉米耕作面积创下 70 年来最高纪录，玉米价格迅速回落至 5 美元附近（见图 3-3）。**（种植面积）**

（2）消费重要影响因素：替代品、消费形态、汇率、人口增长、经济增长。

美国与中国是全球玉米两大消费国，美国扣除消费，其余可供外销；中国主要是自给自足，不过两国任一方产量失调，美国会减少出口，中国会考虑进口，这会大幅影响国际玉米价格。

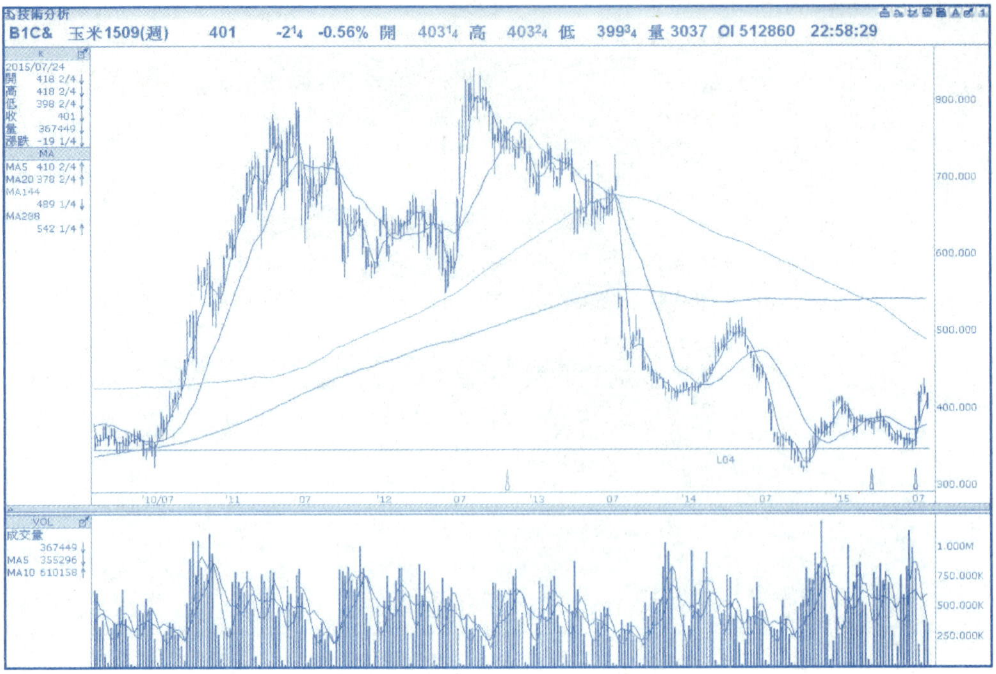

图 3－3　玉米期货连续周线图

资料来源：精诚信息。

此外，自 2000 年以来，原油价格随着需求的增加不断飙涨，各国无不积极寻求替代能源，玉米提炼的燃料乙醇是最佳的汽油替代品。2001—2010 年部分玉米被用来制造燃料乙醇，美国是燃料乙醇最大制造者，在这 10 年间，燃料乙醇的原料需求大增 7 倍，至 2008 年美国玉米使用在制造燃料乙醇上的比例已经占总产量的 30% 以上，饲料用玉米供给量因此受到挤压，导致玉米价格易涨难跌（见图 3－4）。

· 2006 年美国玉米产量创下新高纪录，但是汽油价格高涨，替代汽油的燃料乙醇需求大增，且玉米库存降至 20 年最低，玉米价格持续创新高纪录，至 2008 年 6 月创下 7.6 美元当时的历史新高。（替代品＋库存）

· 2008 年下半年全球金融海啸来袭，原油价格重挫，各国金融市场大乱，商品期货投资与谷物需求全面减缓，玉米期货又回挫至 3.0 美元附近（见图 3－5）。（替代品＋经济增长）

· 2010 年中国经济持续大幅增长，玉米消费需求大增，导致全球库存减少，玉米价格飞扬，2011 年玉米价格甚至高于小麦价格一段时间。（人口增长＋经济增长）

自 2002 年以来，全球玉米的生产量与消费量年年增加，主要是来自中国的

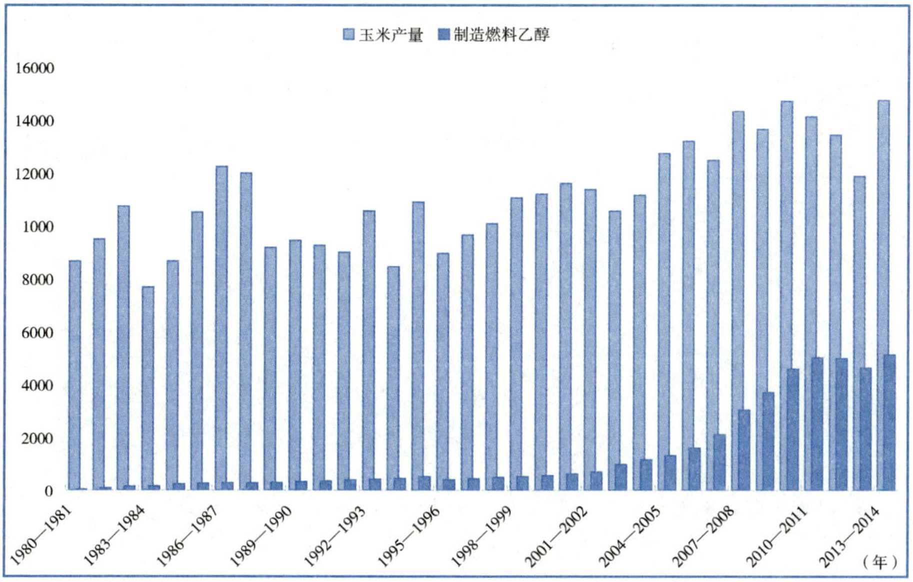

图 3－4　美国玉米总产量与燃料乙醇使用量（单位：百亿蒲式耳）

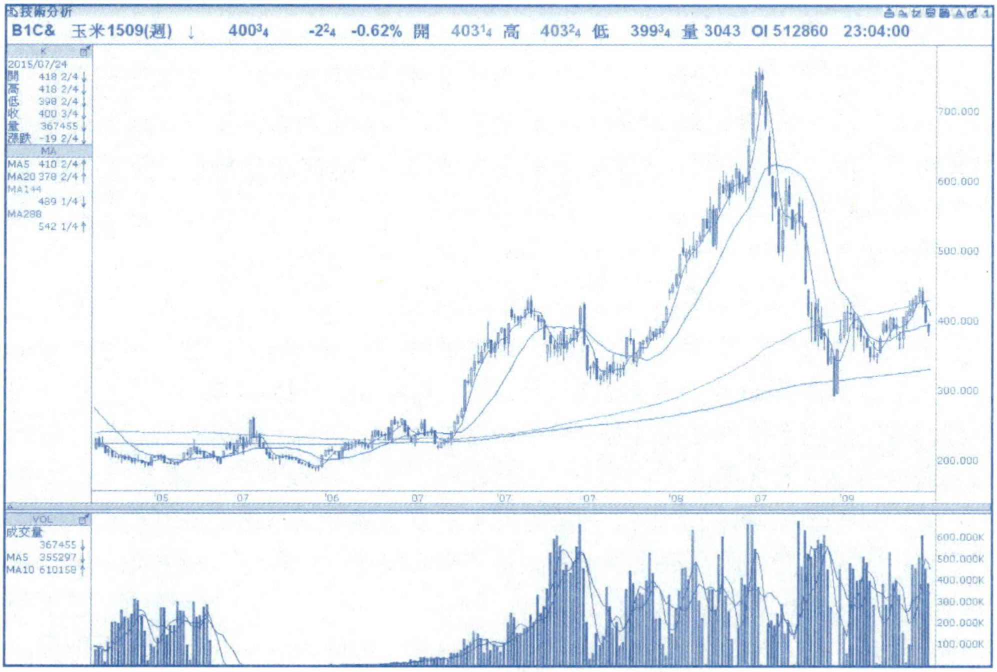

图 3－5　玉米期货连续周线图

资料来源：精诚信息。

需求大增，加上美国的玉米转基因技术日益蓬勃发展。尽管2012年玉米产量明显减少，然而来自中国与欧盟的需求也减少，而2013年以后，美国生产又恢复创新高纪录，相对需求赶上的进度较慢，造成近两年玉米的库存消费比例从2011年的15.04%迅速攀高至2014年的19.77%，显示玉米供应量充裕（见图3-6）。

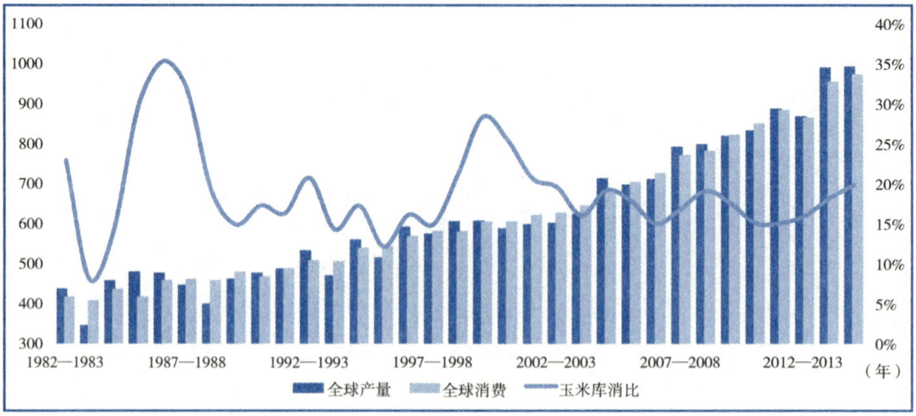

图3-6　全球玉米供需变化（单位：百亿吨）

二、季节性循环

玉米与黄豆、小麦一样，季节性循环对价格的影响颇巨，玉米收成期在每年的9—11月间，通常此时新作物库存渐渐累积，形成价格的低位期，此时如果遇到新作物收成进度不顺利，或是收成量不如预期，则价格反而攀高。因此在收成期价格的波动性会加大。而在7—8月的生长期天气因素大幅影响价格走势，**气候异常会扩大价格波动性**，往往在此期间出现价格高峰。

三、相关替代品

玉米价格如果高于小麦，会引起小麦提供做饲料用途的替代性，不过这种情况不常发生，自2000年以来，只在2011年6月至2012年5月期间出现过长达一年的价格扭曲现象，主要是因为中国玉米需求大增，再加上美国制造燃料乙醇的玉米需求增加所致（见图3-7）。

另外，玉米和黄豆之间由于种植时间有重叠，如果玉米价格高且种植期间气候适宜，农民可能将原本黄豆种植地改种玉米，使得玉米种植面积大增，如2013年玉米种植面积扩增至70年新高纪录，预期下年度收成大幅增加31%，玉米价格因此受挫。相对地，若是黄豆价优或是玉米种植期间气候不利于耕作，则会改种种植期限较晚的黄豆，相对也会影响彼此间的价格（见图3-8）。

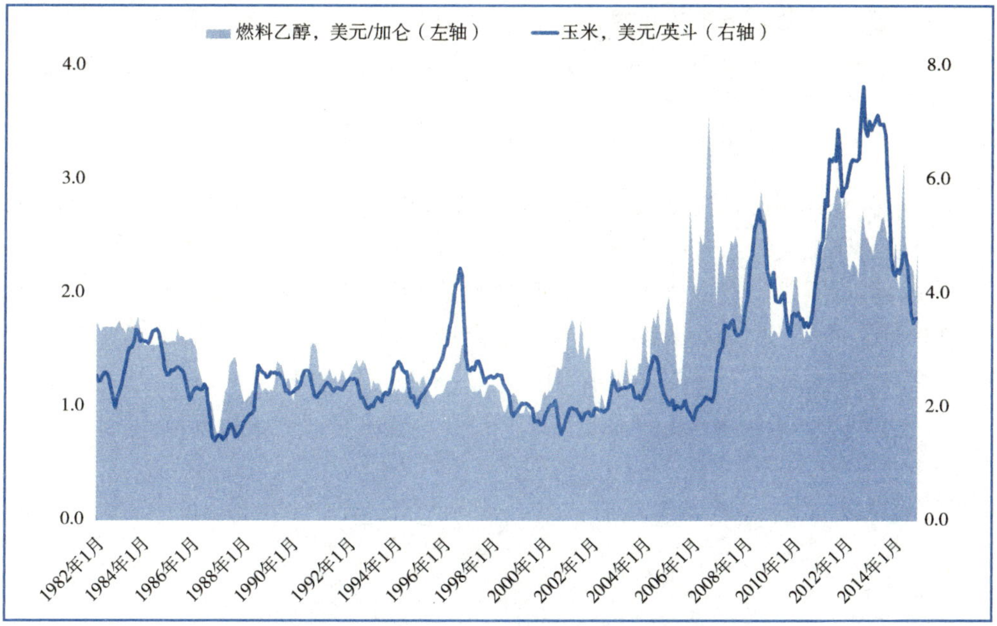

图3－7 美国玉米与燃料乙醇价格走势

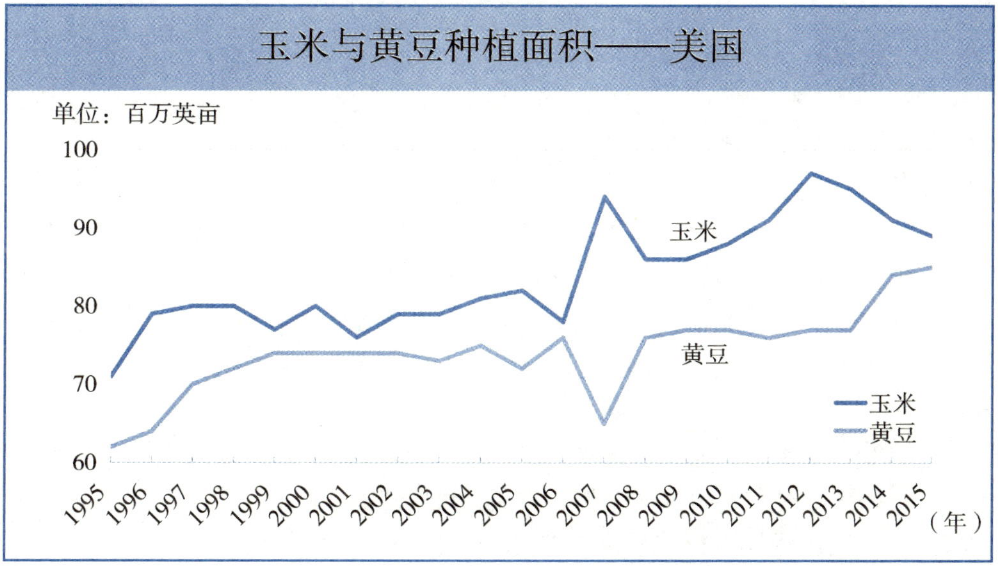

图3－8 历年美国玉米与黄豆种植面积

四、汇率因素

芝加哥玉米期货是以美元报价，而且国际间进出口的玉米大多数以美元报价，因此美元升贬影响玉米价格高低，也就是玉米与美元指数大部分时间呈现相反走势。此外，日本是全球第二大进口玉米国家，近年来日元大幅贬值使得进口商减少原先的预算进口量。

五、其他市场因素

玉米在 CRB 商品指数的成分中属于高流动性商品，所占比例高达 6%，因此在对冲基金或是大型投资机构调整商品投资组合时受到相当影响。另外，与小麦类似，大型投资机构在操作玉米期货趋势也是很明显，生产商与管理基金（投机商）的部位相反，但与小麦略为不同的是生产商做空玉米的规模远大于小麦，显示玉米生产商避险的意愿迫切（见图 3 –9）。

玉米	CBT	数据日期	本期OI	增减	增减率
		2015/07/17	1349047	25953	1.96%

旧式	多单OI	增减	空单OI	增减	多空净部位	净部位变动
商业	588370	532	740596	59776	-152226	-59244
非商业	445791	13426	187561	-36104	258230	49530

新式	多单OI	增减	空单OI	增减	多空净部位	净部位变动
生产商	267329	14676	666288	67131	-398959	-52455
互换交易	264616	-5732	17883	1057	246733	-6789
管理基金	266168	-3893	90873	-30296	175295	26403
其他	179623	17319	96688	-5808	82935	23127

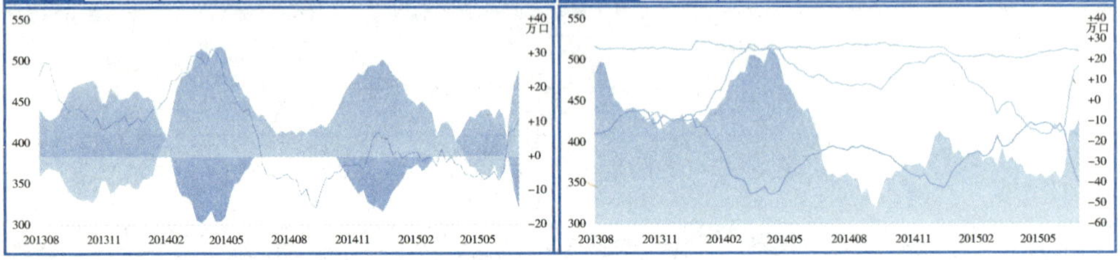

图 3 –9　美国商品期货交易委员会（CFTC）玉米大额交易人报告

玉米的价差交易

芝加哥玉米期货是“黄小玉”三者交易量最大的商品，价格波动相对小的商品，因此投资者常将玉米锁定在价差交易的策略中。

（1）新旧作物的价差交易。每年 9 月是美国玉米的新作物开始，通常依据对新作物的收成预期，市场上会买卖 7 月对 9 月或 7 月对 12 月之间的玉米，形成新旧作物价差交易。

（2）时间价差。类似跨年度新旧作物价差交易，如果预期未来玉米价格将上涨，可以承做时间序列多头价差，买进近月份期货，同时卖出远月份期货，通常较单纯买进期货风险低。反之，若是预期价格会下跌，则可反向承做空头价差。与新旧作物价差不同的是，不限月份此策略随时可实行，而且通常是交易最近两个月的契约，较可避免流动性不足。不过要注意时间性价差仍然会有价差不预期扩散或收敛，而使损失扩大。

（3）作物间价差交易。玉米和小麦有一定的价格关系，若是彼此价格差距太大，可以一买一卖形成跨商品价差交易，例如：自2009年以来，小麦与玉米5年平均价格之比为1.22∶1，当玉米价格超过小麦时，是做价差交易的良好时机，尤其是小麦与玉米的收成时期不同，形成收成期预期的价差交易非常普遍（见图3－10）。

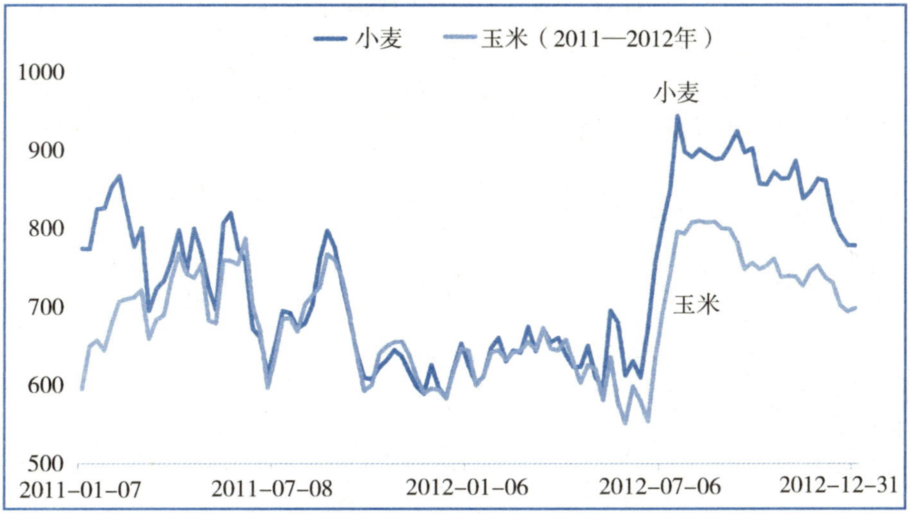

图3－10 芝加哥玉米与小麦期货价格走势（单位：美元/吨）

（4）**跨市场交易**。中国大连商品交易所的玉米合约与芝加哥玉米价格之间若是有极大的差距，市场的投资机构会考虑做两个市场之间的价差交易以套取利润。

影响玉米交易的事项

（1）美国是全球玉米最大生产国、消费国兼最大出口国，其国内玉米产销状况对全球供需有举足轻重的影响。

（2）中国是全球玉米第二大生产国及消费国，但其国内生产供内需后所剩无几，因此在中国玉米歉收或是国内需求明显扩张时，美国玉米将有很大的上涨空间。

（3）欧盟和日本是全球前两大玉米进口国/地区，只是这两个区域对转基因玉米都有严格的标示规定（欧盟甚至有些国家禁止进口转基因玉米），因此其进口政策对美国玉米出口造成负面影响。

（4）**玉米期货是相当不错的期货入门投资工具**，在芝加哥农产品期货中成交量最大，且波动性小于黄豆期货，未平仓合约规模比黄豆期货大，是小额投资人选择交易的最佳商品之一。

（5）美国农业部的供需报告、种植面积意愿报告、季库存报告、农作物生产与收成状况报告、出口报告等都是市场交易的重要参考数据。

（6）假如玉米库存充裕，远月份期货价格大多呈现正价差现象，且升水幅度大约等于持有成本；若是现货供给不足或库存减少，则远月份期货可能与近月份呈现逆价差状态，这种情况可能表示玉米期货价格将反转向上或是持续上扬。

（7）通常小麦和玉米期货有一定的价格比率，例如：近五年来该比率是1.225，假如价格比率超出平均范围甚多（例如两个标准差之外）则是价差交易的良好时机。

（8）美国玉米的作物年度是每年9月1日至次年8月31日。

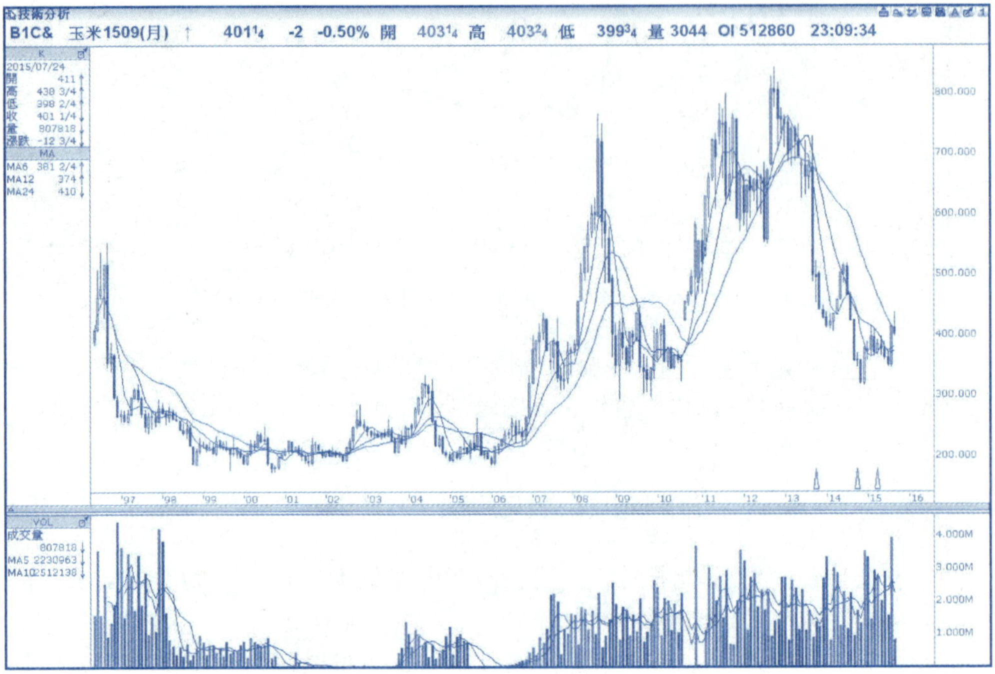

图3-11 芝加哥期货交易所（CBOT）玉米期约连续走势图

资料来源：精诚信息。

表3-1 芝加哥期货交易所（CBOT）玉米合约规格

商品名称	玉　　米	小玉米
合约规格	5000 蒲式耳①	1000 蒲式耳
产品代码	C	YC

① 在美国，1 蒲式耳玉米约为25.401千克。

（续表）

商品名称	玉　米	小玉米
报价单位	0.25 美分/蒲式耳	0.125 美分/蒲式耳
最小跳动价值	0.25 美分/蒲式耳	0.125 美分/蒲式耳
交易月份	3 月、5 月、7 月、9 月、12 月	3 月、5 月、7 月、9 月、12 月
交易时间（夏令时北京时间，冬令时顺延 1 小时）	人工盘 21:30 至次日 02:15 电子盘 08:00 至 20:45 & 21:30 至次日 02:15	人工盘 21:30 至次日 02:45 电子盘 08:00 至 20:45& 21:30 至次日 02:45
涨跌停	30 美分	30 美分
最后交易日	合约月份往前算第 15 个工作日	合约月份往前算第 15 个工作日
最后交割日	最后交易日后第 2 个工作日	最后交易日后第 2 个工作日
交割方式	实物交割	实物交割
2014 年主交易月平均交易量	239.5 万手	5925 手

注：交易所可以依照现实情况修改涨跌停限制。

重要参考数据来源

www.usda.org（美国农业部农作物生长与供需月报告）
www.cmegroup.com（CME 交易所，交易统计，产品展望）
www.cftc.gov（美国 CFTC 大额交易人持仓报告）
www.dce.com.cn（大连商品交易所）
www.czgm.com（郑州粮食批发市场，中国粮油市场论坛与预测报告）
www.cngrain（中国粮网，中国玉米产销信息，预测与分析）
www.yumi.com.cn（中国玉米网，玉米价格，产销信息，供需统计）
www.lswz.gov.cn（国家粮食和物资储备局，中国粮油政策，统计资料）
www.moa.gov.cn（中国农业农村部，中国农业政策与监管）

Part 4：咖　啡

6世纪时，阿拉伯人开始将野生咖啡树广为种植，到了16世纪，在埃及、叙利亚、土耳其等地，咖啡已是很受欢迎的饮品，之后由意大利人传入欧洲，初次喝到咖啡的欧洲人将这种香醇的饮品称为“阿拉伯酒”，但是保守的天主教徒却将咖啡称为“撒旦的饮料”。

美国人虽然较晚接触咖啡，却是第一个将咖啡市场推广到全世界的推手，目前美国是全球咖啡最大消费国。美国人不喜欢意大利的浓缩咖啡的味道，也不像法国人喜爱咖啡的余韵多变，他们偏爱自成一格的美式咖啡，而且将美式咖啡当作日常饮品。华盛顿州的西雅图是美国咖啡馆的发源地，总部设在西雅图的星巴克在全球有两万多家连锁店，在世界各大城市随处可见星巴克，去星巴克喝咖啡不仅是喝咖啡，也是在品尝一种流行文化。

全球咖啡产区

咖啡树生长在热带与亚热带地区，种植区域可达海拔1800米，等级越高的咖啡豆生长的纬度越高。早在2000年前，埃塞俄比亚与苏丹一带就已种植咖啡树，后来传到中东与欧洲和中南美洲。18世纪，荷兰人将咖啡树引进东南亚种植，越南是东南亚种植咖啡最多的国家，产量仅次于巴西，是世界第二大咖啡产国。

自1884年开始，中国台湾种植咖啡树。1901年，日本技师引进爪哇品种咖啡在垦丁一带试种，并且回销日本，受到好评，于是开始在中国台湾大面积种植咖啡树。“战后”日本投降，撤出中国台湾，咖啡园大幅转作；1954年因国际咖啡价格高涨，中国台湾方面开始鼓励恢复旧有咖啡园栽种。2012年，种植面积达874公顷，产量约813吨，南投县国姓乡目前是咖啡最大产地。自2001年以来中国台湾咖啡豆产量已经大增180倍。但是，中国台湾年进口咖啡豆达26000吨以上，因此中国台湾咖啡豆产量仅占总消费量的3%，不过中国台湾咖啡豆经过加工后，再制成其他咖啡制品出口的比例高达65.2%（见表4－1）。

表 4－1　中国台湾咖啡产量与进出口情况

（单位：吨）

	生产	进口	出口
2001 年	4. 5	14353. 7	676. 2
2006 年	256. 5	18438. 8	562. 3
2011 年	824. 1	25953. 6	15686
2012 年	813	26683. 2	17596. 2
增幅	180 倍	85. 9%	25 倍

目前中南美洲是咖啡的最大产区，根据国际咖啡组织（International Coffee Organization，ICO）的统计：巴西是全球最大咖啡生产国，2013—2014 年产量占全球产量的 35. 7%；越南是第二大咖啡生产国，2013—2014 年产量占全球的 19. 6%；哥伦比亚排名第三，产量占 7. 9%。以消费而言，欧盟是全球最大咖啡消费区，需求量占全球的 29. 9%，美国是最大的单一国家消费国占 17. 1%，巴西本国的消费量排名第三，其国内消费量占产量的 36. 9%。

全球咖啡豆进口第一大国是美国，占全球进口量的 23. 8%，有 11. 9% 的美国进口咖啡豆经过加工后再出口；德国为第二大进口国，占全球进口量的 19. 3%，但是德国有高达 56. 7% 的进口咖啡豆加工后再出口，因此也是第一大咖啡再出口国。比利时进口量虽仅占全球的 4. 9%，但却有高达 78. 2% 的进口咖啡豆加工再出口，成为全球第二大咖啡再出口国家（见图 4－1）。

咖啡生长与加工

咖啡树从幼苗到可开花结果需要 3～5 年时间，咖啡树从开花到果实成熟，需要 9～11 个月，正常情况在红色果皮下有 2 颗咖啡豆。咖啡树生长在赤道与南北回归线之间，最适宜种植在有阳光、土壤肥沃且雨水充足的地方。土壤的排水性要良好，咖啡树无法忍受长期高温和干旱，咖啡种子成熟前需要相当的湿度，不过收成期最好是干爽的天气。生长期的咖啡树最怕霜害，一旦遇到霜害，农民无法适时增加咖啡供给量，可能引起咖啡很长一阵子的价格飙升。

由于咖啡树分布在南北回归线各地，因此咖啡豆收成不受季节限制，产量最大的巴西与哥伦比亚的咖啡豆在 4—9 月采收，印度尼西亚与越南在 5—12 月采收，但是这期间经常会遇到无法受控制的气候变化。根据过去统计，每 4—7 年中南美洲就有一次霜害产生，因此每年夏天 6～8 月（这时南美洲是冬天）天气

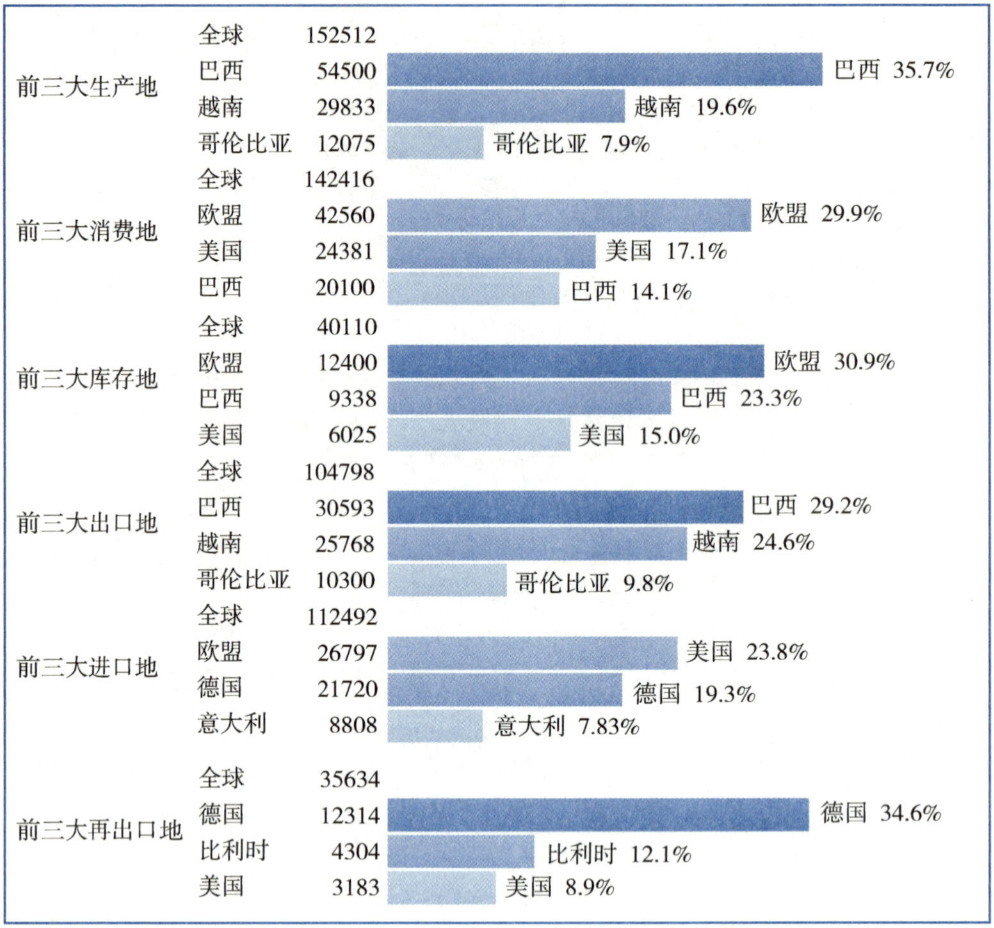

图 4-1 2013—2014 年咖啡供需重要数据（单位：千包，600 千克/包）

资料来源：FAS/USDA。

因素牵动着国际咖啡豆的价格变动。

咖啡是采用自然干燥式与人工水洗式两种加工方式；水源不足的区域大多用日照干燥法，在太阳下曝晒 10～20 天后就可以去壳脱皮，不过这种方式需要天气配合，质量较不稳定，所以此时需要用机器帮忙干燥。至于水洗加工是将果实经过冲洗、脱皮、发酵、干燥，再取出种子，它能够产生较高质量的咖啡豆，所以价格较高的咖啡豆大多是用水洗式加工法。

咖啡豆种类

咖啡豆的种类主要有：阿拉比卡咖啡豆（Arabica）、罗巴斯塔咖啡豆（Robusta）与利柏利卡咖啡豆（Liberica）。市场上最受欢迎的是阿拉比卡咖啡豆，其次是罗巴斯塔咖啡豆，这两种咖啡豆在市场的占有率高达98%左右。

（1）阿拉比卡咖啡豆。又称为阿拉伯咖啡豆，原产于东非埃塞俄比亚的南部，是三个咖啡豆品种中风味最佳、价格最高的一种，其果实成熟后转为暗红色，俗称樱桃豆。目前种植地分布于非洲与中南美洲最多，巴西产量最大，其次是哥伦比亚，两者产量占全球60%左右，中国台湾最早引进的咖啡树就是阿拉比卡品种。

（2）罗巴斯塔咖啡豆。又称刚果咖啡豆，原产于西非刚果，产地主要分布于赤道附近地势较低的非洲与亚洲地区，例如：全球产量第二大的越南、第三大的印度尼西亚和非洲的马达加斯加岛。因罗巴斯塔的风味较为苦涩、咖啡因含量较高，酸味香气略逊于阿拉比卡咖啡豆，通常用于制造价格较低的速溶咖啡。越南为其最大产地，2013年越南的产量占全球42%，其次是巴西，产量占25%。

（3）利柏利卡咖啡豆。又称为赖比瑞亚咖啡，主要生长在西非与马来西亚的少数地区，树种、果实与豆核都较前两者为大，果实内有2～3颗种子，但香味不佳、苦味很强，已被逐渐淘汰，减少种植，只有当地人和少数欧洲人饮用此种咖啡。

依据ICO的咖啡豆交易规定分类，可分为：哥伦比亚淡味（Colombia Mild）、其他淡味（Others Mild）、巴西天然（Brazilian Natural）与罗巴斯塔（Robusta）。哥伦比亚淡味为阿拉比卡种，主要产地在哥伦比亚、肯亚、坦桑尼亚；其他淡味也是阿拉比卡种，主要产地是危地马拉、哥斯达黎加等哥伦比亚以外的中南美国家；巴西天然是未经水洗的阿拉比卡种，主要产地有巴西、埃塞俄比亚；罗巴斯塔种主要产地是印度尼西亚、越南、乌干达、科特迪瓦等地。

生咖啡豆精选后要经过烘焙，依照烘焙程度大致分为轻度、中度与深度烘焙。轻度焙豆为浅焙时间最短，水分蒸发最少，颜色呈肉桂色，酸味是主导浅焙的口味，大多数浅焙豆用来制作罐装咖啡；中度焙豆呈褐色，可适度释放香气，是最标准的烘焙法，巴西、哥伦比亚、蓝山等单品咖啡大多选择这种烘焙法；深度焙豆色泽呈深褐色，香味更甘醇且略带焦味，如法式的欧蕾咖啡与维也纳咖啡、意式的卡布其诺咖啡与浓缩咖啡都属于深度的重烘焙咖啡，通常烘焙的程度越深，咖啡因蒸发越多，所含咖啡因会越少。

影响咖啡价格的因素

一、供给与需求

前述咖啡豆的供给弹性很小，而全球咖啡豆的需求也是随着经济增长稳定增加，因此咖啡价格最大的变量仍掌握在主要生产国手上，历年来几次重大的咖啡价格飙涨危机都是由南美洲天气因素造成，尤其是巴西咖啡树在生长季节遭受霜害对产量往往造成重大的损失（见表4－2）。

表4－2　巴西咖啡豆历次霜害与影响

年度	日　期	程度（路透社）	备注（ICO）
1902	7月底～8月初	非常严重	—
1918	6月24～26日	严重	—
1942	6月底～7月初	严重	—
1943	N/A	中度	—
1953	7月4～5日	严重	—
1955	7月30日～8月1日	严重	仅小部分霜害
1957	N/A	严重	—
1962	7月25～26日	轻度	仅小部分霜害
1963	8月5～6日	中度	干旱与火灾
1965	N/A	轻度	—
1966	8月6日	严重	仅小部分霜害
1967	6月8日	N/A	仅小部分霜害
1969	7月9～10日	中度	—
1972	7月8～9日	中度	—
1975	7月17～19日	非常严重	
1978	8月13～16日	中度	—
1979	6月1日	中度	—
1981	7月20～22日	严重	—
1984	8月25日	N/A	仅小部分霜害
1985	8～11月	非常小	干旱
1988	N/A	轻度	—
1994	6月25～26日	严重	霜害与干旱

（续表）

年度	日期	程度（路透社）	备注（ICO）
1994	7 月 9～10 日	非常严重	霜害与干旱
1999	8～11 月	极度严重	干旱，估计减少 40% 咖啡作物
2000	4 月 12 日至 7 月 17～18 日	轻度	霜害与干旱
2003	4 月底至 10 月底	轻度	干旱、异常干燥
2005	9～10 月	轻度	干旱

数据来源：ICO。

（1）供给重要影响因素：气候、虫害、罢工、战乱。产量预估方面，其中气候因素几乎主导咖啡供给面的变化。

·1953 年南美洲严重霜害，咖啡期货价格由不到 60 美分涨升至 95 美分，咖啡豆零售价更是超过 135 美分。（气候）

·1975 年巴西发生非常严重的霜害，使得咖啡新作生长受到严重伤害导致产量大幅减少，咖啡价格从每磅 50 美分以下，两年来飙涨至 337.5 美分，创下历史最高纪录（见图 4－2）。（气候）

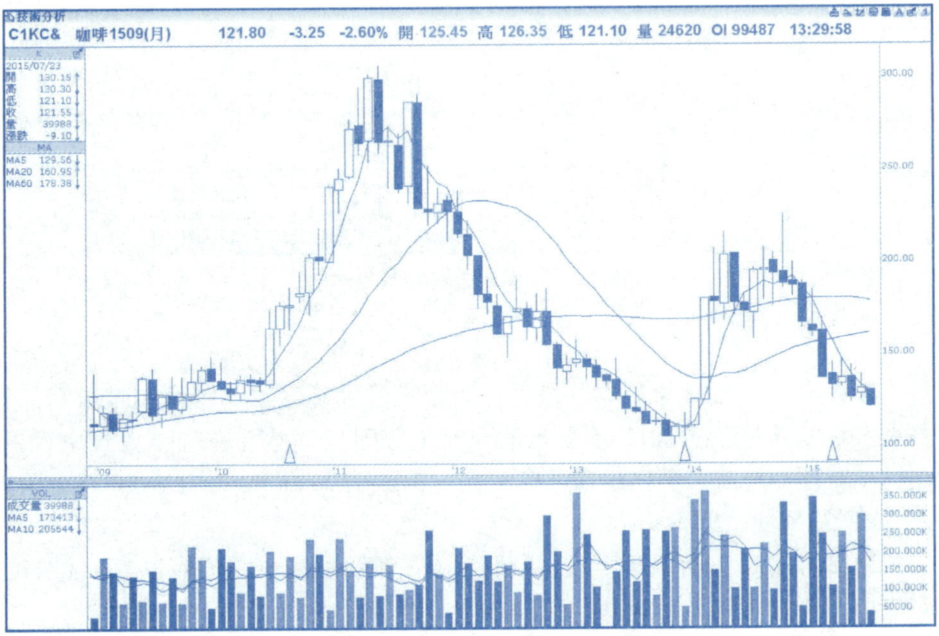

图 4－2　纽约咖啡期货月线图

资料来源：精诚信息。

·1994 年 6—7 月巴西遭受非常严重的霜害与干旱，市场上，咖啡豆因批发商惜售而供应大幅减少，咖啡自 70 美分急涨至 250 美分附近，之后因为实际损失小于预期，期货价格很快回跌，至 1995 年 12 月已经跌至 95 美分以下。（**气候 + 产量预估**）

·1997 年是价格最为震荡的一年，由于中南美洲与东南亚都遭遇史上最强的圣婴气候袭击，哥伦比亚大雨加上虫害与罢工，咖啡产量创下 8 年来新低，而巴西、印度尼西亚的干旱使得产量减少，期货价格从 100 美分附近一路飙涨至 318 美分的 22 年来新高价。（**气候**，见图 4 – 3）

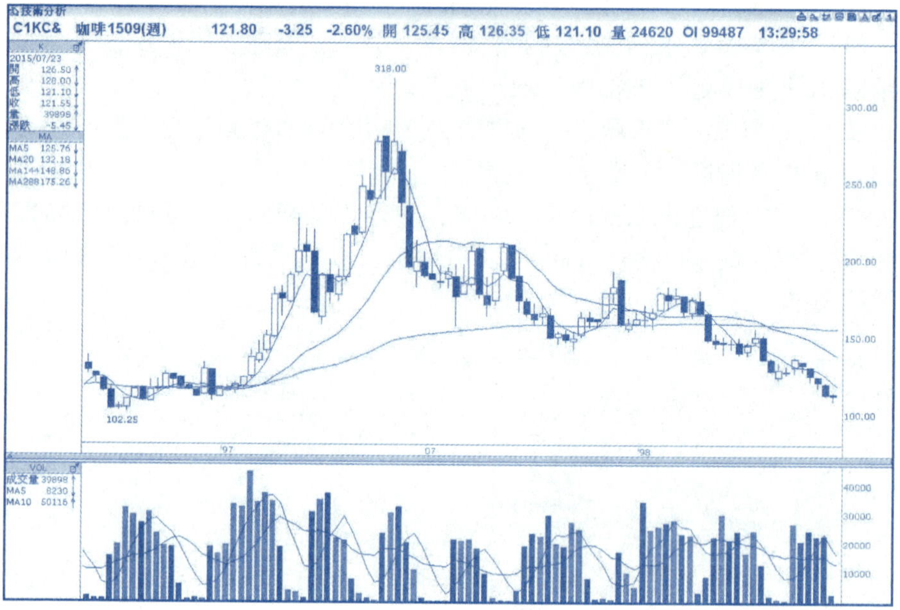

图 4 – 3　纽约咖啡期货周线图

资料来源：精诚信息。

·2011 年反圣婴现象影响，哥伦比亚咖啡受大雨袭击，巴西咖啡遭遇冰雹，价格自 130 美分起涨至 2011 年 5 月的 306 美分附近。然而在咖啡豆收成后，产量损害没有预期严重，价格迅速回落，大空头降至 2013 年年底的 100 美分附近。（**气候 + 产量预估**，见图 4 – 4）

·2013 年冬季巴西干旱再临，预期咖啡产量将会减少，价格自 100 美分附近筑底成功，价格一路上扬至 2014 年 4 月的 215 美分附近。（**气候**）

（2）消费重要影响因素：消费形态、经济增长。

·自 2005 年以来，随着新兴国家崛起，金砖四国经济飞速增长，尤其是中

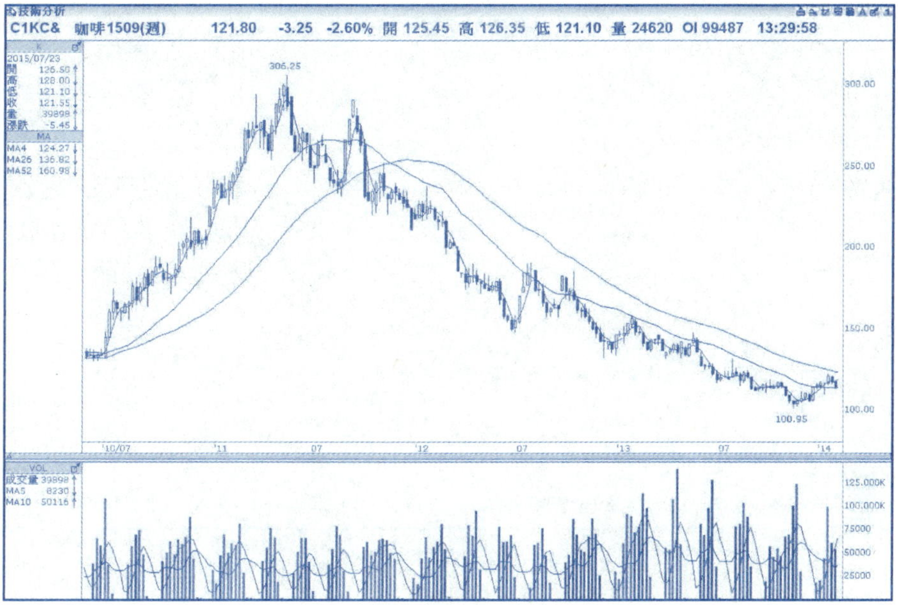

图 4－4　纽约咖啡期货周线图

资料来源：精诚信息。

国对咖啡的消费需求逐年上升，咖啡价格因此水涨船高；2008 年金融海啸来临，咖啡价格也只是小幅度回升；但是在 2011 年遇到圣婴现象，咖啡价格再度一飞冲天。**（经济增长＋消费形态）**

近 30 年咖啡的生产量除了几次霜害侵袭外，几乎都是稳定增长，而消费则呈现较稳定增长，往往咖啡供过于求情况越多，价格的压力就越大，这种情形在 2008 年以前很明显，例如：1981 年、1987 年和 2002 年咖啡供给过剩超过 1000 万包，当年期货价格都在相对低档，自 2008 年以后因为欧美日各大国纷纷实行货币宽松政策，商品需求投机色彩浓厚，反映的是消息面炒作（见图 4－5）。自 2002 年以来，除了 2008 年以外，咖啡的年消费量年年增加，最近两年消费量更是明显扩大，其中中国的消费量急起直追最受瞩目，市场预期中国的消费量增加有可能改变欧美需求独霸咖啡市场的生态。

二、季节性循环

咖啡豆在全球各地都有生产，而且收成期又分散在全年，同时库存取得容易，所以咖啡价格没有明显的季节性变化，通常咖啡的作物年度是以每年的 7 月 1 日为基准。中南美洲收成期则是从 4 月开始，在收成量大致确定的 6—7 月间，此时价格出现低点的机会高，之后一直到冬季是咖啡最大的消费期，价格逐渐上

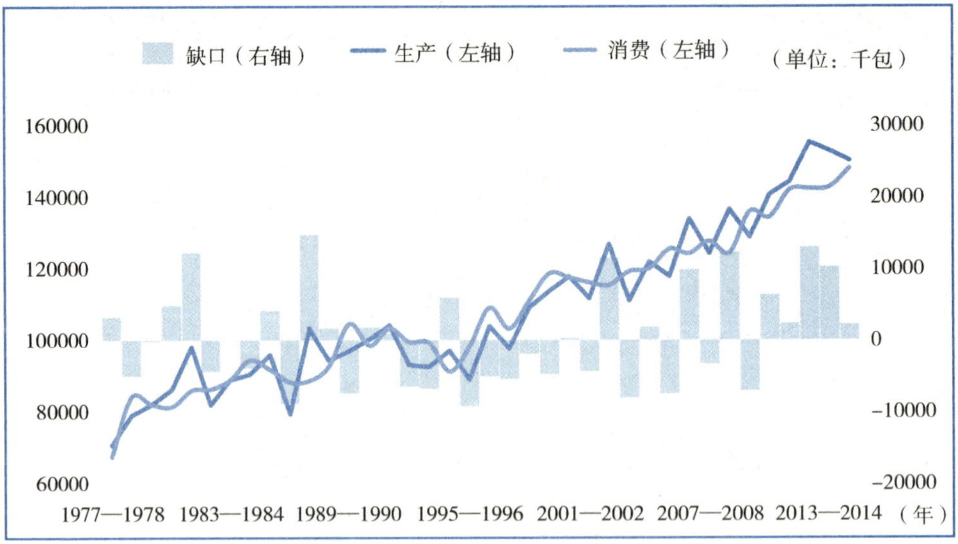

图 4－5　全球咖啡供需与缺口

资料来源：FAS/USDA。

扬。如果在收成期间遇到霜害或是干旱，则价格会迅速上扬，甚至在此期间市场谣言也会引起价格大幅上扬，所以收成期间做空咖啡期货的风险很大。

三、汇率因素

咖啡在生产国与消费国的价格差距颇大，主要是因为咖啡的销售商（包括批发商与零售商）掌握咖啡的渠道与调制技术，更拥有现代营销包装手法，而进口国与生产国之间的汇率也是重要因素。因此，美元汇率的变动会影响咖啡价格，通常咖啡价格与美元指数呈现相反走势：当美元很强势时，以美元计价的咖啡就显得便宜。纽约的 CSCE 交易所（已被 ICE 合并，称 ICE futures US）的咖啡期货是全球最大咖啡交易契约，其交割的咖啡豆绝大多数是哥伦比亚的阿拉比卡咖啡豆，因此美元与哥伦比亚比索，甚至与巴西雷亚尔的汇率都会导致咖啡价格变动。

通常会以**美元指数**来看美元对各主要货币升贬，以咖啡期货和美元指数 1996 年以来的走势来看，除 1997 年因气候因素导致咖啡价格大涨和美元走势脱钩外，其余时间咖啡的走势几乎与美元指数呈现相反走势，其间咖啡价格波动显得较大（见图 4－6）。

四、其他市场因素

国际油价、ICO 会议、罢工与暴动。咖啡豆与原油价格没有绝对的关系，但

图 4 -6 咖啡价格与美元指数走势

原油对咖啡在正常供需期间的价格还是有影响，除了运输成本外，两者都是 CRB 指数（路透社商品研究局指数）的成分，关系到期货基金对投资组合的调整，例如：2014 年 7 月开始原油价格因 OPEC（石油输出国组织）不减产而崩跌，所有商品期货也是一蹶不振，其中多少受到 CRB 指数调节的影响。

ICO（国际咖啡组织）在每年 3 月和 9 月都会在总部伦敦举行政委员会，可称为 ICO 的官方半年会，会中检讨前半年的咖啡市场状况，发布统计数字、探讨各会员国对咖啡豆的经贸与政策等，并研讨未来市场运作与协调事项，如果在会议中有重大决定会立刻影响市场价格，而这些立即性的信息通常只有大型交易商才会得到，因此散户在会议期间最好是空手观望。

影响咖啡交易的事项

（1）咖啡平常的价格波动还算平稳，不过遇到生产国供给出现问题时（通常是天气因素）价格的波动会非常剧烈，以近 30 年的价格走势来看，有 4 次创造 250 美分以上的高点都是由气候因素造成的。例如：1992 年 9 月的低点至 1994 年 7 月的高点相差 5.1 倍；1996 年与 1997 年的高低点相差 3.5 倍，可见咖啡行情波动相当大，投资人要小心谨慎。

（2）巴西与哥伦比亚咖啡产区的气候变化一向是市场瞩目焦点，尤其是收成期间，对气候变化更是敏感。虽然巴西的咖啡豆并非 CSCE（美国咖啡、糖及可可交易所）咖啡期货交割的标的，但是巴西是最大产区与出口国，对价格仍有影响力。

（3）分析咖啡期货价格变动比起很多期货商品要容易，因为其供应与需求来源都很明确，尤其是需求成长相当稳定，较少受到价格波动影响，而供给就只需专注少数几个主要生产国。

（4）咖啡期货合约在美国纽约、巴西圣保罗、英国伦敦交易所都有上市交易，虽然交易标的与品种等级或有不同，但是对投资机构或投资人而言，仍是可行的市场间价差或套利工具。

（5）咖啡的作物年度是每年7月1日至次年6月30日。

重要参考数据来源

www. fas. usda. org（美国农业部海外服务，全球咖啡生产、消费、与进出口数据）

www. theice. com/furues-us（ICE－美国交易所，纽约咖啡交易统计，产品展望）

www. theice. com/furues-europe（ICE欧洲交易所，伦敦咖啡交易统计与展望）

www. bmfbovespa. com. br（巴西证券期货交易所，巴西咖啡期货相关统计资料）

www. cftc. gov（美国CFTC大额交易人持仓报告）

www. ico. org（国际咖啡组织，全球咖啡会议，咖啡供需相关数据，政策制定宣达）

www. taiwancoffee. org（中国台湾咖啡协会）

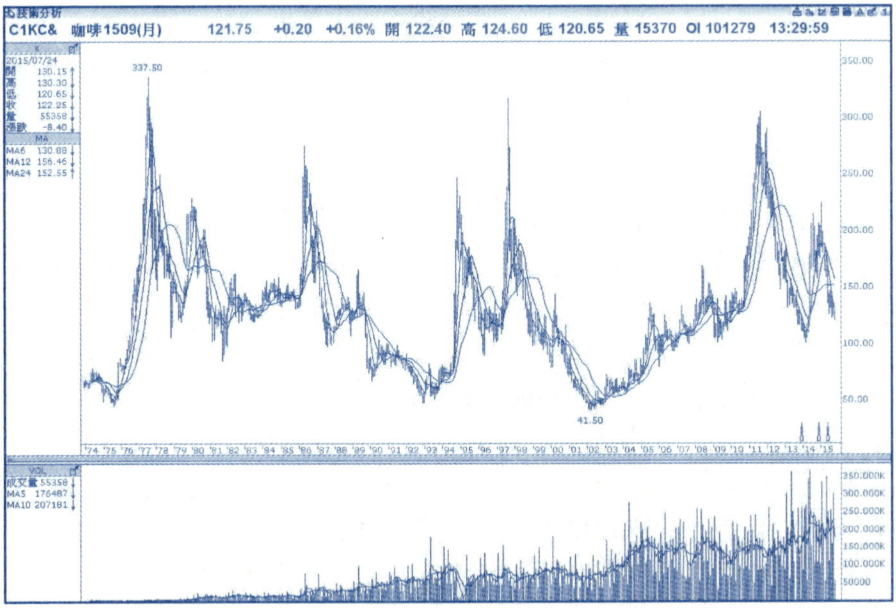

图4－7　NYBOT咖啡期约连续走势图

资料来源：精诚信息。

表 4－3　纽约咖啡合约规格

咖　　啡	Coffee
商品名称	咖啡
交易所	NYBOT
合约规格	37500 磅
商品代码	KC
报价单位	美分/磅
最小跳动值	0.05 美分/磅
交易月份	3 月、5 月、7 月、9 月、12 月
北京交易时间——夏令时（冬令时间延后 1 小时）	电子盘 16:15 至次日 01:30
涨跌停限制	无
最后交易日	最后交割日往前第 1 个工作日
最后交割日	到期月份最后 1 个工作日往前第 7 个工作日
交割方式	实物交割
2014 年主交易月平均交易量	28.1 万手

part 5：可 可

可可豆是巧克力的最主要原料，它赋予巧克力低调丰润的色泽与深邃迷人的香味。可可树是热带常绿植物，原生长在南美洲，目前广泛种植于非洲、东南亚和拉丁美洲。16 世纪西班牙人将可可豆自墨西哥输入西班牙，17 世纪初意大利人首度在中南美洲之外提供可可饮品，不过当时仍是中上阶层的专属饮品，直到 1730 年由于可可豆价格大跌，巧克力饮品得以被欧洲人广泛接受。18 世纪中，英国巧克力制造商开设第一家卖巧克力棒的店铺；19 世纪，西班牙人将可可树引进菲律宾；至于非洲到 20 世纪 70 年代才开始种植可可树，栽种的时间比起中南美洲晚了许多，不过由于气候与温度非常适合可可树生长的条件，目前非洲已成为全球最大可可树栽种地区，产量占全球 70% 以上。

可可树的生长

可可树的生长范围介于北纬 20 度至南纬 20 度间，属于热带植物，全球约有 30 个主要的可可树生长地区，虽然可可树能在非常热的温度下存活，但是幼树必须依靠较大的树木（如香蕉树、椰子树及棕榈树等）保护。一棵成熟的可可树高约 7.5 米，全年都会生出小花和果实，荚状的成熟果实有 20～40 个像杏仁的种子。可可豆的生长相当费时，因为可可树种植后的前 5 年不能生产可食用的可可豆，5 年以后所生产的可可豆才能被加以利用，数量会逐步增加，直到第 15 年产量会达到高峰。可可树可以结果至 30 年左右，之后产量就会减少，树龄 50 年以上的可可树已无生产效益。

由于生长循环时间很长，因此可可豆的供应量短期内几乎完全没有弹性，换句话说：即使市场价格一下子高涨，也不会促使农民大量种植可可树；反之，可可价格一时低迷也不会减少已具生产力的可可树数量。可可豆一年可收成两次：一是 5 月；二是 10 月或 11 月。但由于生产地区多，因此如果从全球的生产角度分析，像咖啡豆一样，**可可豆具有终年连续生产的特殊情形，所以降低可可生产季节性变量**。

在大多数生长地区，收成期可分为主收成期（main-crop）和中收成期（midcrop）；主收成期是从9月起到来年3月，全球超过3/4的可可产量都在这段时间内收成，产量较小的中收成期是介于5—8月；不过巴西中收成期的产量通常要比主收成期产量多。

可可豆的种类

可可豆的种类虽多，但主要分成以下三大类：

（1）克里欧罗（Criollo），原生种之意，产于巴拿马运河一带，它是可可豆的极品，需要发酵的时间极短，便能产生独特香味，是巧克力业者最喜爱的原料，由于产量少，仅占全球可可豆产量的5%～10%，价格相对昂贵，业者多用于制作高级巧克力，或与其他可可豆混合。

（2）佛拉斯特罗（Forastero），外来种的意思，相较克里欧罗味道较浓也较苦，产量最多，约占全球可可豆的80%，是制造多数巧克力与可可产品的基础。佛拉斯特罗主要种植在巴西与非洲，制成的巧克力具有花香或是果香风味，但会因产地不同而有差异。

（3）特立尼塔里欧（Trintario），前两者的混种，栽种于加勒比海的特立尼达岛，产量占全球的10%～15%，它是在一次偶然的原生种与外来种可可树染上病虫害后存活下来的混种，因此有较强的抗虫害能力，风味浓郁且易栽种，质量介于前两者之间，主要产地在委内瑞拉、加勒比海与印度洋一带。

可可豆加工与制成品

像咖啡豆一样，可可豆是可可树果实的种子，它不易在炎热气温下存放，因此必须尽快在产地加工，或是即刻运往消费国处理，经过发酵与干燥处理过的可可豆就能打包贩卖。决定可可豆质量的关键不在于品种，也不在于生长过程的气候因素，而是在于发酵与干燥过程，必须经过这两道程序妥善处理，才能将可可豆的独特风味呈现出来。

以往可可豆加工业多设在消费国，但现在有些可可豆生产国，尤其是科特迪瓦和巴西，都积极设立可可豆加工业，因为原料在本国加工，不但可以提高可可的附加价值，同时加工后的液态可可比可可豆更适合装运储存，也可提高生产国储存可可豆的能力，并且能在可可价格低迷时延后出货时间，当价格较高时再出售，同时整合可可出口量也会降低运输成本。

可可豆的产区与消费

非洲是目前可可豆最大产区，根据国际可可组织（以下称 ICCO）统计：西非的科特迪瓦是可可豆最大生产国，2012—2013 年产量占全球产量的 36.8%；加纳为第二大可可生产国，2012—2013 年产量占全球的 21.2%；印度尼西亚为第三大生产国，2012—2013 年产量占 10.7%。如果以区域来看，非洲的产量占全球的 71.6%，是压倒性的全球最大产区。

以消费来看：荷兰是全球最大可可豆消费国，需求量占全球的 13.1%；科特迪瓦为第二大消费国，占 11.4%；德国为第三大消费国，占消费量的 9.9%。以区域来看：欧洲为最大可可豆需求区域，占总需求量的 38.9%；美洲居次，占 21.7%；亚洲与大洋洲第三，占 20.9%。因此从可可豆消费需求可以看出，全球各区域的需求量相差不大，主要是因为可可豆保存与运输不易，很多生产区都在国内先行加工制成液态可可（Cocoa Liquor）再出口，因此不代表最后的需求。ICCO 没有可可再出口的详细数据，不过以 2012—2013 年的消费需求来看，有 43% 是原产国的消费研磨需求，其中绝大多数都是只对可可豆做的初步加工（见图 5 -1）。

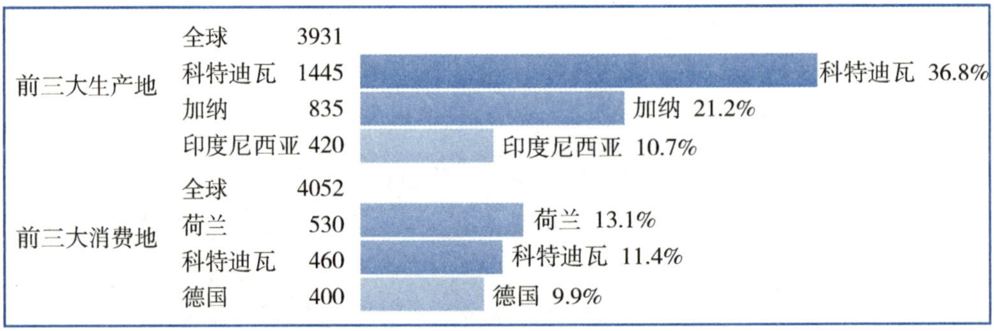

图 5 -1　2012—2013 年可可供需重要数据（单位：千吨）

资料来源：ICCO。

影响可可价格因素

一、供给与需求

前文说过可可豆的供给弹性很小，以及可可豆的生产地大部分集中在非洲，因此当地的产量变化对市场价格有关键性的影响。其实在 20 世纪 70 年代，巴西可可豆产量一度超过科特迪瓦成为全球第一，但是自 1988 年以后产量逐年减少，目前产量退居第七，甚至少于南美洲的厄瓜多尔。印度尼西亚在1980年开始大量种植可可树，自2000年以来，产量大幅增加，目前产量已经位居全球第三。

（1）供给重要影响因素：气候、病虫害、罢工、库存、产销。

由于可可主要生产区大多在较落后国家，自然因素如病虫害、气候，或是人为罢工、暴动等消息，不管是事实或传言都会引起市场立即性的价格骚动。近年来，科特迪瓦和加纳的可可树流行一种黑斑病，会使可可豆产量渐渐减少，虽然并未产生很大影响，但已为市场价格埋下不稳定的因素。

·1976年西非因主要产区气候不佳而影响可可豆产出量，包括科特迪瓦、加纳、尼日利亚等地的产量都预期大减，可可豆价格从每吨2000美元以下急速拉抬至5380美元的历史天价。（**气候**）

·1987年巴西与科特迪瓦可可豆因天气适宜而大丰收，加上需求没有同比增加，导致库存大幅增加，可可期货价格持续下滑至1000美元以下。（**气候+库存**）

·2000年可可产量再度创下新高纪录，可可豆库存居高不下，连续2年丰收，使可可价格狂跌，至2000年年底，可可期货创下每吨674美元历史新低价。（**库存**，见图5-2）

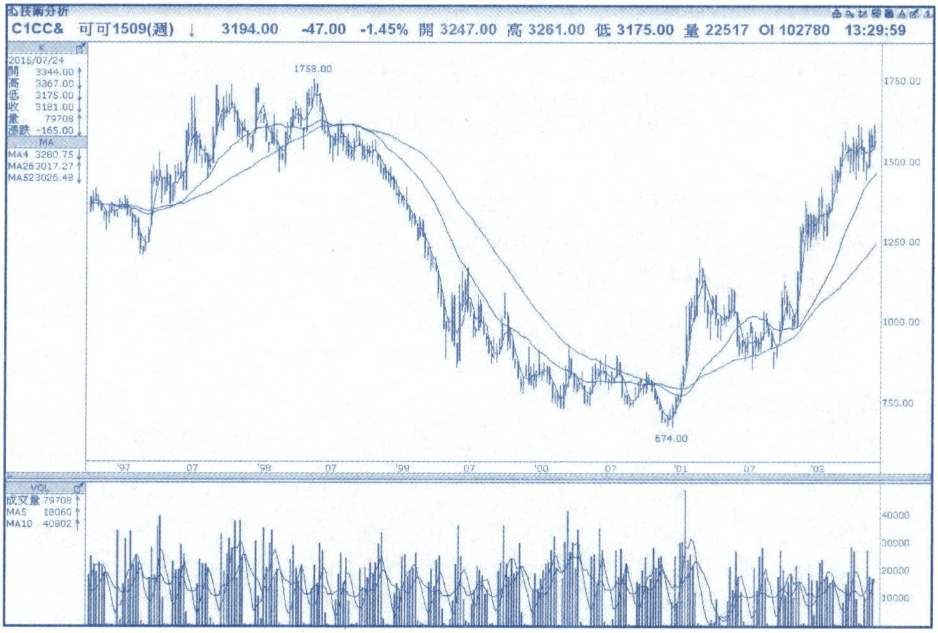

图5-2　纽约可可周线图

资料来源：精诚信息。

·2014 年非洲被埃博拉病毒肆虐，西非也沦为疫区，市场一度认为可可豆的生产与出口会受到严重影响，可可价格被拉抬至 3300 美元以上，不过事后病毒被控制，对可可豆影响程度不大，可可价格回落。（产销）

此外，库存消耗比例也是市场非常重视的指针，通常此数据被视为可可价格的反向指针，例如：1983 年开始的 10 年间，可可豆的库消比自 0.32 持续上扬至 0.68 的历史高点，可可期货价格自 2600 美元的高点一路下挫至 785 美元低点，亦即相同期间内，行情走了 10 年的大空头（见图5－3）。

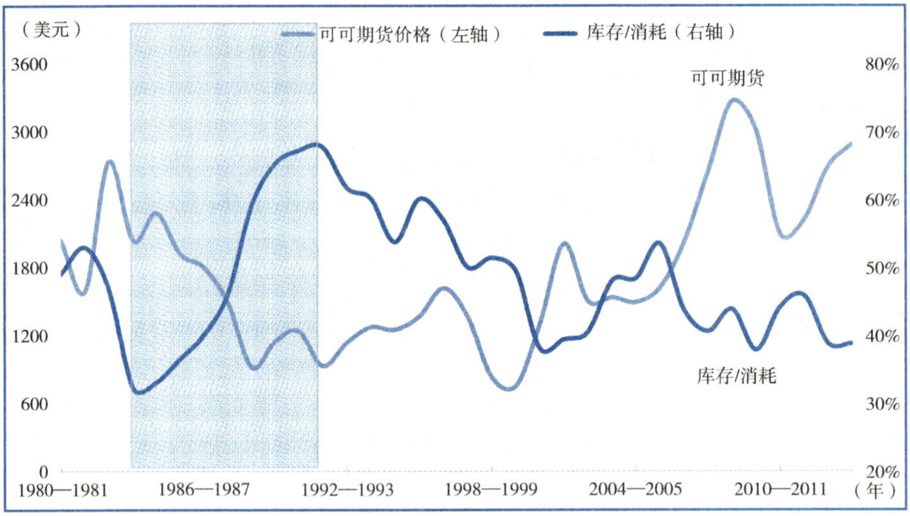

图 5－3　可可豆库消比与期货价格

（2）消费重要影响因素：经济增长、货币政策。

因为可可豆制品属于较高价位的非必需食用品，其价格变化与需求量之间没有明显相关性，不过巧克力制造商在可可价格低时会增加可可使用量。西欧是全球最大消费区，主要进口来自西非，美国大多采购来自中南美洲生产的可可豆。

可可主要消费区域来自发达国家，因此这些国家经济增长变化会对可可价格明显造成影响，例如：

·2008 年美国金融海啸，欧美先进国家金融业受害最深，可可期货价格自 2008 年 7 月的 3385 美元在 4 个月内下滑至 1867 美元的低点。（经济增长）

·2009 年美国联准会为拯救海啸带来的金融困境，连续实施两次货币量化宽松政策（QE），在美元供给极度宽松的助长下，带动大型银行投机买入商品期货，商品价格扶摇直上，可可期货在 2011 年 4 月创下 3826 美元的 32 年新高点。（货币政策，见图 5－4）

无论是可可豆的供给或是需求，在近 40 年都呈现稳定增长趋势，而生产量

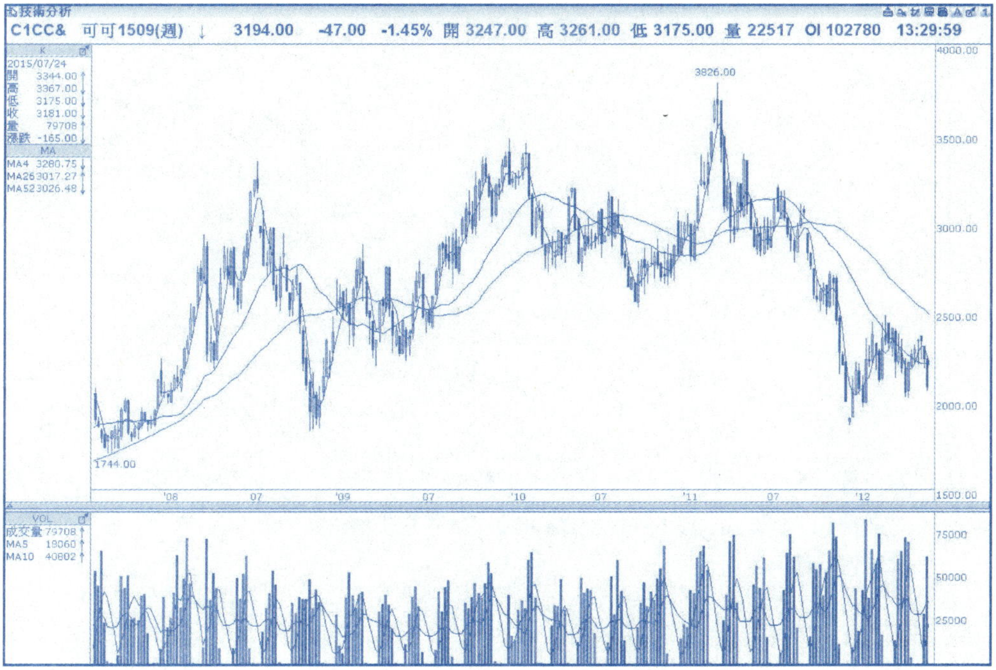

图 5－4　纽约可可连续周线图

资料来源：精诚信息。

的波动性相对需求量较大且不稳定。自 2005 年以来，中国经济大幅崛起，对可可豆需求量逐年增加，自 2004 开始的最近 10 年间，全球可可豆的需求量平均年增长率为 3.4%。相对这段时间，全球可可豆的平均年生产量增长率为 2.56%，明显可以看出，可可需求面的增长动能较供给面稳定且强势。此外，可可豆期货价格自 2000 年以来，中长线走势都表现出涨多跌少的多头走势（即使是 2008 年的大回档也是如此），随着全球各地对巧克力和相关产品消费的增加，可可豆价格呈现易涨难跌的趋势（见图 5－5）。

二、季节性循环

科特迪瓦每年 11 月至来年 3 月的热带季风带来干燥天气，此外，撒哈拉沙漠带有大量沙尘的热风，有时强烈到甚至会形成龙卷风，大肆破坏农作物生长，是一年中气候影响的关键时期。

全球可可豆收成时间分散在一整年中，可可豆的季节性走势不明显，但由于可可豆的主收成期为 10 月至来年的 3 月，所以第一季往往是一年中价格的低档期，在第一季末价格到达最低点后慢慢攀升，7—8 月是价格最可能上升的高峰期。

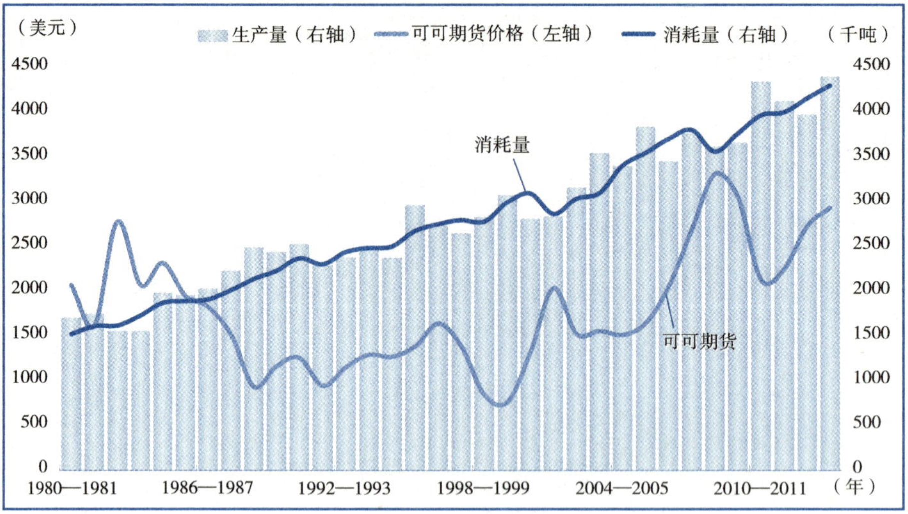

图 5－5　全球可可豆供需与价格走势

数据来源：ICCO。

三、汇率因素

全球可可豆市场以美元为报价基准，美元走强造成可可豆价格下滑，尤其是美元指数中与欧元的负相关性最强，美元指数走强多数代表欧元走弱，而欧洲是可可豆的最大消费区，欧元走弱不利于可可豆进口，于是制造商会减少或延迟可可豆进口，使得需求减少而价格会迅速下滑。

以可可期货价格和美元指数走势比较，大部分时间美元指数与可可价格呈现反向走势，例如：2008 年 4 月美元指数，自 70.4 半年内迅速上扬至 87.9，而可可豆价格在同期间自 3000 美元以上的波段高点下滑至 1880 美元附近的低点。2014 年 7 月开始，美元指数突破区间盘整快速上扬，可可价格延至 9 月底才开始下跌，主要是因为当时埃博拉病毒在非洲盛行，而病毒可能造成产量减少的因素支撑价格，因此可可价格如果没有特殊供给面利多，在正常情况下，与美元指数都呈现明显的负向关系（见图 5－6）。

四、其他市场因素：国际油价、相关原料价格、主要市场汇率、ICCO 会议

以直接影响来看，可可豆的生产区和消费区几乎不互相重叠，也就是说大部分可可豆生产后，必须从非洲或中南美洲运至欧洲或是美国，其中运输成本占很大支出，因此国际油价下滑为进口商带来即时效益，但是国际油价之所以下滑，往往是先进国家经济增长不佳导致。此外，全球最大的两个可可期货交易所分别

图 5－6　可可价格与美元指数

在纽约与伦敦，由于分别以美元和英镑报价，当美元和英镑汇率有极端变化时，投资机构会启动价差，或是套利交易策略，会连带影响可可现货的价格变动。

国际可可组织（ICCO）自 1973 年成立后，在日内瓦不定期举办联合国可可会议，会后并将其讨论结果汇编成《国际可可协定》（*ICCA*），至今已经有七次协定出刊，最近一次的协定出刊于 2010 年 12 月。根据最新的内容，ICCO 的会员由 18 个可可豆生产商与 30 个可可进口商组成，而 ICCA 的内容与政策宣达往往会影响可可市场的动向，也是要注意的一项信息。

影响可可交易的事项

（1）可可期货在纽约 ICE 交易所的交易量与咖啡期货相当，市场尚算活络，不过其投机性非常强，一般投资人必须深入了解产品与市场动脉再交易。伦敦的 LIFFE（已被 Euronext 收购）有可可期货交易，它是以英镑为交易单位，且价格受欧洲市场供需影响大，有些专业投资人也喜欢做 LIFFE 与 CSCE 的可可期货价差交易，其中牵涉到汇率（英镑兑美元）与不同市场（北美与西欧市场）需求因素（见图 5－7）。

（2）交易可可时，供给面的消息与判断最重要，但常常因信息取得延迟，或是谣言四起，给市场造成不必要的波动。

（3）纽约可可期货无涨跌停限制，平时价格波动性不算大，但遇到重大事件时，可能会在极短的几个月内将多年高低点覆盖过去。

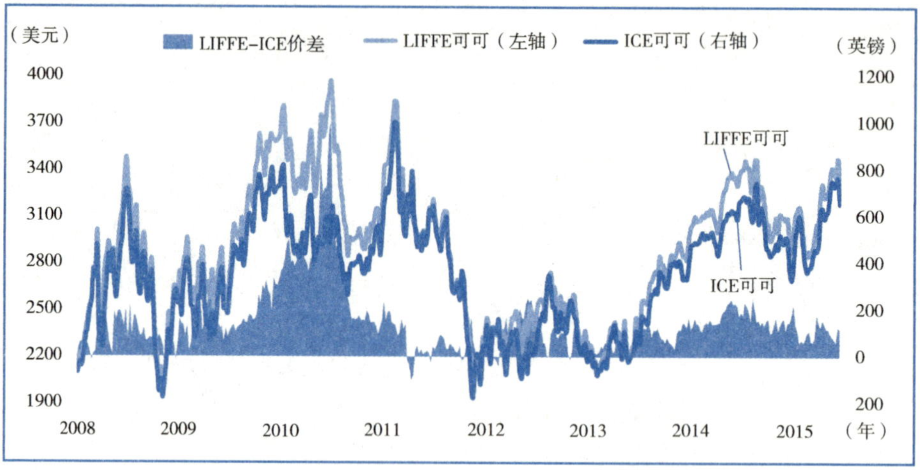

图 5-7　伦敦与纽约可可期货价差关系

（4）通常可可豆价格对供给量的变化反应比较敏感，而若是遇到空头市场时，可可豆消耗量的增加是价格可能反转的信号，此时消耗需求就变为重要的观察因素。

（5）可可豆的作物年度是每年 10 月 1 日至次年 9 月 30 日。

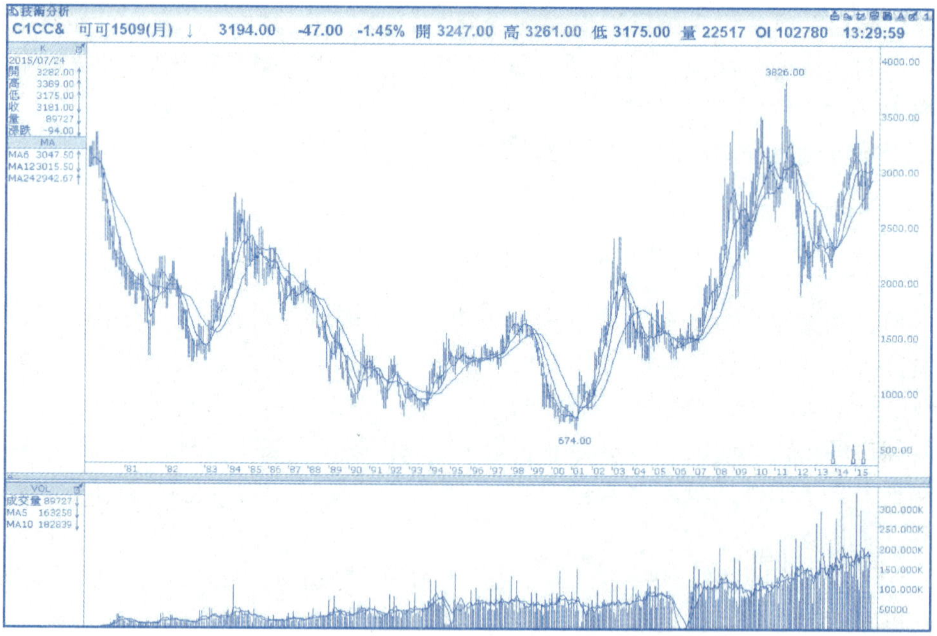

图 5-8　NYBOT 可可期约连续走势图

信息来源：精诚信息。

重要参考数据来源

www. fas. usda. org（美国农业部海外服务，全球可可统计数据、生产国专题报道）

www. theice. com/furues-us（ICE－美国交易所，纽约可可交易统计，产品展望）

www. theice. com/furues-europe（ICE 欧洲交易所，伦敦可可交易统计与展望）

www. cftc. gov（美国 CFTC 大额交易人持仓报告）

www. icco. org（国际可可组织，全球可可会议与会后相关决议、可可供需数据、可可豆生产与出口政策制定宣达）

www. cargillcocoachocolate. com（嘉吉可可巧克力，可可主要生产国动态与巧克力市场消息）

Part 6：糖

甜食中最原始且最主要的原料成分——糖，成就了甜食令人满足愉悦的口感。在化学上，糖通常是指一种碳水化合物，包括葡萄糖、果糖和乳糖，统称为蔗糖，它的来源有两种：甘蔗与甜菜。

甘蔗是多年生植物，生长在热带与亚热带，用甘蔗制糖的加工程序与成本相较甜菜低，然而同等重量的甘蔗甜度不如甜菜。甜菜生长在纬度较高冷且降雨平均的地区，是一年生植物。近年来，由于一年四季都可采收的便利性，甘蔗用来制糖的比例有提高的趋势，已经占糖总产量75%以上。

甘蔗的生长

甘蔗属于禾本科植物，种植后为一到两年即可收割，甘蔗喜欢高温潮湿气候，因此热带或是亚热带地区皆适合种植。据说甘蔗原产于新几内亚，之后传入印度，并流入阿拉伯国家。

中国台湾盛产甘蔗，17 世纪就有砂糖外销，20 世纪 40—50 年代蔗糖是中国台湾最大的外销收入制品。每年 1—3 月是中国台湾甘蔗的春植期，7—8 月是秋植期，在 12 月至次年 4 月是收成的季节。不过以世界糖而言，作物的年度是每年 9 月至来年 8 月底止。

甘蔗制燃料乙醇成本比玉米低，巴西是燃料乙醇制造成本最低的国家，其国内甘蔗用来制造燃料乙醇的比例在 50%～60% 之间。美国玉米制的燃料乙醇成本虽比蔗糖高，但在 2007 年以后，美国以大量生产玉米制燃料乙醇的优势超越巴西，成为全球第一大燃料乙醇生产国。2004 年开始能源需求日增，原油价格不断上扬，当时糖价在历史低档附近，于是巴西大量用糖转制燃料乙醇，使得蔗糖原料供应相对减少，糖价也逐步上扬（见图 6－1）。至于甜菜属于藜亚科植物，颜色与形状像白萝卜，18 世纪时，普鲁士化学家从甜菜根中分离出蔗糖成分，甜菜大部分生长在温带地区，欧盟地区与俄罗斯是其最大产区，通常春初耕种在冬季收割。

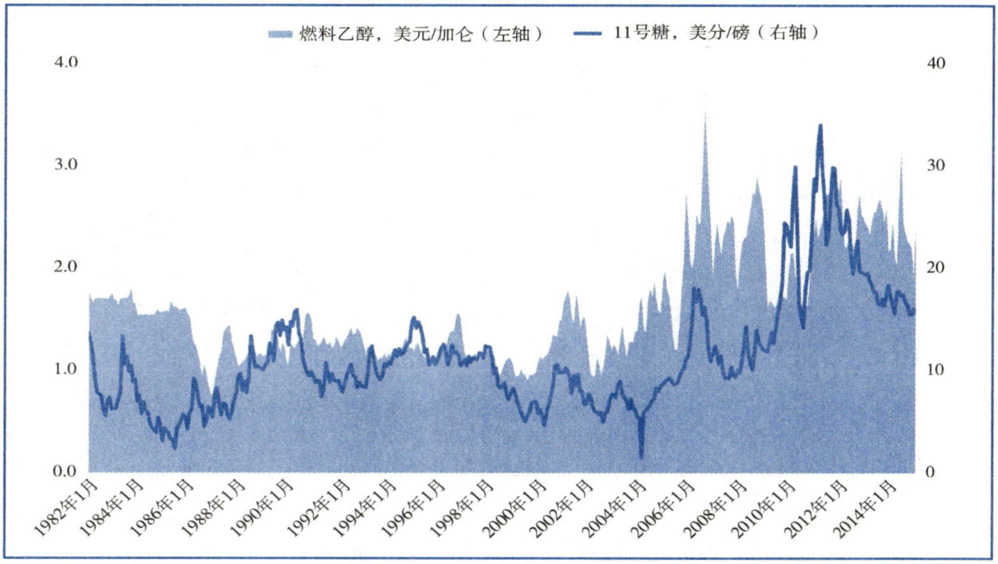

图 6－1　糖期货与燃料乙醇价格走势

糖加工与制成品

收割后的甘蔗和甜菜必须经过一连串处理程序才能成为可交易的糖制品。甘蔗加工处理的步骤分为：压榨、滤清、蒸发、结晶和分蜜。甘蔗所含糖分经过四五次压榨后彻底榨出，将蔗汁内的杂质经过沉淀清除，上层较清澈的蔗汁经过浓缩蒸发产生糖浆，糖浆分析出结晶粒后引入分蜜机分出糖粒与糖蜜，糖粒再经过精炼就成精制特砂、细砂与二砂。进口蔗糖大多数是以原糖（96% 以上蔗糖）方式采购为主，通常生产甘蔗国家经过初步加工后再出口给最终使用国家，再精炼产生最终的白糖或砂糖。

甜菜的制糖过程是先将根部洗干净切成薄片，以温水萃取砂糖的成分后沉淀去除杂质与盐液，再经过过滤蒸发与结晶分蜜过程产生白糖。由于甜菜容易腐坏，一般加工厂都是设在产地附近。

影响糖价格因素

一、供给与需求

自 1970 年开始，全球糖产量与需求量逐年增加，尤其是 1990 年后，随着新兴国家经济开始扩张，糖的需求量更是稳定增加。20 世纪 70 年代全球最大的糖产国几乎集中在美洲与欧洲，欧盟、乌克兰与俄罗斯是甜菜糖的最大产地；美国、古巴、巴西则是生产甘蔗糖的大国，亚洲的中国与印度产量相对少。不过从2000年开始，产量已经有明显的增长，印度一度追上巴西跃升为全球前两大产糖国家之一。中国生产甜菜糖（北部黑龙江、内蒙古与新疆地区），也产甘蔗糖（福建、两广、云南与海南岛地区），自1990年以来，中国糖产量已超越古巴、美国、乌克兰，成为第四大糖产国，而古巴糖产量在此期间却急速下降（见图6－2）。

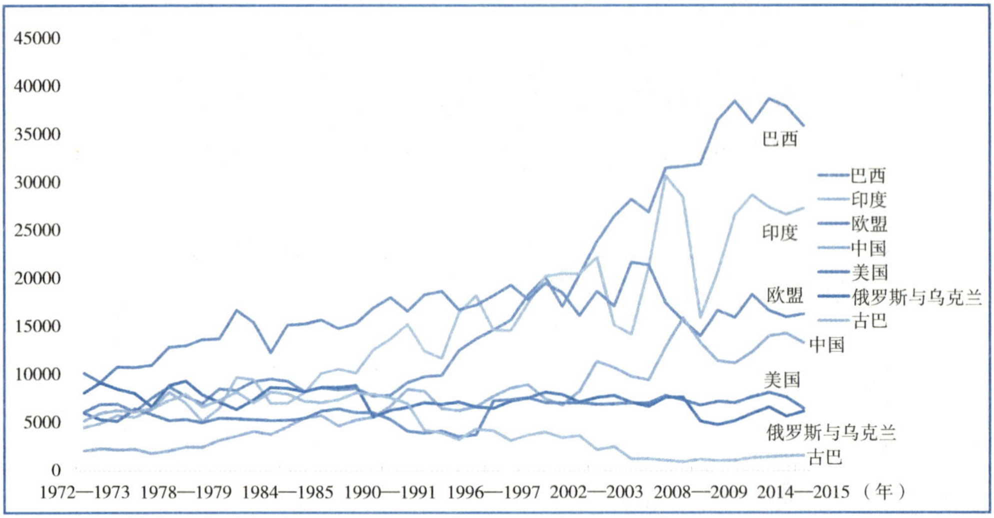

图6－2　重要糖产国（单位：千吨）

以2013—2014年度全球糖的供需重要数据来看：巴西是最大的糖生产国家，产量远超过第二大产国印度，欧盟位居第三；印度是最大糖消费国家，欧盟居次，中国第三。如果以进出口来看，巴西是最大糖出口国，出口量压倒性的占全球总出口量的45.6%，其次是泰国与澳大利亚；中国虽为第三大糖产国，但还是需要向国外进口，目前已经成为全球第一大进口国家，美国有部分的糖也是要靠进口。

（1）供给重要影响因素：气候、病虫害、种植面积、市场预估、出口政策。

由于甘蔗与甜菜的生产地遍布全球，因此单一地区气候变化对全球糖价产生的变化比咖啡和可可小。而且糖被认为是日常必需品，地位等同油、米一样重要，因此大部分生产国的政府都介入糖产业，而且很大部分的糖出口都接受政府补贴，所以不太容易单纯从供需预测全球糖价的变动。

不过气候仍是影响糖产量的重要因素之一，因为甘蔗对气候十分敏感，在收割前最后阶段累积的糖分最多，如果收割时雨水过多或是不足，会直接影响甘蔗

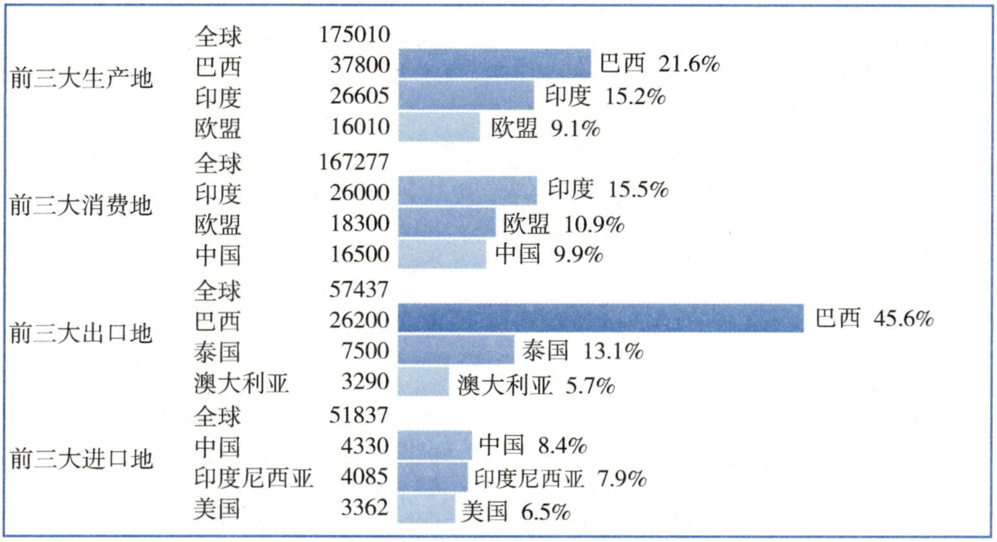

图 6－3　2013—2014 年糖供需重要数据（单位：千吨）

资料来源：FAS/USDA。

的产值与产量。病虫害问题随着农业技术进步，已渐渐减少，在 20 世纪 80 年代中期，夏威夷曾经连续三四年因叶虫肆虐造成甘蔗减产 50% 以上。

·1989 年后苏联与中国的消费逐渐增加，巴西因为制造燃料乙醇的需求增加，巴西政府在年底祭出糖禁止出口的政策，使得糖价劲扬，1990 年 5 月涨至 16. 27 美分的 9 年新高。（**需求＋出口政策**）

·2000 年巴西糖产区受干旱影响，预估产量将比前一年度减少 20% 以上，澳大利亚也受龙卷风影响产量减少，糖期货价格自 5 美分上扬至 11 美分以上。后来，实际上巴西产量仅减少 15%，比预期少，于是 2001 年糖价快速下滑至起涨区。（**气候＋市场预估**，见图 6－4）

·2006 年在欧盟区因补贴与出口限制政策，糖价被大力推升，期货价格在当年 2 月创下 19. 75 美分的 24 年新高价，随后在产量增加的预期下，价格快速回至 2007 年 6 月的 8. 36 美分。（**出口政策＋产量预估**）

（2）库存消耗比例：库存增加是市场价格最直接的压力，尤其是库存消耗比例更是清楚地显示供需的消长结果（见图 6－5）。

·1993 年糖产量减少，库存消耗比降至 0. 19 的 4 年新低，糖期货价格 3 个月内由 7. 96 美分涨至 13. 26 美分。

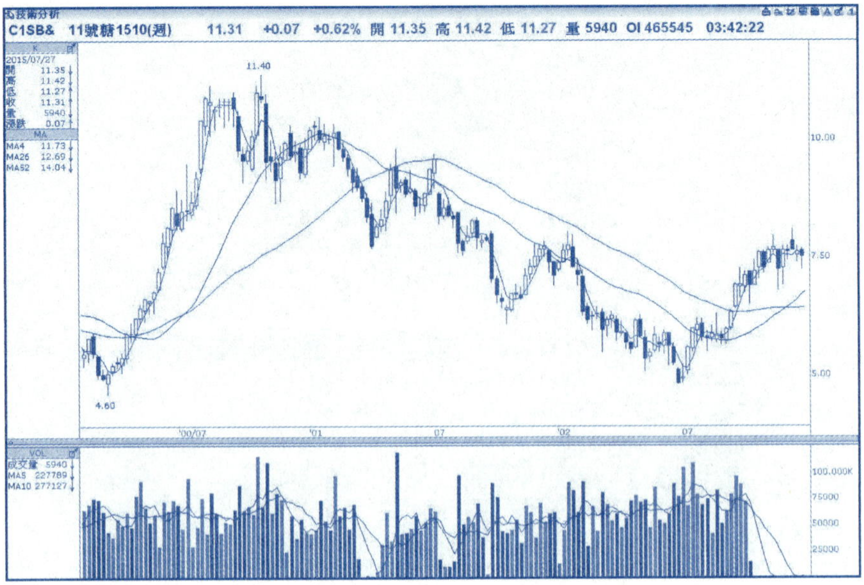

图 6－4　纽约糖期货周线图

资料来源：精诚信息。

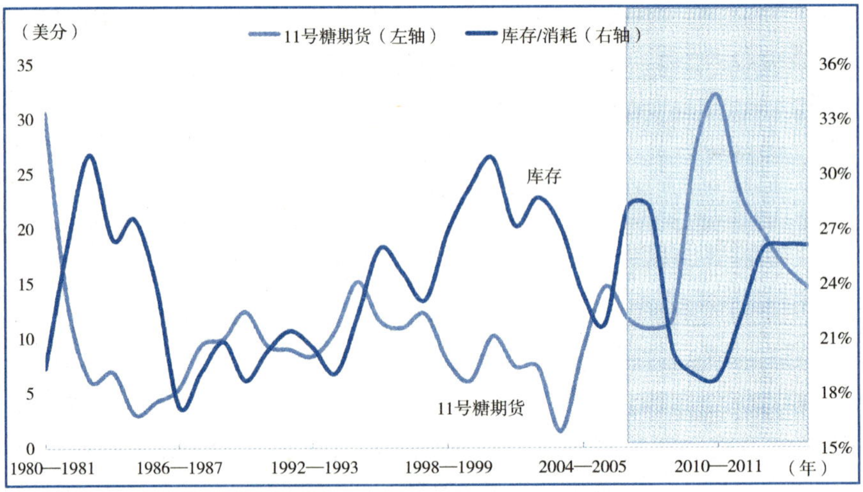

图 6－5　糖库消比与期货价格图

数据来源：FAS/USDA。

·2007 年中国连续两年糖产量创纪录新高与次高，中国政府以高于进口几乎 2 倍的价格收购国内糖，国内库存增加加速全球糖库存上升至历史新高，库存消耗比提高至 4 年来新高，糖期货价格降至 8. 36 美分的 2 年低点。

·2008 年以来巴西利用糖制造燃料乙醇的量大幅增加，导致全球糖库存减少，之后连续2年全球糖库存消耗比降至0.19的16年低点，糖价也在2010年1月攀上30.33美分的27年新高点。

（3）消费重要影响因素：经济增长、货币政策。

糖是民生必须基本消耗品，根据统计资料，每人每年平均收入与人口数量的变化与糖的消耗量成正比，因此人口众多的国家（如中国与印度）经济增长速度的快慢是影响糖价高低的一个很重要的因素。

·1997年亚洲金融风暴，预期亚洲国家消费减少，加上受全球产量持续3年创新高纪录影响，糖价维持一年半空头走势，1999年5月最低挫至4.36美分的13年新低。**（经济增长）**

2010年糖价创波段新高后，一度在巴西产量创新高的冲击下，价格自30美分以上在4个月内急跌至13美分，但在美国实施货币宽松政策导致美元汇率下滑，以及中国经济表现持续亮丽的激励下，糖价被拉升飙高至36.08美分，再度刷新27年来最高点。**（货币政策+经济增长）**

以全球糖近44年的供给和需求状况来看，其中有30年呈现供给大于需求的现象，而且供给量的波动明显比需求量大，最近10年的平均供给年增加率为2.43%，需求的平均年增加率为1.97%，显示供给的变动较明显。因此，影响糖价较深远因素的仍在于供给面的变化，而生产、出口政策、补贴政策、其他产品的原料需求与替代性等都是重要影响因素。此外，糖的库存变化也是很重要的观察因素，例如：2013年以来连续2年全球糖库存持续创下新高纪录，透露出需求疲软，加上美元指数的强势，更助长糖价格向下探底（见图6-6）。

二、季节性循环

夏季是饮料消耗的旺季，导致了糖的需求增加，市场上糖价格大多在9—10月呈现年度相对高点。而冬季是糖需求的淡季，价格比较有机会位于低档。以生产面来看，热带、亚热带的甘蔗一年多生，产量相当稳定，比较难产生季节性的高低价现象，而高纬度的甜菜通常是在春季种植秋季收获，每年10月开始的3个月期间供应达到高峰，甜菜的作物年度是每年9月1日至来年的8月31日，在作物年度开始期间库存最大，价格也开始承压。

三、汇率因素

纽约11号糖期货价格是以美元为报价基准，因此美元走强相对使糖价走弱，美元与糖价彼此之间呈现明显的相反走势。以2014年7月以后美元大幅走强来看，糖期货价格频频跌破低点，美元对糖价的影响因素很大（见图6-7）。

中国郑州交易所也有白糖期货的交易，它是以人民币为清算币别。当人民币与美元间的走势出现明显转变，或是中国政府的糖保证收储政策使国内糖价格极

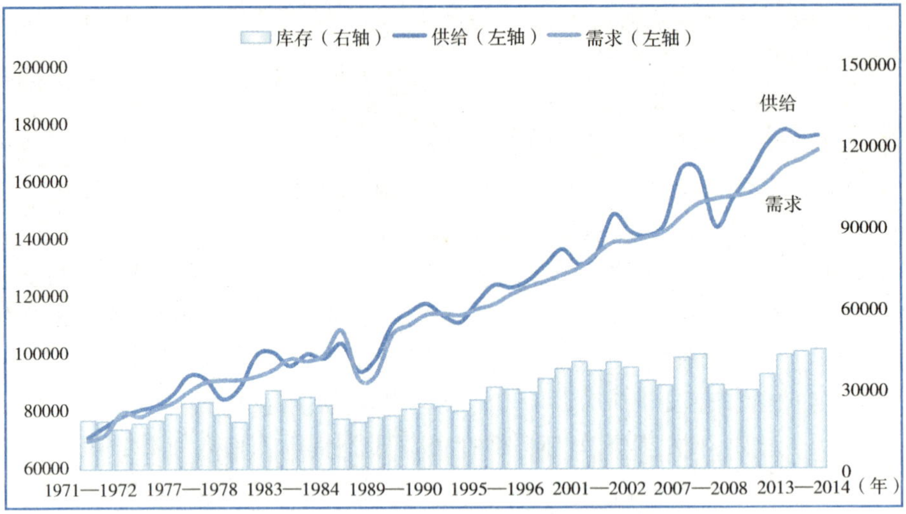

图6－6　全球糖供需与库存走势（单位：千吨）

资料来源：FAS/USDA。

图6－7　纽约糖期货价格与美元指数

度偏离国际市场价格时，大型投资机构或是中国国内贸易实物商会考虑做郑州糖与纽约糖的价差交易，或是大量进口国外的糖。不过这种市场间价差交易策略牵涉到汇率、国内外供需以及国际贸易关税与仓储等诸多因素的精密计算，太过复杂且变量多，不是一般人可以采取的策略。

四、原料的替代性与其他产品的需求

不管是天然糖原料（如：高果糖糖浆、高果糖玉米糖浆），还是人工糖原料（如：糖精），供应量增加都对糖价造成压力，假如糖价偏高，其他原料替代品的需求将会增加。

巴西甘蔗炼制燃料乙醇的需求占甘蔗使用量的50%左右，因此蔗糖价格会随着油价的涨跌而消长，不过油价影响的层面不是全面性，通常糖价走势相对油价稳定，例如：2014 年 7 月以后半年间轻原油期货价格自每桶 107 美元跌至 50 美元以下，11 号糖期货价格也自每磅 18 美分以上下滑至 14 美分附近（见图 6 - 8）。

图 6 - 8　轻原油与 11 号糖期货价格走势

五、其他市场因素

一直以来，由于欧盟都是最重要的糖生产与消费国之一，1968 年欧盟即颁布《农产品共同政策》（*Common Agricultural Policy*，*CAP*）对于国内糖价与进出口糖做补贴与限制，这项政策影响到其他糖产国出口利益，于是向世界贸易组织（WTO）提出控诉。自 1995 年起，欧盟对非亚太国家（African，Caribbean，and Pacific，ACP）与印度进行出口补贴不符合 WTO 的精神，2006 年欧盟通过最新修正，降低欧盟区内糖价、设定补贴上限及限制再出口量，有效期限至 2015 年。这项政策在 2006 年宣布后，市场预测欧盟的糖出口将急剧减少（当时欧盟为全球第二大糖出口地，仅次于巴西），加上当时库存水平低，导致糖价在 2006 年 2

月迅速攀高至24年高点。

影响糖交易的事项

（1）由于糖的消费特性及各主要产国的补贴与出口政策，主要生产国不一定都是出口最多的国家，因此除了糖主要生产国供应量的变化外，糖主要出口国（除了巴西以外的泰国与澳大利亚）的产量变化也是很重要的影响因素。

（2）自2011—2012年以来，中国糖在国际糖价明显低于国内生产成本的影响下，进口量激增，成为全球第一大糖进口国家，在往后的3年，国际糖价持续下挫，中国糖的进口量居高不下，因此近年来中国进口量的消长对国际糖价格也产生相当程度的影响（见图6－9）。

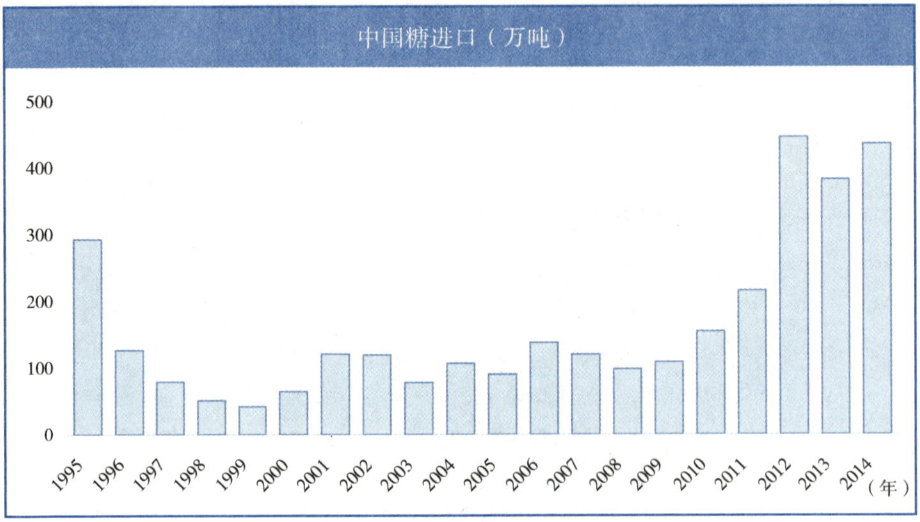

图6－9　中国糖进口量变化

资料来源：FAS/USDA。

（3）影响中国国内糖价的因素大致可分为：政府糖收储政策、现货市场供需、进出口、库存、替代品、气候与季节性、国际期货价格，以及节庆假日等因素。

（4）纽约NYBOT有11号糖期货交易（并入ICE），伦敦的LIFFE（并入Euronext）也有白糖期约交易；而日本关西商品交易所与巴西圣保罗期货交易所也都有粗糖与精炼糖期约交易，中国的郑州交易所有白糖期货交易。其中以纽约11号糖与郑州白糖期约交易量最大，尤其是郑州糖2014年月平均交易量达1628万手，若换算与纽约相同合约规格，交易量几乎是纽约11号糖的2.5倍。

（5）关于糖的基本分析和数据大多集中在甘蔗糖，欧盟的甜菜糖数据与作物消息较难取得，变化也较小。因此，甘蔗糖的基本面变化仍是糖的主要基本面依据。

（6）自2006年以后，由于全球糖的生产量与库存变化较为剧烈，加上2010年以来，美国的页岩油革命导致原油供需30年来第一次反转，糖与原油在原料需求关联性上有变小趋势。

（7）糖的作物年度是每年9月1日至次年8月31日。

重要参考数据来源

www. fas. usda. org（美国农业部海外服务，全球糖供需与进出口统计数据）

www. theice. com/furues-us（ICE－美国交易所，纽约11号糖交易统计，产品基本面变化与展望分析）

www. sugaralliance. org（美国糖业联盟，ASA，美国糖的统计资料与国外糖的产销分析、糖果市场资料分析）

www. cftc. gov（美国CFTC大额交易人持仓报告）

www. isosugar. org（国际糖组织，全球糖会议与会后相关协议，糖供需数据、生产与出口原则政策、糖年鉴报告）

www. gsmn. com. cn（沐甜科技，中国国内与国际糖产销动态与统计数据）

www. ynsugar. com（云南糖网，国内糖现期货价格、中国糖贸易信息、国外糖期货行情）

表6－1　纽约11号糖合约规格

商品名称	11号糖
交易所	NYBOT
合约规格	112000磅
商品代码	SB
报价单位	美分/磅
最小跳动值	0.01美分/磅
交易月份	3月、5月、7月、10月
北京交易时间——夏令时(冬令时间延后1小时)	电子盘15:30至次日01:00
涨跌停限制	无
最后交易日	到期月份之前月份最后1个工作日

（续表）

商品名称	11号糖
最后交割日	最后交易日后第1个工作日
交割方式	实物交割
2014年主交易月平均交易量	111.4万手

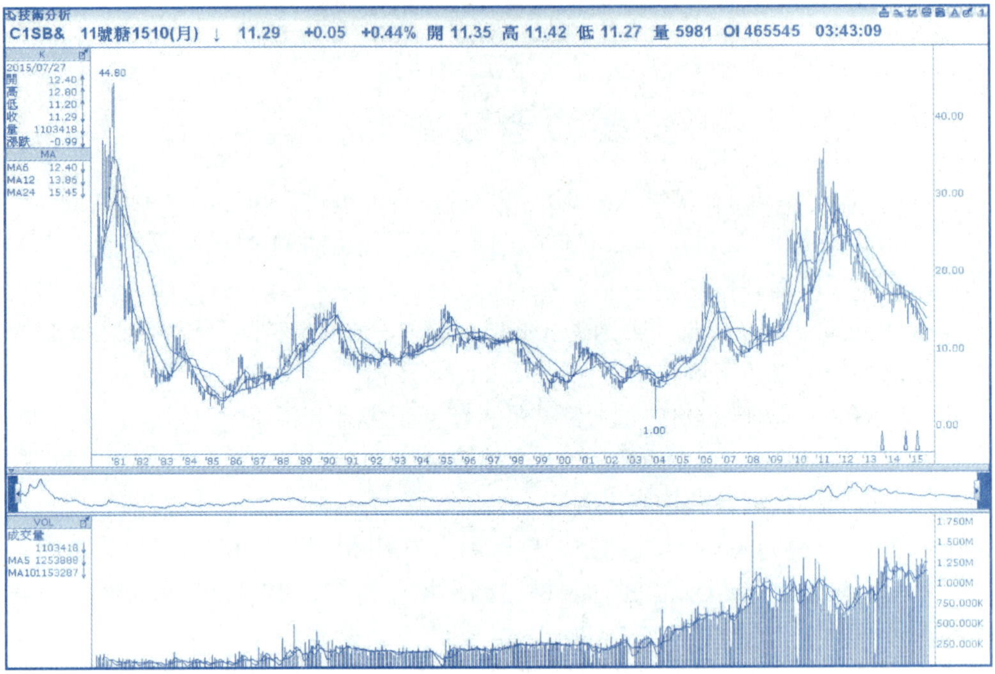

图6-10　NYBOT糖期约连续走势图

资料来源：精诚信息。

“衣”着引领时尚产业

人类自古以来就懂得穿衣服来蔽体御寒。根据中国传说，从黄帝的妻子嫘祖开始养蚕取丝后，引领中国进入丝绸文明。商代已经有纺织技术，春秋时期进步到繁复的文锦编织，战国时代已经出现关于植棉纺织的记载，汉朝时期借由丝绸之路，商人将丝绸输出到国外。俗语说：“穿衣吃饭三代事。”随着人类文明发展，这两件攸关民生的大事越来越讲究了，衣服的功能也从蔽体御寒升格为生活品位与身份的象征。

以期货商品而言，长期以来，由于纺织业大多以棉花为原料，所以棉花可说是衣着类最具代表性的期货契约。美国纽约棉花交易所（NYCE）成立于1870年，是纽约历史最悠久的商品期货交易所，也是国际间交易最广泛的棉花期约，日本大阪证券交易所（OSE）也有棉花期货，中国郑州商品交易所则是在2004年开始上市棉花期货，最近三年交易量大增，如果换算相同大小的合约规格，交易量已经超越纽约的棉花期货两倍有余。

Part 7：棉　花

中国种植棉花的历史超过4000年，其他古文明国家如埃及与印度生产棉花的历史也达数千年之久，而美国是在18世纪才引进棉花的纺织技术。到了18世纪末美国人发明轧棉机，提升了棉花生产的经济价值，而且这项发明将棉花推上纺织业的要角，更主宰了往后的纺织与成衣变革。纺织代表人类穿衣历史的演化，包括最早使用的天然纤维，例如棉花、蚕丝、羊毛。但是经过18世纪工业革命催化，19世纪人造纤维问世后，由于成本低廉，人造纤维在20世纪美国大量生产，人造纤维逐渐在纺织业占一席之地。1980年天然纤维占纺织业使用的比例达六成，然而到了2000年初期，已经缩减至1/3，作为天然纤维最主要原料的棉花，使用量也渐渐降低，而且这个趋势仍将持续下去。

棉花的生长

棉花属于锦葵科棉属植物的种子纤维，原产于亚热带。花朵乳白色，开花后不久转成深红色然后凋谢，留下小型的果实，称为棉铃。棉铃有棉籽，棉籽的茸毛从棉籽表皮长出，塞满棉铃内部。棉铃成熟时裂开，露出柔软的纤维。

棉花的生长在日照、水分、土壤、温度都有一定的要求，棉花的生长分为萌芽、幼苗期、结蕾、花铃期、吐絮五个时期，约从每年的4月中旬到11月中旬，北半球棉花大致收成完毕。棉花生长过程必须保证无霜，最好的生长环境是在土壤肥沃、湿度适中、气候稳定的地区，花铃期是棉花生长最重要的阶段，此时需要充足的水分，如果水分不足，会引起蕾苞脱落，造成产量大幅减少。

75%的棉花生产区在北半球，介于北纬30度至37度间，包括美国、俄罗斯地区和中国的大部分产地；每年8—10月是棉花吐絮，逐渐成熟的时间，良好的气候是棉花质量与产量的关键。其余25%棉花在南半球生长，成熟时间为每年的12月到来年2月。棉花的品种有30种以上，被广泛运用在商业用途的有木棉、草棉、海岛棉与陆地棉，其中又以海岛棉和陆地棉最为重要。属于西半球生产的品种，陆地棉俗称高地棉花（Uplandcotton），是产量最大的棉花品种，也是国际贸易的主要交易标的物。美国95%的棉花属于高地棉，至于其他棉产区，高地棉占总棉花产量80%以上。海岛棉俗称埃及棉，是棉花等级最好的品种，埃及尼罗河流域沿岸河谷平原因气候与水文的适宜，成为全球最优质的棉花产区之一。此外，在美国西部与西南部也生长海岛棉，称为“美国的埃及棉”，市场上称作“匹马棉”（Pima Cotton），是海岛棉等级最高的棉花品种，也称为“棉花中的山羊绒”。

影响棉花价格因素

一、供给与需求

美国在“二战”时，是全球最大的棉花产国，20 世纪 70 年代与苏联产量居前两名，1980 年以后中国产量急起直追，1982 年中国已稳居全球第一原棉产国，1987 年中国棉花产量大减，于是大量对外进口，成为全球第一大棉花进口国。从 1999 年开始，因国内棉花产量开始供不应求，对外进口量渐渐增加，1994 年大量采购棉花的举动一度引起纽约棉花交易所棉花期货价格连续七个涨停板！2004 年中国棉花进口量暴增，几乎是 20 世纪 90 年代进口量的两倍以上，美国是中国最大的进口来源，其次是乌兹别克斯坦与澳大利亚（见图 7－1）。

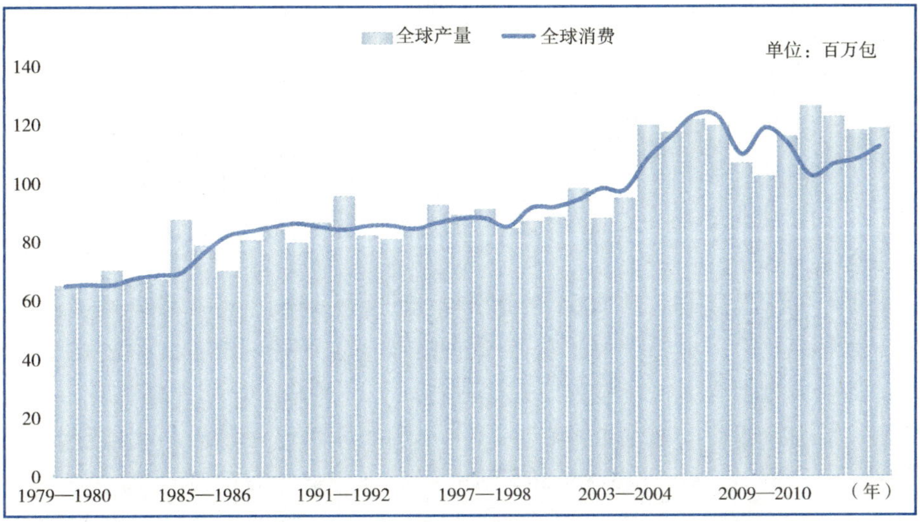

图 7－1　全球棉花供给与需求变化

依据美国农业部（USDA）的统计，2014 年中国棉花产量 3275 万包（480 磅/包），占全球总产量的 27.2%，尽管如此，中国仍对外进口 1412 万包的棉花，进口量占全球总进口量的 34.8%。其实中国当年度的消费仅 3450 万包，但中国政府自 2011 年 9 月开始实施的棉花收储制度，导致国内棉价远高于国外价格，价差最大达25%以上，中国纺织业者都在想办法进口低价棉花，可是又碍于WTO规定的进口配额，使得中国棉花供需产生扭曲。

2014年9月中国已结束棉花收储政策，但是这三年来国内纺织业在成本考虑下已大举出走，中国储棉库存大幅增加，积压在库内无人问津。根据2014年美国农业部（USDA）统计，中国棉花期末库存6271万包，占全球总库存的61.7%，这些存量足够供应整个中国当时1.8年消费。糟糕的是，收储的棉花质量也渐渐毁坏，如何消化这些库存成中国官方的一个难题。

美国为全球第三大棉花生产国，产量80%以上都是提供出口，最大出口对象为中国，其次是越南。近年来，土耳其也大举向美国进口棉花，一跃成为美国第三大棉花出口对象，再者是墨西哥。美国棉花主要生长区有两个：第一个主要生产区在东南部（乔治亚州、亚拉巴马州、北卡州、南卡州和佛罗里达州），这是美国最早的棉花生长区；第二个主要生产区在中部至南部地区，由5个州构成——阿肯色州、路易斯安那州、密西西比州、密苏里州和田纳西州。

不过近年来这些区域很多都改种经济价值相对高的玉米、小麦、黄豆或是花生。美国棉花种植的时间最早是3月中，最晚是6月中，绝大部分的棉花都是4月时种下。棉花收成的时间最早可在6月底，最晚能拖到12月底，大部分棉花收成时间介于10—11月，棉花作物年度区分时间是从每年8月1日开始。

以2013—2014年度全球棉花供需重要数据来看：中国是最大棉花生产国家，印度第二，美国第三；中国是最大棉花消费国家，印度居次，巴基斯坦第三。以进出口来看：美国是最大棉花出口国，占全球总出口量25.9%，其次是印度与澳大利亚；中国为最大棉花生产国、消费国、进口国与库存国，在棉花市场占举足轻重的地位（图7-2）。

印度产量急起直追，自2006年以来，已是全球第二大棉花产国。近年来，印度产量持续上扬，主要是由于基因改造技术（见图7-3），而中国在2014年收储制度停止的影响下，新疆主要棉花耕作面积开始减少。印度的棉花产量也十分可观。不过印度的库存也相当高，2014年年底库存已暴增至1492万包（占全球库存的13.6%），如果加上中国的库存，两国已占全球总库存量的75%以上。

（1）供给重要影响因素：气候、病虫害、库存、种植面积、政府补助政策。

由于棉花生长期长，自播种到收割历经春夏秋冬四季，因此温度、日照、土壤湿度等气候影响条件都会影响棉花生长质量与数量。此外，棉花有很多病虫害，例如主要的病虫棉铃虫通常在6—7月花铃期最为流行，会严重影响棉花结铃；棉蚜在7—8月横行，棉叶螨容易在干旱少雨年份发病。近年来，因为农业技术进步，加上基因改造成功，美国已能有效控制病虫害，不过在中国或是印度

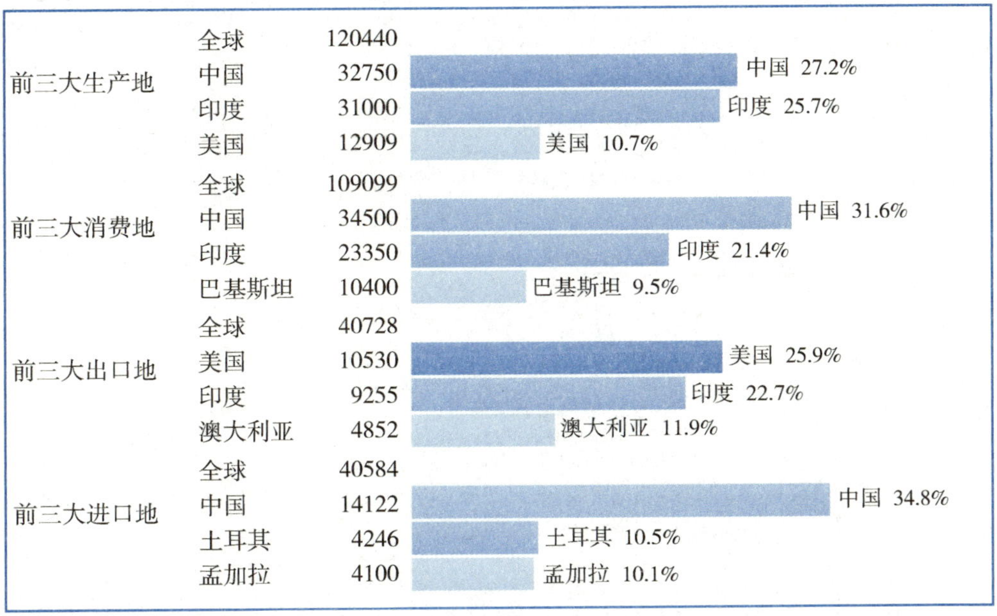

图 7－2　2013—2014 年全球棉花供需重要数据（单位：千包）

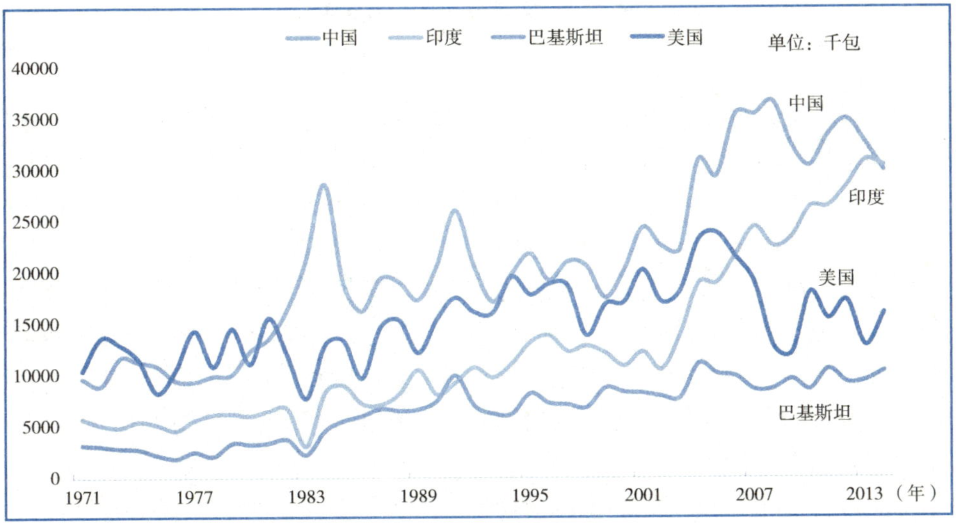

图 7－3　全球棉花主要生产国

病虫害仍时有发生。

·1980 年因美国西南部棉花主要产区天气炎热及干旱，棉花产量减少 24%，此时中国棉花需求增加，棉花价格期货创七年新高。（气候＋需求）

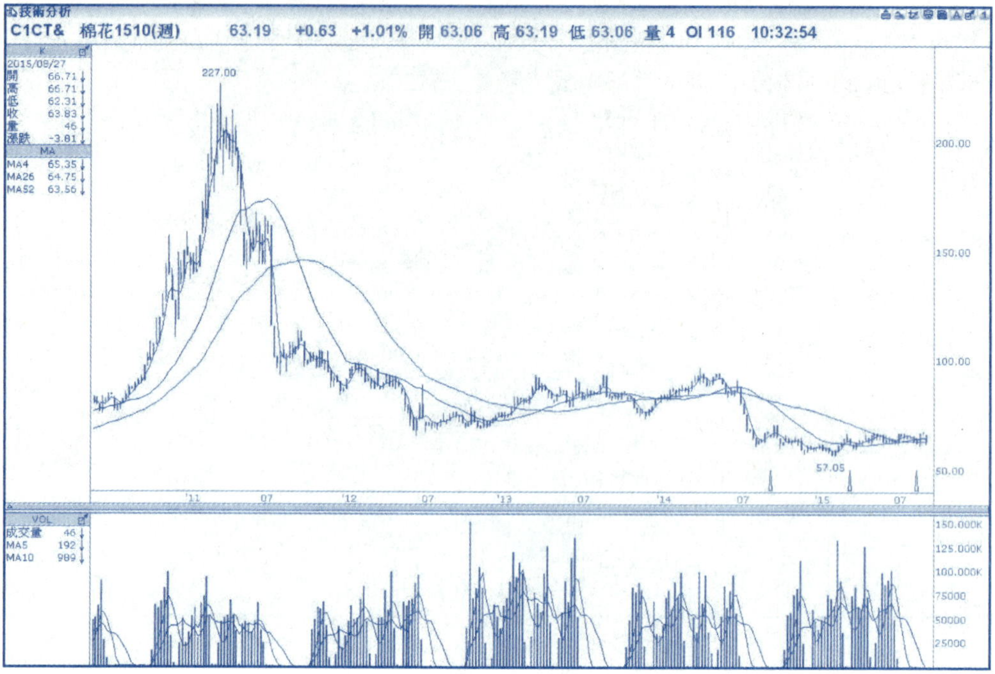

图7－4 纽约棉花期货周线图

资料来源：精诚信息。

·1984年全球棉花产量增加34%，至8870万包的天量，但棉花消费只增加3%，导致库存量急剧攀升，使得1985年全球棉花库存量增加73%，至4213万包，尤其美国库存量比前一年度增加一倍以上，棉花期货价格创下14年新低。**（库存）**

·1991年棉花期货价格曾创下94美分以上10年高价，主因是美国主要棉花生产区种植时降雨太多，造成进度落后；其次，德州虫害和加州生长期干旱助长棉花涨势。但气候好转之后，虽种植面积比上一年度少7.5%，产量却大增13%，加上美国出口因中国需求减缓而减少13%，导致美国库存增加78%，棉花期货价格到1991年年底迅速回跌50%至1989年每磅70美分附近的3年低点。**（气候＋病虫害＋库存）**

·2010年3月中国政府基于国内棉价低迷，宣布推行棉花收储的保证价格制度，当时美国QE2的货币宽松政策，棉花期货价格自75美分飙涨至2011年3月227美分。**（货币宽松＋政府补助政策）**

·2014年2月中国政府宣布于当年9月停止棉花收储制度，导致国际棉花市场纷纷猜测中国官方将释出棉花库存，加上中国政府喊出“重内需、缓成长”口号，棉花在供给可能大量增加与需求疲软威胁下，价格自97美分高点快速下

滑，至当年9月价格已低至60美分以下。**（政府补助政策+需求）**

（2）库存消耗比例：库存增加是市场价格最直接的压力，尤其是库存消耗比例更是清楚地显示供需的消长结果（见图7－5）。

·1991年全球棉花库消比自33.6%急速升至48.1%，棉花期货自95美分下滑至51美分附近。

·1994年全球棉花产量大幅增加11%，但是美国棉花国内使用量增加6%，为45年来最高量，而中国棉花产量增加不如预期，包括中国、印度、巴基斯坦等亚洲国家进口需求旺盛，全球棉花消费库存比例来到34.5%的历史相对低位，棉花期货价格飞涨，1995年6月创下每磅114美分的历史新高。**（产量+需求+库消比）**

·2011年在中国棉花保证价格收储政策加上全球消费减缓，全球库存增加近50%，全球棉花库消比自43.3%急速升至71.4%，棉花期货价格自227美分的天价在15个月之内崩跌至66美分。

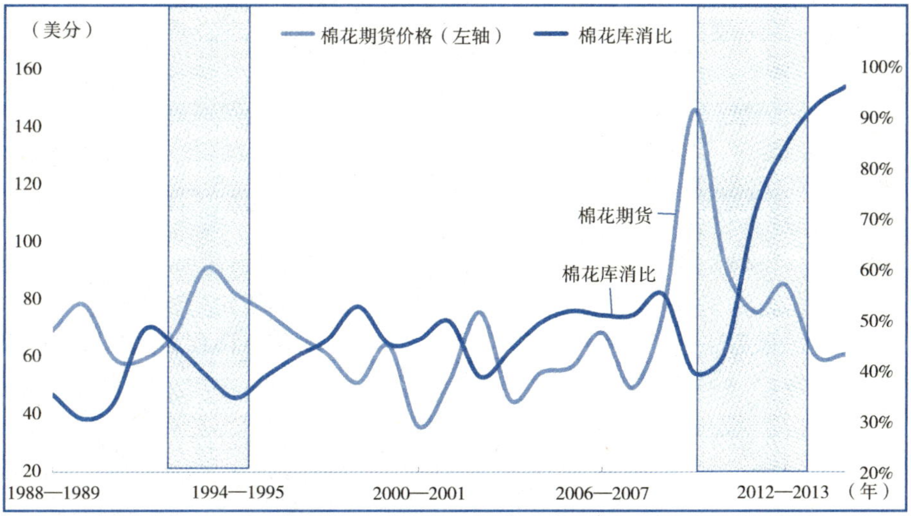

图7－5　棉花库消比与期货价格图

数据来源：FAS/USDA。

（3）消费重要影响因素：经济增长、产业变革、国家政策。

纺织业是最重要的轻工业，一个国家经济起飞初期必经发展纺织业这个阶段，20世纪90年代崛起的中国亦是如此。但由于纺织业污染严重，国家经济发展到一个阶段必定会思考产业转型，劳力密集的纺织业就是第一个被转型的产业。

·2007年5月金砖四国轻工业发展神速，尤其是中国纺织业对棉花需求日增，连续三年全球棉花消费创纪录新高，加上当年度美国棉花产量大幅减少26%，棉花期货价格自45美分涨升至2008年3月的91美分。

自1980年开始，以全球棉花的供需来看，供不应求或是供过于求的年份几乎是各占一半，不过最近五年棉花持续呈现供过于求的现象，主要是中国的收储保证价格制度间接鼓励农民大量种植棉花，至2014年收储制度停止，棉花供给过剩的问题才渐渐平息，而2015年可能会是2010年以来首次出现需求大于供给，但是全球过多的库存仍是棉花价格最大的阻碍。

二、汇率因素

美国是棉花最大出口国，自2014年下半年以来，美元对各国主要货币明显升值，2015年持续刷新美元十年来的新高纪录，美元升值对美国棉花的出口竞争力降低，如果要与其他主要出口国家竞争，美国棉花必须降价求售，而其他国家的棉花出口若是以美元报价，相对也会降低（见图7－6）。

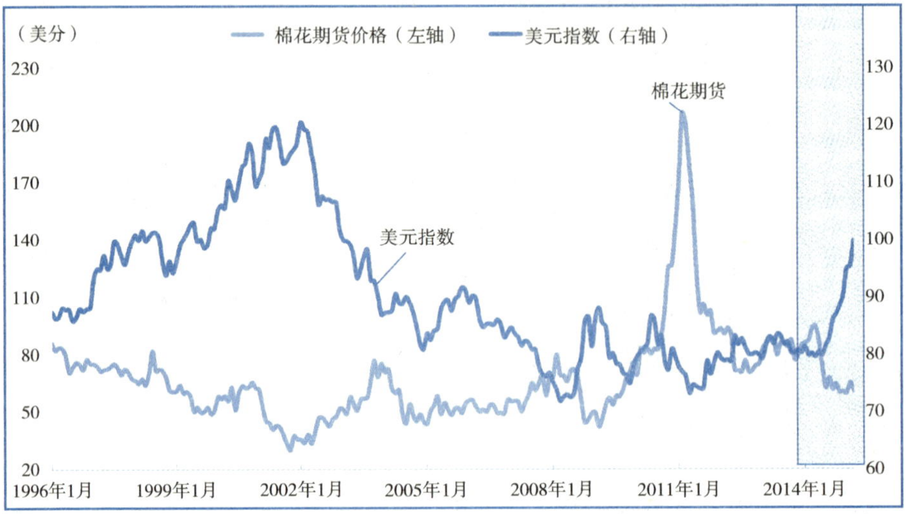

图7－6　纽约棉花期货价格与美元指数

三、原料的替代性

近年来，纺织业逐渐以人造纤维取代以棉花为主的天然纤维，预计至2050年人造纤维的使用量会占纺织原料的80%以上！而以石化原料制成的人造纤维与原油价格的关系密切，当国际油价高涨时（如能源危机），业者会多使用天然纤维，而当油价明显下滑时，业者会多利用人造纤维少用棉花。因此，棉花与油价之间存在某种正向关系，当然，油价在经济发展快速时更是加速棉花上扬，但可预见的未来，随着人造纤维的使用越多，油价干扰棉价的现象将越见明显（见图7－7）。

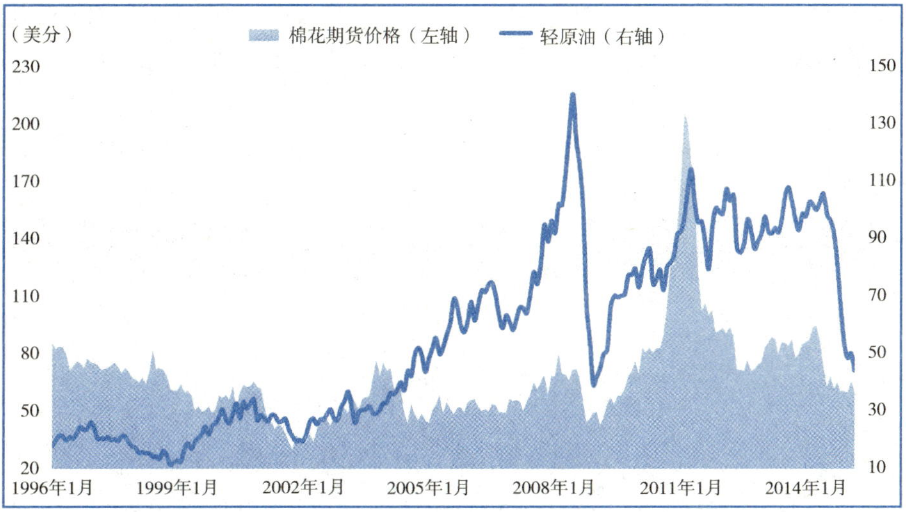

图7－7　棉花价格与油价走势

四、季节性循环

棉花季节性因素明显，每年9—11月是棉花收成上市期间，除非当年度棉花产量大减，否则价格通常会在此期间达到最低点，3—7月是棉花播种与生长期，棉花的季节性高价会在此期间出现。

五、其他市场因素

在美国与南美洲（巴西和阿根廷），由于棉花的种植地带很多与黄豆、玉米、小麦、高粱、花生重叠，假如棉花价格低迷，农夫会考虑转种其他经济价值较高的植物，例如：2015年棉花价格持续下挫，很多农民计划将棉花改种黄豆、玉米或是高粱，市场预期棉花种植面积将降至6年新低。另外，基因改造棉花已占美国棉花产量的九成以上，中国与印度纷纷跟进种植这种抗病虫害、抗干旱与抗除草剂的转基因品种，但是转基因衍生出来的问题很多，各国政府对此也都有不同看法，最近几年，印度有些省份更是拒绝种植转基因棉花。各国对转基因棉花的进口量与种植量政策不一，因此转基因技术的进步与各国政策转变都会影响棉花的价格。

影响棉花交易的事项

（1）投资者很少对棉花期货做商品间的价差交易，甚至做商品本身的跨月价差交易也不常见。

（2）中国是棉花最大生产国、棉花进口国与消费国，国内棉花减产，或是其他因素（如政府收储制度）使得进口量大幅增加，都可能导致国际棉花价格产生很大波动，不过碍于 WTO 规定，中国棉花进口有配额的限制（2014 年为 89.4 万吨），超过部分要征收进口滑准税，因此限制了进口低价棉的数量（见图 7－8）。

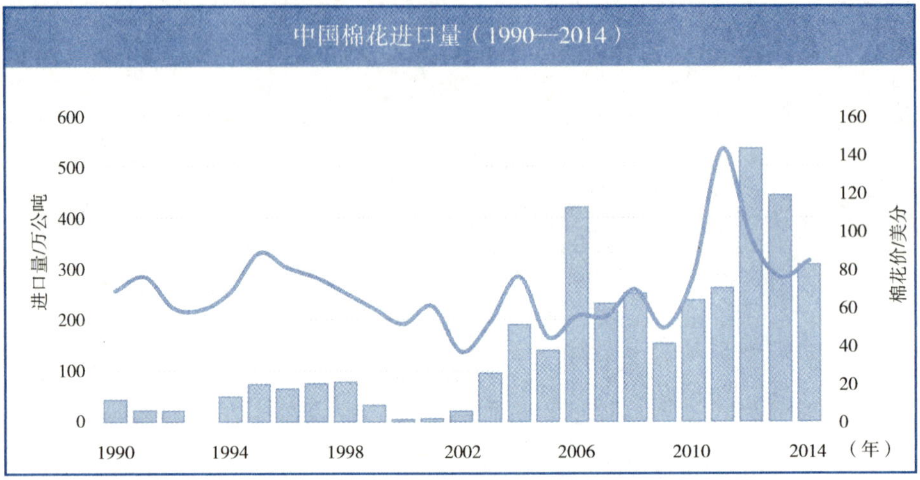

图 7－8　中国棉花进口量与棉花期货价格变化

数据来源：FAS/USDA。

（3）美国是全球最大棉花出口国，美国农业部（USDA）在每年 3 月底公布的棉花种植意愿报告与每月需求预估报告，都会影响期货价格走势。

（4）中国与印度的棉花库存庞大，尤其是在 2014 年中国停止棉花收储后，如何消化存棉是市场持续关注的议题。

（5）2014 年下半年原油价格大跳水，如果原油供需已经逆转，油价将持续低迷，使得人造纤维的使用量增加速度预期会加快，棉花的需求将减少。

（6）美国农业部（USDA）于每年 3 月 31 日公布的棉花种植意愿面积报告也会影响纽约棉花期货行情，如：2015 年 3 月 31 日 USDA 公布的 2015 年美国棉花种植面积为 955 万英亩（1 英亩≈4047 平方米）比上一年度大幅减少 13.5%，也是自 2009 年以来的最低种植面积，结果使棉花期货连续四天大幅上扬。

（7）棉花的作物年度是每年 8 月 1 日至次年 7 月 31 日。

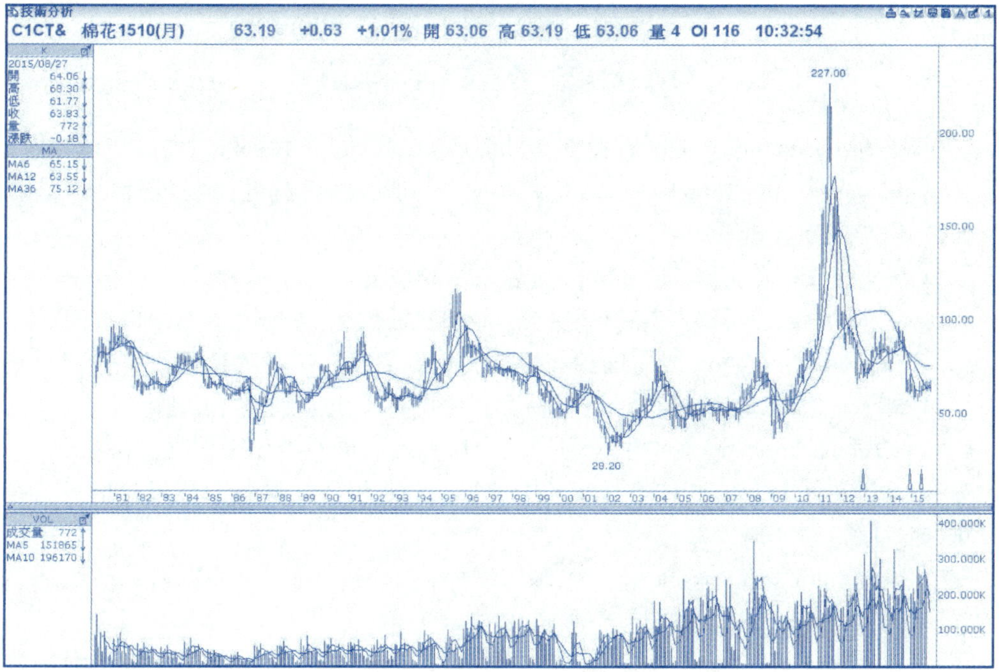

图 7－9　纽约 NYBOT 棉花期约连续走势图

资料来源：精诚信息。

表 7－1　纽约棉花合约规格

商品名称	棉　花
交易所	NYBOT
合约规格	50000 磅
商品代码	CT
报价单位	美分/磅
最小跳动值	0.01 美分/磅
交易月份	3 月、5 月、7 月、10 月、12 月
北京交易时间——夏令时 （冬令时间延后 1 小时）	电子盘 09:00 至次日 02：20
涨跌停限制	依交易所规定
最后交易日	到期月份由月底往前算的第 17 个工作日
最后交割日	到期月份由月底往前算的第 12 个工作日
交割方式	实物交割
2014 年主交易月平均交易量	24.6 万手

重要参考数据来源

www. fas. usda. org（美国农业部海外服务，全球棉花供需与进出口统计数据）

www. theice. com/furues-us（ICE－美国交易所，纽约棉花交易统计，产品基本面变化与展望分析）

www. cftc. gov（美国 CFTC 大额交易人持仓报告）

www. icac. org（国际棉花咨询委员会，棉花供需数据、各国生产与出口政策）

www. china-cotton. org（中国棉花协会，中国棉花产销与政策相关信息）

www. socotton. com（中国棉花交易网，中国棉花统计数据与市场信息）

www. chinacoop. com（中国全国供销合作总社，棉花市场销售与价格状况）

www. tbs-china. com/index. html（中国轻纺原料网，中国各产地棉花信息与统计数据）

http：//info. texnet. com. cn（中国纺织网，中国纺织业相关资料，纺织原料供需状况）

www. cottonchina. org/index. php（中国棉花信息网，中国棉花价格，中国棉花进出口资料与分析，全球棉花产销资料）

“住”者有其屋

东方人向来认为“有土斯有财”，所以东方人把拥有自己的房子列为首要目标。因此有人为拥有自己的房子而兼了几份职，也有人靠着房地产投资理财致富。

但本篇的重点不是房市，而是以房子内部的设备为出发点，探讨期货品项中对住宅设备最有影响的原料：基本金属。有人称为工业金属、非铁金属、有色金属或是贱金属（与黄金、白银等贵金属有所区分）。其实不仅是建筑物内的设施，包装车子、工厂的机器设备等，都使用到很多基本金属原料。

提到基本金属期货交易所，最具代表的交易所是伦敦金属交易所（London Metal Exchange，LME），创立于1877年，是全球最早的金属期货交易所。其组织架构最早可以追溯到16世纪的英国皇家交易所（Royal Exchange），初期LME仅有铜、锡两种商品期约交易，后来在内容与品项上陆续增删，其中又以铜期货最为投资大众熟悉，其次是铝、铅、锌、镍等期货商品。目前则有25种品项的期货的在LME交易。

2012年12月香港交易所以13.88亿英镑的天价收购LME，成为LME母公司，此举更进一步地宣示中国掌握基本金属的全球定价权的决心，使得LME有别于过去的交易样貌。中国上海期货交易所（Shanghai Futures Exchange，SHFE）也有以人民币计价的基本金属期货交易，由于中国是全球最重要的基本金属消费国家，上海基本金属交易量非常活跃，因此上海与伦敦基本金属存在有商品与汇率相关的套利与价差交易机会，尤其是香港交易所买下LME后，这两大交易所基本金属间的交易活动可能更为密切（见附录LME、SHFE交易所简介）。

Part 8：铜

早在一万年前，人类就使用铜了，因为铜在自然界储量非常丰富，而且可塑性与耐用性极高，是最早使用在日常生活的金属之一。铜与黄金的合金是自然界唯一具有天然特殊颜色，而且不会被氧化成为灰色的金属。虽然黄金更早被人类使用，但铜在工业上被利用得更广泛。

铜的特性与种类

铜的化学符号为 Cu，属于过渡金属。可与锌、锡、铅、锰、钴、镍、铝、铁、黄金等结合形成合金，常见重要合金有：

1. 黄铜

铜与锌合金，因色黄得名。黄铜的机械性和耐磨性很好，可用于制造精密仪器、船舶零件、枪炮弹壳等。黄铜敲起来的声音清脆悦耳，所以锣、钹、铃、号等乐器都用黄铜制作。

2. 航海黄铜

铜与锌、锡的合金，抗海水侵蚀，可用来制作船的零件、平衡器。

3. 青铜

铜与锡的合金，原色偏红。青铜具有耐腐蚀性、耐磨性、铸造性和优良的机械性。用于制造精密轴承、高压轴承、船舶上抗海水腐蚀的机械零件和各种板材、管材、棒材等。由于青铜有一项反常的特性——热缩冷胀，铸造塑像时，冷却后膨胀，形体反而更加清晰。

4. 磷青铜

铜与锡、磷的合金，坚硬，可制弹簧。

5. 白铜

铜与镍的合金，色泽像银一样光亮、不易生锈，常用于制造硬币、电器、仪表和装饰品。

6. 18K 金

铜与黄金的合金（6：18），红黄色，硬度大，用来制作首饰、装饰品。

铜的主要生产程序分为开采与提炼。开采方法有露天开采与地下开采。露天开采比起地下开采支出较少、安全度高、风险较低。与冶炼厂、精炼厂、半成品及成品生产商等铜产业链的其他非采矿参与者相比，铜开采属资本密集型行业，利润率较高。

由于铜原矿蕴含于硫化及氧化矿石，所以开采出来的铜需要经过提炼。硫化铜矿石占全球铜矿年产量约80%，通常以传统的火法精炼工序提炼，而氧化铜矿石大多以溶剂萃取电积法提炼。提炼出来纯度99.5%以上的纯铜称为精炼铜，或是为电解铜、阴极铜。LME、纽约商品交易所与中国上海期货交易所的铜期货交割标的都是阴极铜。

精炼铜的使用

工业上使用精炼铜的地方非常广泛，日常生活中建筑业、电器、水管工程、电线电缆业与珠宝业都离不开它，尤其是对于电镀过程、卫生设备、电动马达、电视机、飞机和人造卫星，铜更是不可或缺的原料。以铜的消费来看，除了中国以外，消费量前五大国都是发达国家，美国在2002年以前是最大铜消费国，其次是日本、德国与意大利。2003年以后，中国在基础建设需求旺盛的带动下，跃升为铜最大消费国，当时中国精炼铜的消费量几乎是1990年的3倍，美国消费量居次，德国第三。2013年中国精炼铜的消费量已占全球45%，主要是用在电子电器与建筑上（见图8-1）。

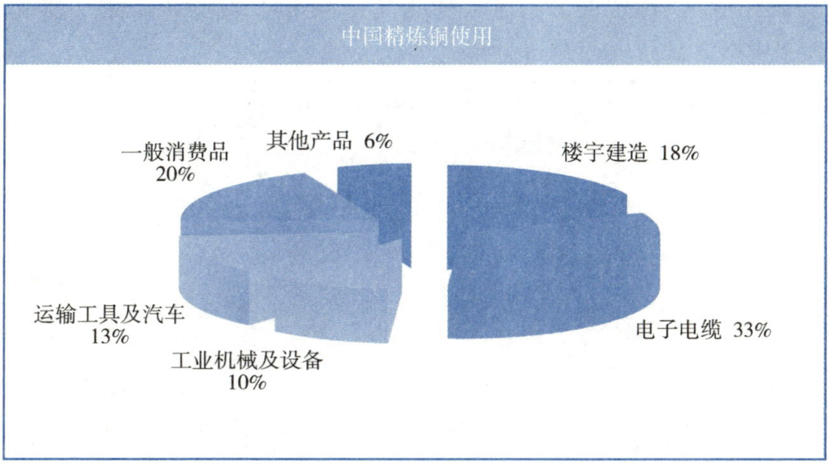

图8-1　中国精炼铜在各业别使用比重

虽然美国精炼铜消费量日渐减少，但是在铜市场的需求变化仍占有举足轻重的地位。有别于中国的消费形态，美国在电子与电缆使用铜的比重上少于房屋建筑，而运输工具与汽车则比中国使用比例大，整体而言，美国精炼铜使用在房屋建筑方面占最大比例，因此市场上常常用美国的房市指针预测铜的价格变化。发达国家对精炼铜的需求较集中于建筑和交通运输，其他国家如日本、德国也和美国大同小异（见图8－2）。

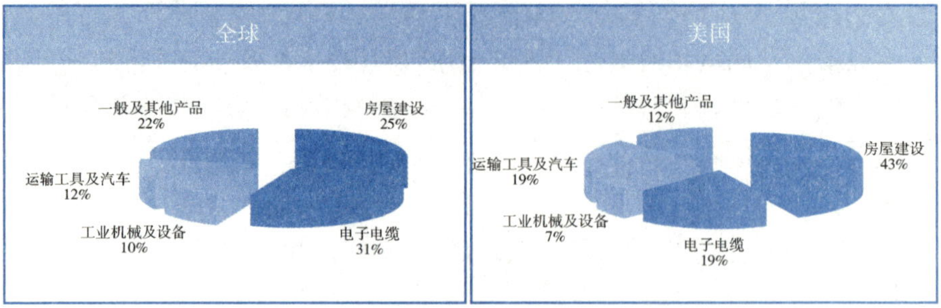

图8－2　全球与美国精炼铜在各业别使用比重

影响铜价格因素

一、供给与需求

近40年来，随着全球经济规模日益扩大，精炼铜的需求量与日俱增，供给量不断攀升。1984年连续7年市场出现供不应求的荣景，于是在1990年以后各国大量扩增产能，而且随着20世纪90年代以后中国经济快速发展，几乎有一半的年份，市场上仍然出现铜供不应求的状况，尤其自2010年以来，连续5年需求增长大于供给，导致供需缺口越来越大（见图8－3）。

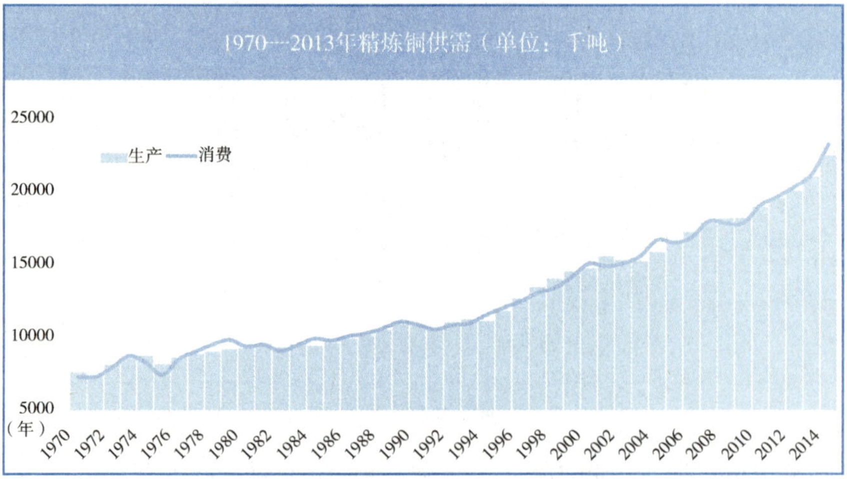

图8－3　全球精炼铜供给与需求变化

资料来源：ICSG。

实际上，自2005年以来，中国对于铜的需求量年年扩增，与融资铜的贸易频繁有密切关系，很多看似进口的需求，其实是为取得便宜资金融通的渠道，最终导致很多没用完的精铜都转化为库存，造成中国需求强劲的假象。2014年之后，中国官方对于商品贸易融资的假象需求管理趋于严格，融资铜的需求渐渐减少，积压的铜库存在仓储与资金的需求下，渐渐释放累积的压力，但市场认为现阶段国际铜研究集团（ICSG）在报告中低估了中国的精炼铜库存（见表8－1）。

表8－1 全球精炼铜供需变化（单位：千吨）

全球精炼铜2008—2014年	2008年	2009年	2010年	2011年	2012年	2013年	2014年
全球矿山产量	15571	15950	16044	16053	16688	18111	18344
全球矿山产能	18461	19109	19281	19480	19976	20799	21820
矿山产能利用率(%)	84.3	83.5	832	82.4	83.5	86.9	84.1
初级精炼铜产量	15388	15401	15750	16132	16605	17263	18699
二次精炼铜产量	2824	2847	3236	3468	3596	3821	3862
全球精炼铜总产量	18213	18248	18987	19600	20202	21084	22561
全球精炼铜产能	22494	23281	23528	24030	25077	26425	27320
精炼厂产能利用率(%)	81.0	78.4	80.7	81.6	80.6	79.8	82.6
全球精炼铜消费量	17896	17903	19137	19705	20457	21354	23036
全球精炼铜库存	1102	1376	1198	1205	1376	1325	1340
库存变化	132	275	－178	7	171	－51	15
供需平衡状况	316	345	－150	－105	－255	－270	－475
调整中国保税库存	0	0	27	－166	312	－517	－498

资料来源：ICSG。

20世纪70年代，美国的铜矿产量占全球产量的20%～25%，是智利的1.6倍，为全球第一大产国，但随着美国产业转型与经济进步，铜矿开采不再扩张；70年代末期，智利铜矿急起直追，至1982年，智利铜矿产量成为世界第一；90年代末期，智利铜矿产量约占全球35%。21世纪，全球新铜矿不断被发现，开采技术不断进步，使得开采量增加，智利仍然维持一贯扩充的速度，到2014年，拥有全球铜矿30%以上市占率。根据美国地质勘探局（USGS）统计，全球铜矿蕴藏量达56亿吨（包括已认证和未发现），全球储量约7亿吨，2014年全球产量为1870万吨，占全球产能89.9%（见图8－4）。

中国从21世纪才开始积极开采铜。到了2010年，也有超过百万吨的产出，已经超越美国成为第二大铜产国。秘鲁是在2000年开始扩张产能，2007年超越美国，目前为全球第三大铜产国。不过近两年来，除了智利，其他的主要产国的产量都没有明显扩张，几乎都维持在160万吨以下（见图8－5）。

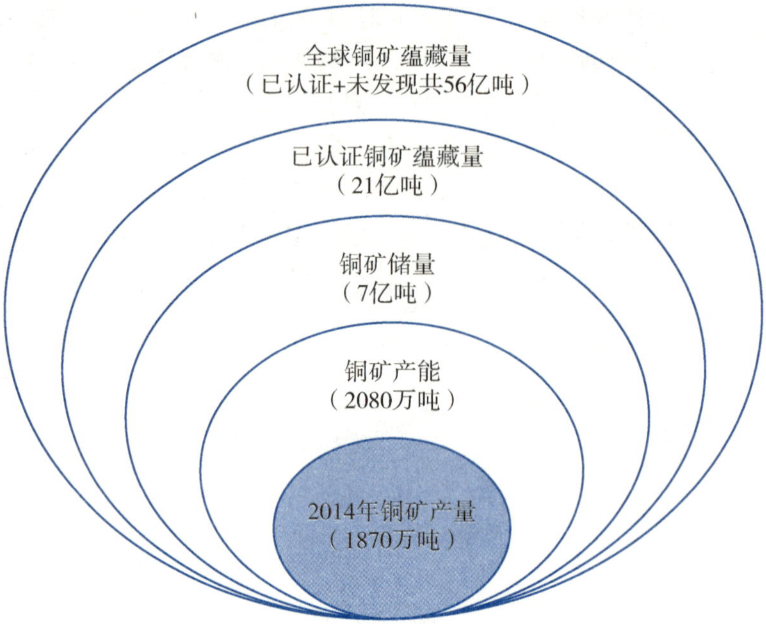

图8－4　全球铜矿蕴藏量与储量

资料来源：美国地质勘探局（USGS）。

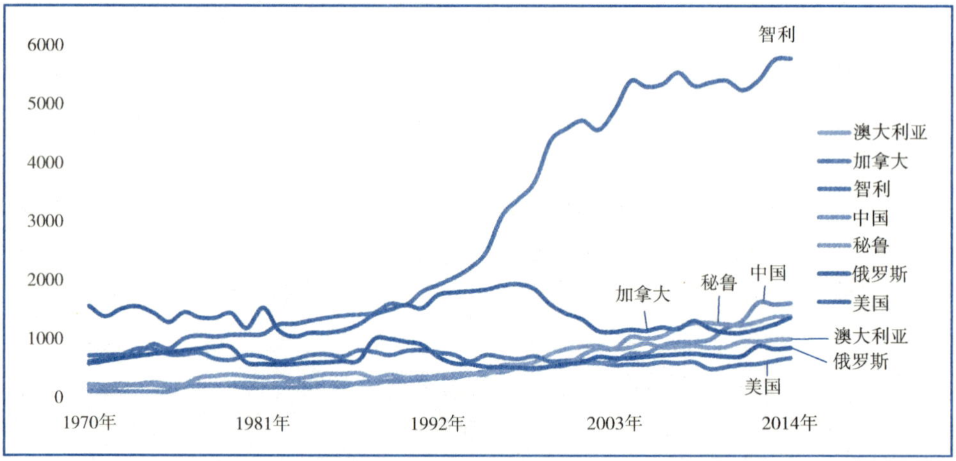

图8－5　全球主要铜矿产国产量变化（单位：千吨）

资料来源：美国地质勘探局（USGS）。

以全球铜矿产区产量的消长来看，1960 年铜最主要产区集中在北美洲，其次是南美洲，非洲第三，欧洲第四，亚洲、大洋洲居末。到了 2013 年，南美洲铜矿产量已经独步全球，亚洲产量也明显扩大，而北美洲的产量萎缩最为明显，非洲次之。从这个产量板块的转移可以很明显看出，铜矿产量的扩张主要是在新兴国家崛起，由北美洲转移至南美洲，由非洲转移至亚洲（见图 8－6）。

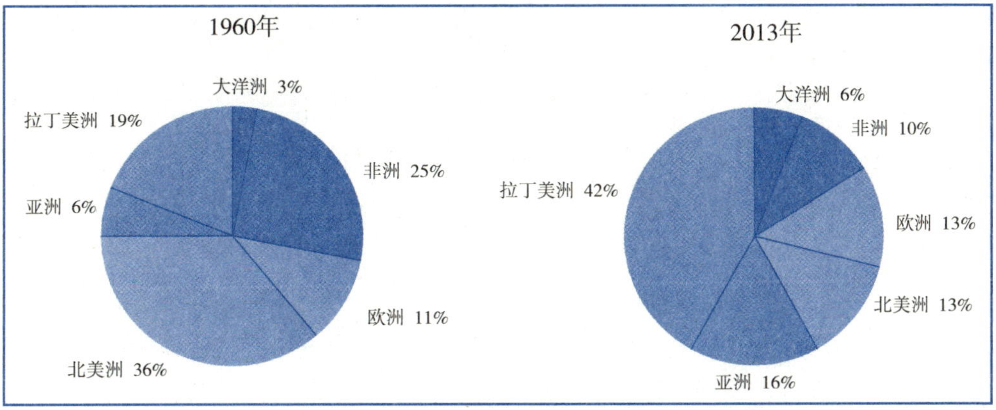

图 8－6　全球铜矿产量分布消长

资料来源：美国地质勘探局（USGS）。

（1）供给重要影响因素：天然灾害、罢工、政治动乱、新矿开采、产能扩大。

南美洲是全球铜矿产量最大的区域，只要这个地区出现地震、洪水、火山爆发等灾害，往往会引起铜价上扬。而且天性乐观随性的拉丁人常会有罢工事件，甚至有时只是谣传，都会引起市场价格一时的剧烈变动。

· 1988 年智利铜产量因生产设备扩充问题，致使生产成本不断增加，但产量只增加 2%，低于市场预期，加上秘鲁罢工问题，铜产量大幅减少 19%。虽然美国产量明显增加 14%，但美国制造业增长迅速，铜需求增加与全球铜生产成本增加和南美产量不如预期影响，铜价不断飙升，1988 年年底现货铜价格已是 1987 年初的 1.5 倍。纽约铜期货价格一度创每磅 165 美分历史新高。**（罢工＋需求）**

· 1999 年全球铜矿产量再度因智利增产使产量增加 19%，全球精炼铜库存达到 160 万吨，创 22 年来新高，纽约铜期货价格跌破 1993 年低点每磅 61.3 美分。**（新矿开采＋库存）**

· 自 2011 年以来，铜的高价吸引中国新增大量铜炼制厂，中国铜产量连续两年增长率达到两位数以上，2012 年大幅增加 25%，铜价自高点下滑 30% 以上，最低至 300 美分附近。**（产能扩大）**

（2）消费因素：铜市场大部分时间是需求带动价格的卖方市场，铜属于工业性金属，尤其是电子器材、电缆、建筑、汽车业与基础建设这些行业对铜的需求最多，因此经济景气发展与政府的经济政策都对铜价有重要影响。例如：美国1990—1991年的经济衰退期，铜价呈现大幅下挫走势。当经济增长强劲时，如2005—2007年铜需求量自然增加而价格高涨，因此铜价受经济发展、金融或企业循环变动的影响相当大（见图8－7）。

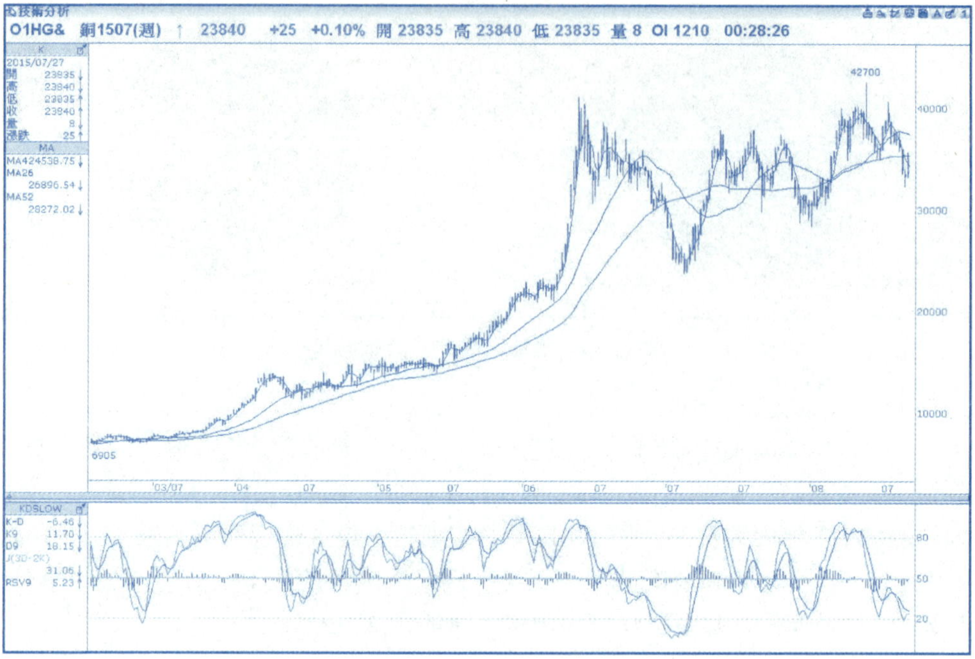

图8－7　纽约铜期货连续周线图

资料来源：精诚信息。

·1993年智利铜矿产量因新矿产加入，抑制了铜价向上的空间，铜价跌至每磅100美分，并在年底跌至80美分以下的6年低点。日本、中国大陆和台湾对铜屑及精炼铜需求持续增加，尤其是中国台湾1993年自美国进口8万吨以上的精炼铜，是美国当年度最大出口地区，占其年度出口总量的38%，因此铜价格在亚洲需求旺盛下，低位有强烈支撑。**（经济增长）**

·1994年全球精炼铜库存大幅减少28%，加上美国工业复苏脚步加快，尤其是建筑业对铜需求逐渐扩大，纽约铜期货在1994年年底价格已经上升至每磅140美分以上的近6年高点。**（库存＋经济增长）**

·1997年亚洲金融风暴，亚洲区工业增长减缓，纽约铜期货价格受需求减少影响，每磅跌破100美分。**（金融危机）**

·自2003年以来，美国经济明显复苏，建筑业更是蓬勃发展，加上美元弱

势，尤其是中国基本建设需求增加，铜价上扬力道强劲，1988 年历史高位已轻易被突破。（经济增长）

·2006 年 5 月纽约铜期货价格一度来到 412 美分的天价，但实际需求不足以支撑高价，当年下半年铜价下滑 43%，至 235 美分，但与 2003 年这一波起涨点相比，仍然是 3 倍价格。（经济增长）

·2007 年铜价自波段低点反弹，主要是来自中国的强劲需求，纽约铜期货在高位震荡后，再度成功挑战 2006 年历史高点，2008 年 5 月再度创下 427 美分的高点。（经济增长）

·2008 年在全球实际需求、油价上扬与基金操作的推波助澜下，6 月铜期货创下每磅 427 美分的历史新高纪录，但是随之而来的金融海啸，使得铜价在半年内狂泻至 125 美分的 4 年低点。（经济增长 + 金融危机）

·2009 年亚洲经济未随美国因金融海啸受创，尤其是中国全面扩大基础建设政策，逐渐抵消欧美房地产与汽车衰退带来的影响，铜价止跌回升，出现明显反弹走势。（经济增长）

·2010 年美国实施 QE 的货币宽松政策效应，商品期货挟着中国需求不断增加的优势，价格扶摇直上，纽约铜期货在 2011 年 2 月再度刷新纪录，创下 462.55 美分的历史天价。

·2014 年中国经济增长放缓与房地产调控政策使得铜市低迷，而且中国对贸易商融资铜的限制趋于严格，以及美元汇率开高，铜期货价格受到三重打压，2015 年 1 月价格跌落 250 美分以下（见图 8－8）。

（3）库存消耗比例。这是检核商品供需状态最具体的数字，自 2003 年以来，精炼铜数量不管是生产量或是消费量年年增加，自 2009 年以来消费量增长速度更是飞快，虽然库存量也在同步增长，但是库存消费比例呈现下降趋势。不过近年来中国的消费需求被贸易融资扭曲，尽管全球精炼铜市场已经连续 5 年供不应求，但是铜价自 2011 年创新高后滑落，4 年来持续长期空头走势，精炼铜的库消比在最近 2 年似乎不太有影响力（见图 8－9）。

二、汇率因素

纽约铜期货与 LME 铜期货是以美元为计价单位。自 2014 年下半年，美元对各国主要货币明显升值，2015 年持续刷新美元 10 年新高纪录，美元升值相对使得铜价下滑。此外，根据 ICSG 统计，澳大利亚是全球铜矿资源存量第二大国家（仅次于智利，远高于排名第三的秘鲁），也是中国主要的铜进口国之一（从地缘来说，比来自南美洲的铜更有运费优势），澳元与铜价往往存在非常密切的正向关系，所以有时在澳大利亚央行调整货币政策或是走势开始反转之际，可能是

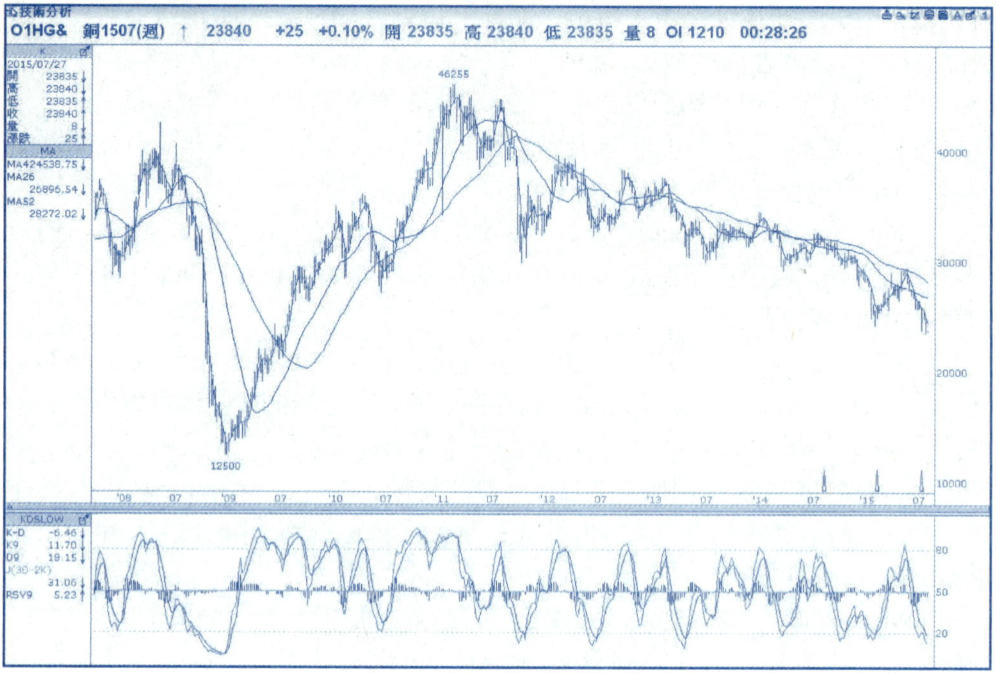

图 8-8 纽约铜期货连续周线图

资料来源：精诚信息。

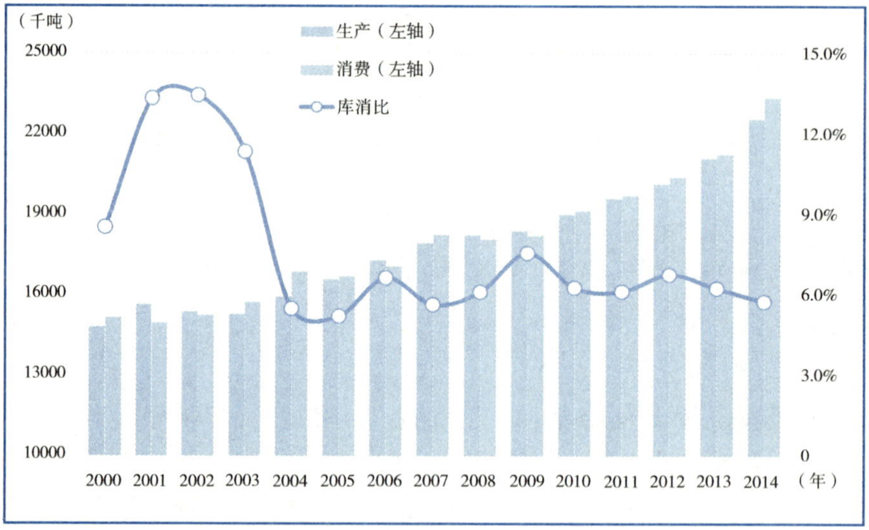

图 8-9 精炼铜库消比与供需

资料来源：国际铜研究集团（ICSG）。

预告铜价未来的变化（见图 8－10）。

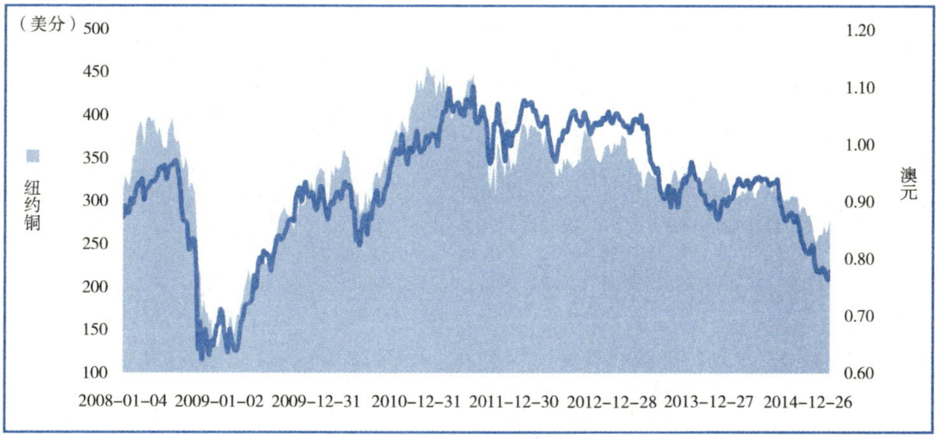

图 8－10 纽约铜期货价格与澳元关系（周线）

三、季节性循环

在美国，铜价有明显的季节性走势，这与建筑和汽车业生产的时程有关，通常铜价在春初走强，因为此时建筑业与汽车业者会开始采购铜料，以应付春末与夏初相关工业产品需求高峰，因此铜价通常在每年 2—4 月达到高点。在春末的需求高峰过后，随着季节需求下降，价格在夏季及秋季时呈现疲软态势，生产循环的强度，美国经济指标尤其是营建许可与新屋开工数量的变化，都会影响到铜价的走势（见图 8－11）。不过 2005 年以后，中国经济发展迅速，对于铜市场价格的影响力大增，美国房市的发展对铜价的影响力逐渐式微，尤其是在美国金融海啸以后，取而代之的是中国工业发展与内部基础建设进行的成果。

四、铜期货交易所库存

全球三大主要铜期货交易所为 LME、上海期货交易所（SHFE）与纽约商品交易所（COMEX，现已属 CME 集团），三者铜库存的变化会给市场带来供需变化的信息。LME 的库存量最多，约是 SHFE 的 1.5 倍。以往 LME 库存增加代表铜供应量的增加对价格是利空，而 SHFE 铜库存增加，代表中国境内需要交割的量增加对价格是利多；COMEX 铜库存量最少，且纽约铜期货交易很多属于投机契约，库存比较没有象征意义。

以精炼铜总库存结构而言，交易所库存占全球库存的比重最大，其次是生产者的库存，尤其是近几年，生产者库存有增加趋势，而实物商的库存最少，消费端的库存也不多。2009 年以前，全球总库存与铜价有着明显的反向关系，但随着中国贸易铜需求扩增，2010 年以后库存与价格的走势就没有一定关系存在，

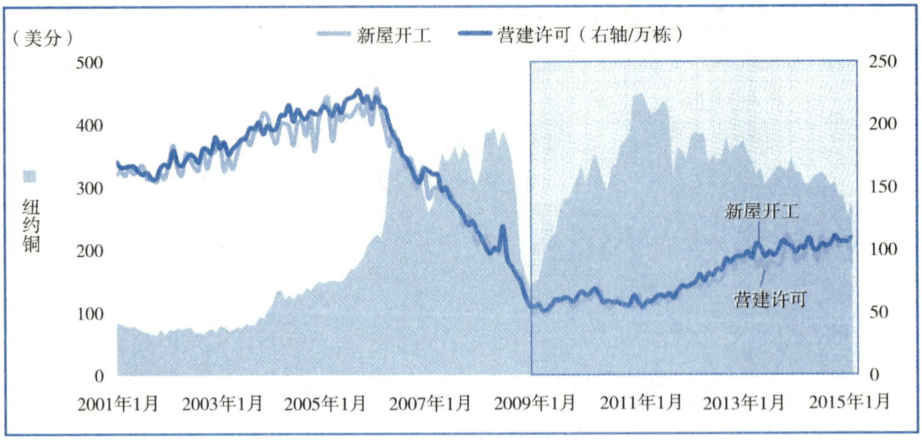

图 8-11　纽约铜期货价格与新屋开工、营建许可之间的关系

尤其是在 2011 年铜价创历史高价后，价格呈现长期空头走势，然而库存却是上下起伏不定（见图 8-12）。

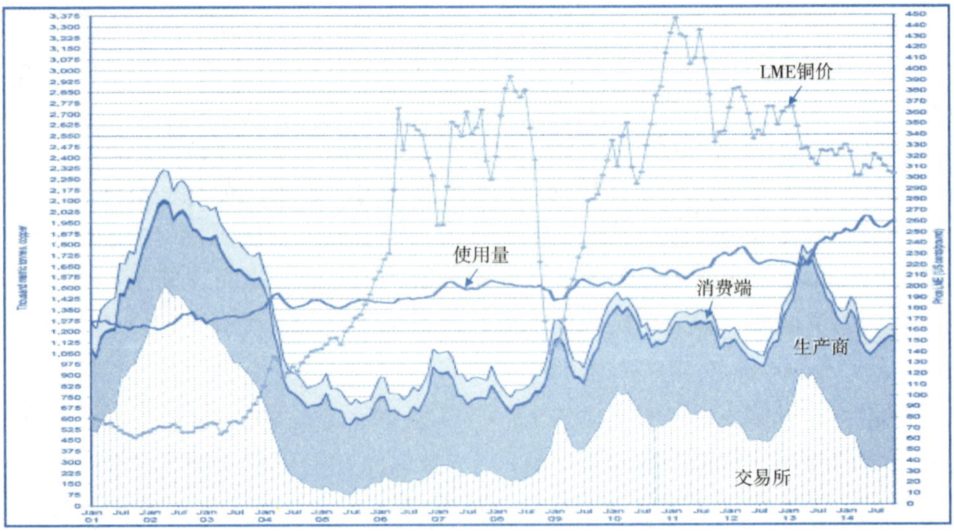

图 8-12　全球精炼铜库存、价格与使用量

数据来源：国际铜研究集团（ICSG）。

五、其他市场因素

当铜价高涨到一定程度，市场就会考虑使用铜的替代品，例如铝。铝是最常被利用来替代铜的金属。此外，铁、塑料、光纤都是铜的替代品。铜是属于工业金属，工业景气与其价格有正向关系，不过就算景气再热，铜价也不可能无止境

飙涨，因为有其他金属或是材料可用来替代铜。其次，来自铜屑或是旧铜回收后二次精炼的铜有年年增加的趋势（2014 年的比重约占总产出的 17%，6 年来增长 37%），尤其是中国与印度，这些二次精炼的产出变化，也是影响市场供给的重要因素。

影响铜交易的事项

（1）南美洲是铜最大产区，但智利、秘鲁经常发生罢工与政治动乱，都会影响短期铜价表现。

（2）中国对铜的需求量最大，中国经济政策的发展对基本金属有很大影响，尤其是基础建设的扩张。中国经济指标如：制造业采购经理人指数（PMI）、工业生产指数与土地购置、楼层完工等数据都具重要参考意义。

（3）由于铜属于重量颇大的金属，进口铜运费占进口成本重要部分，因此当油价高涨时，市场上铜价会上扬，但是经济不好时，就算油价上扬，铜也会随着进口需求减少，价格下降。

（4）铜期货价格的变动幅度往往很大，会在短时间内剧烈波动，尤其是 LME 的铜期货是很多实物商买进的价格参考，也是避险操作的主要选择，但市场上价格操纵，时有所闻，最近 20 年几个交易丑闻都发生在铜期货。例如：1994 年智利国有铜矿（Codelco）交易员私自做多铜期货导致两亿多美元亏损；1996 年日本住友商社铜先生做多铜期货，并意图操纵市场，导致铜交易史上最大亏损（26 亿美元）；2005 年中国物资储备局交易员越权交易上亿美元空头亏损等，这些现象都显示铜期货的投机多变，因此一般刚进入期货市场的投资人最好先避开这个市场。

（5）LME 与纽约 COMEX 铜都是以美元计价，美元走势与铜期货价格有密切关系。

（6）CFTC 与 LME 每周会定期公布交易所大额交易人持仓部位变化，这是铜期货交易现状与预测未来走势重要的参考数据（见图 8－13，图 8－14）。

（7）2012 年香港交易所并购 LME 后，在 2014 年 12 月推出比照 LME 铜期货以人民币计价的小型铜期货合约，刚开始上市时，虽然交易量很小，不过由于以人民币计价更贴近中国实物商的避险标的，假以时日，成交量应该会逐渐扩大（见图 8－15）。

（8）铜期货在 CRB 指数的成分中属于高流动性的商品期货，所占比例仅次于能源类，因此也是基金经理人操作的热门项目，而全球期货对冲基金的流动性

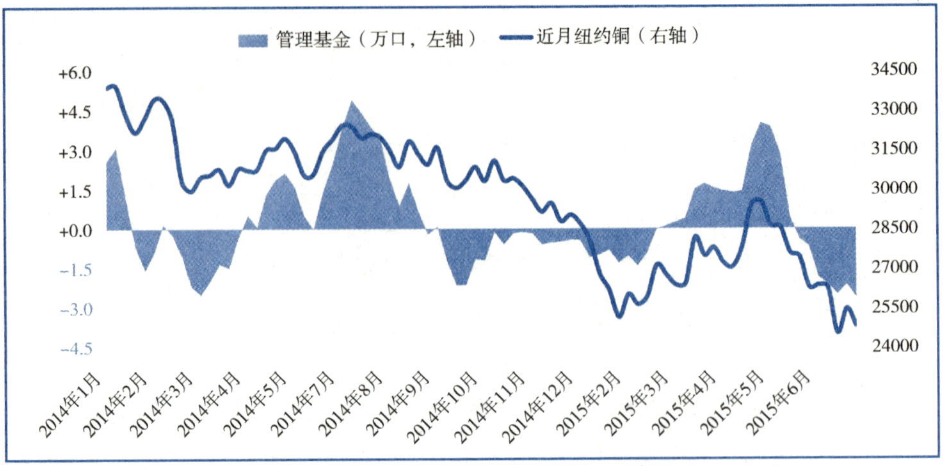

图 8－13　美国 CFTC 大额持仓报告与纽约铜期货价格

数据来源：CFTC。

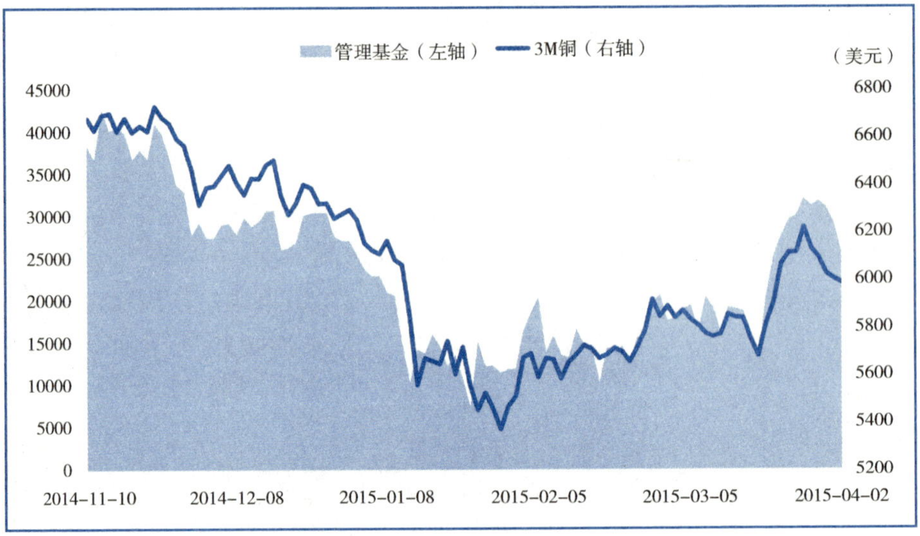

图 8－14　英国 LME 大额持仓报告与 LME 3 月期铜价格

数据来源：LME。

与价格变化都是重要的参考数据。

（9）印度是重度使用铜的国家，随着印度政府效法中国对基础建设的重视程度，自 2015 年以后，印度反而比中国有更大的消费增加潜力，其工业与基础建设是未来要观察的重点之一。

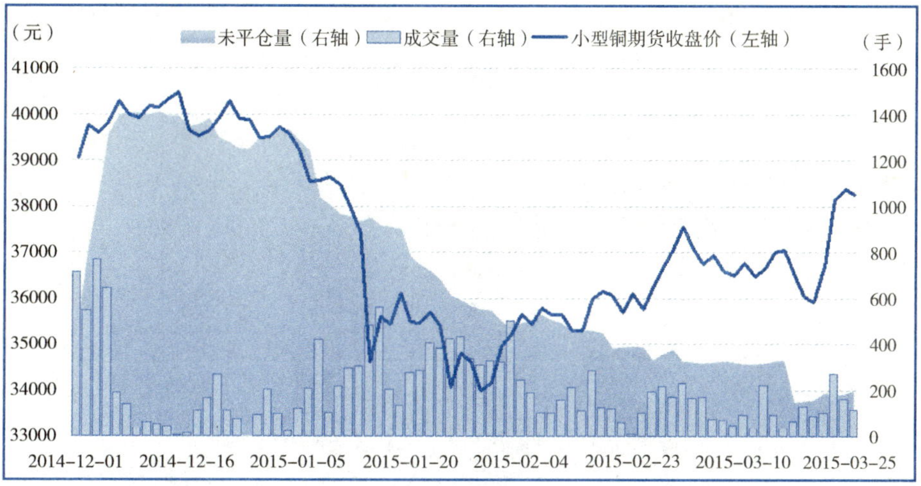

图 8－15　香港交易所小型铜期货上市以来交易状况

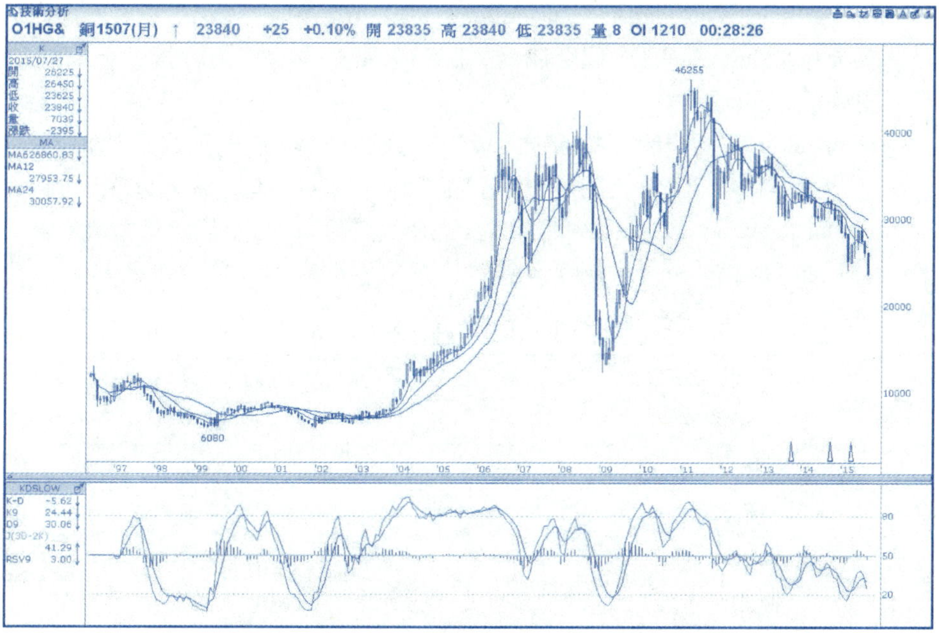

图 8－16　纽约 COMEX 铜期约连续走势图

资料来源：精诚信息。

重要参考数据来源

www. usgs. org（美国地质研究，US Geological Survey，基本金属的统计资料与美国铜的产销分析、供需状况）

www. icsg. org（国际铜研究集团 International Copper Study Group，铜供需资料统计与展望分析）

www. cftc. gov（美国 CFTC 大额交易人持仓报告）

www. amm. com（美国金属市场，American Metal Market，美国金属市场市况与分析报道）

www. abms. com（美国金属统计资料局，基本金属市场报道、统计分析与展望报告）

www. lme. com（伦敦金属交易所，铜的报价、交易数据与大额交易人持仓报告）

www. cmegroup. com/company/comex. html（COMEX 铜期货交易数据与库存分析）

www. metalchina. com（中国金属网，国际金属交易价格与分析，金属期货现况与展望分析）

www. cncu. cn（全铜网，中国铜行业现况分析，铜价格与交易统计）

www. umetal. com（联合金属网，中国与国际金属市场信息，统计与市况分析）

www. stats. gov. cn（中国国家统计局，中国总经数据与经济统计报表）

www. customs. gov. cn（中国海关总署，铜矿与相关产品进出口统计）

表 8 –2　纽约铜期货合约规格

商品名称	高级铜
交易所	COMEX
合约规格	25000 磅
商品代码	HG
报价单位	美分/磅
最小跳动值	0. 05 美分/磅
交易月份	3 月、5 月、7 月、9 月、12 月
北京交易时间——夏令时 （冬令时间延后 1 小时）	人工盘 20:10 至次日 01:00 电子盘 06:00 至次日 05:15
涨跌停限制	无
最后交易日	到期月份的倒数第 3 个工作日

（续表）

商 品 名 称	高 级 铜
最后交割日	到期月份最后 1 个工作日
交割方式	实物交割
2014 年主交易月平均交易量	36.7 万手

表 8－3　LME 3 月期铜合约规格

商 品 名 称	铜
交易所	LME
合约规格	25 吨
商品代码	CU
报价单位	美元/吨
最小跳动值	0.5 美元/吨
交易月份	3 个月远期合约或指定月期
北京交易时间——夏令时（冬令时间延后 1 小时）	08:00 至次日 02:00
涨跌停限制	无
最后交易日	到期日之前 1 个工作日
最后交割日	到期日交割
交割方式	实物交割
2014 年日平均交易量	15.4 万手

表 8－4　香港交易所小型铜期货合约规格

商 品 名 称	伦敦铜期货小型合约
交易所	HKEx
合约规格	5 吨
商品代码	LRG
报价单位	人民币/吨
最小跳动值	10 元人民币/吨
交易月份	连续 12 个月
北京交易时间——夏令时（冬令时间延后 1 小时）	电子盘 09:00 至 16：15 T+1 盘 17:00 至次日 01：00
涨跌停限制	无
最后交易日	到期月份的第 3 个星期三的前 2 个工作日
最后交割日	无
交割方式	现金结算
2014 年主交易月平均交易量	4326 手

Part 9：铝

铝是具有白色光泽的轻金属，约占地壳固体成分的 8.3%，是地壳含量最丰富的金属元素之一。由于铝具有非常容易氧化的特性，所以几乎不会单独存在，而是与氧或是硅酸盐共存，或是与磷或硫的化合物共存。至于天然的铝矿可能存在于含氧量非常稀少的特定火山内部。

铝土矿是最重要的含铝矿物，铝土矿含有 50%～60% 的矾土（又称氧化铝），也是制造人造刚玉、矾土水泥以及耐火器材的重要原料，所以含量较高的铝土矿，成为制造铝的主要原料。铝土矿大多在海盆地和湖盆地以沉积方式存在，或是在玄武岩等岩石的风化壳中生成。

以氧化铝的产量来看，最大的产区在澳大利亚，约占全球总产量的 35%，其次是中国，产量约占 20%，巴西、几内亚与印度也都有丰富的产出。自 2005 年以来，澳大利亚、中国与巴西一直维持前三名没有改变（见图 9－1）。

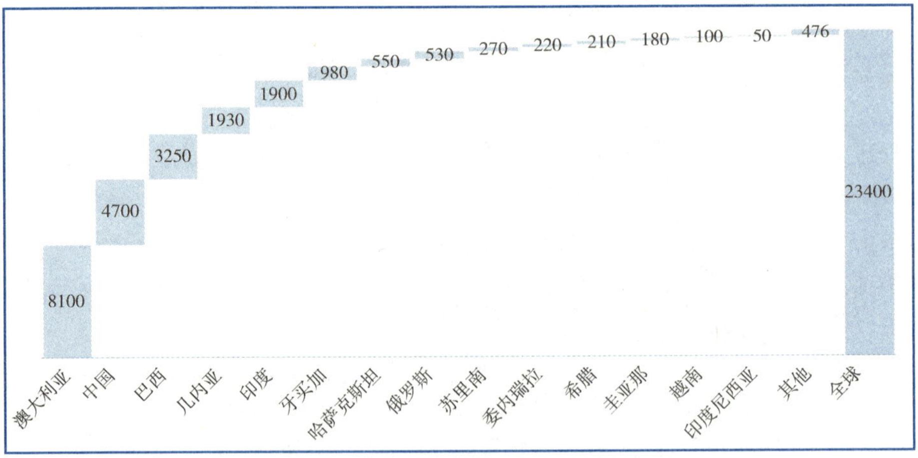

图 9－1　全球氧化铝主要产国（单位：万吨）

资料来源：USGS。

铝的特性

19 世纪中期，法国科学家德维尔（H. S. Deville）以钠取代钾，利用金属钠还原氯化钠和氯化铝的熔盐，借由这些盐类充当助熔剂，使球状铝液聚集在一起，形成铝锭，制成金属铝。不过德维尔的提炼方法用在工业上成本太高，所以当时铝除了作为珠宝饰物及贵重装饰品外，用途不多。到了 19 世纪末，美国人霍尔（C. M. Hall）发现氧化铝能溶解在熔融的冰晶石中，以电解氧化铝方式还原成铝；此时法国人埃鲁（Paul L. T. Heroult）也发现类似的冰晶石的熔盐制铝法，这项发明使铝的价格大降，进一步成为工业上实用的金属原料。

电解铝就是通过电解得到的铝，通过这种方式得到的铝称为原铝。电解铝工业对环境影响很大，它是属于高耗能、高污染的行业。在生产过程中，排出的废气主要是二氧化碳，以及碳氟化合物（PFCs）等；二氧化碳属于温室气体，是造成全球气候暖化的主因，氟化物的 CF_4 和 C_2F_6 产生的温室作用是二氧化碳的 6500 ～10000 倍，会对臭氧层造成不同程度影响，而氟化氢是一种剧毒气体，具强腐蚀性与强刺激性，通过眼睛、皮肤或呼吸道进入人体，会对人体造成严重伤害甚至致死。

铝的用途

纯铝很软且强度不大，但延展性良好，可拉成细丝和轧成箔片，用于制造电线、电缆，无线电工业和包装业。虽然铝的导电性大约只有铜的 2/3，但由于密度只有铜的 1/3，所以等质量和等长度的铝线和铜线相比，铝的导电能力约为铜的 2 倍，重点是价格较铜低廉，所以野外高压线多由铝制成，可以节省大量成本，也缓解了市场对铜材的需求。铝的导热性比铁大 3 倍，工业上常用铝制造各种热交换器、散热材料等，家庭的厨房用品很多是用铝制成。与铁相比，它不易受到锈蚀，使用寿命较长。

铝粉有漂亮的银白色光泽，常和其他物质混合作为涂料，刷在铁制品表面，可以保护铁制品免遭腐蚀，而且美观。由于铝在氧气中燃烧时，会发出耀眼的白光并放出大量的热，因此常被用来制造一些爆炸混合物，如铵铝炸药等。在冶金工业中，常用铝热剂熔炼难熔金属，如铝粉和氧化铁粉混合，引发后会产生剧烈反应，交通上常用于焊接钢轨；在炼钢工业中铝多被用作脱氧剂；光洁的铝板具有良好的光反射性，可用来制造高质量的反射镜、聚光碗等。铝还具有良好的吸音性，所以有一些广播室和现代化大楼内的天花板都采用铝。

进入 21 世纪，节能和环保越来越受重视，虽然铝工业耗能、高污染，但是铝材符合低耗油与减少碳排放的汽车制造需求，因此使用在车身上的比重越来越大，甚至很多名车的车身全部使用铝材料，例如近年来风靡全球的特斯拉 Model

S 百万豪华电动汽车，其车身全部是铝材打造。

电解铝的使用

铝与人类目前的生活形态息息相关，它的用途极为广泛，不论是在运输、建材、食品包装和家庭用品都可见其身影。此外，铝合金的铸件与锻件是飞机和电力输送不可或缺的零件，而铝容易被氧化的特性使其常被作为铁和钢的除氧剂；轻、耐蚀的特性则是人造卫星和太空载具运用的原因之一（见表 9－1）。

表 9－1　铝制品及其用途

运输交通	汽车、卡车、飞机、火车、船、脚踏车等的外壳、管子或铸型
包装	罐装、箔纸（如家用锡箔纸）
建筑	门、窗、壁板、侧线、房屋管线
家庭用品	烹调器皿、球棒、手表、个人用计算机
柱、旗杆	街灯杆、帆船桅杆、手杖
外壳	消费性电子、照相设备外壳等
电器	电力分配之电源传输线
磁性合金	钢铁、磁石
精密用品	高纯度铝（纯度 99.98% 以上）通常用在高级电子用品与光盘片上
电热槽	晶体管、中央处理器（CPU）
镀铜基底	高亮度发光二极管（LED）之金属核心
涂料	粉状铝当成烟火或铝热剂的涂料

金属铝一度被用来制炊具，由于铝在空气中会与氧气反应形成一层致密的氧化铝膜，因此铝锅轻、不易生锈的特性而广受欢迎，但是医学证明铝制餐具不宜用来蒸煮或长时间存放酸性、碱性和咸性等食物。电解铝的最大用途在营建材料和交通运输设备，其他如食品包装、电子与机械设备也占有很大比重。铝在汽车的运输品项使用率渐渐扩大，尤其是发达国家关心能源使用，在运输工具方面大量使用铝材（见图 9－2）。

美国铝材使用最多的领域是交通运输，占有 1/3 以上份额；其次是食品包装如铝箔包装、铝箔纸，占有 20% 以上，建筑业的铝用量也占 10% 以上（见图 9－3）。美国电解铝用于交通运输的比重年年增长，2013 年的比重是 31%，到了 2014 年比重已经上升至 38%，充分显示了铝在运输材料上的优势。现阶段美国消耗铝的比例不到全球的 10%，由于铝业外移严重，美国需自国外进口铝的相关材料，最大的进口来源地是邻近的加拿大。

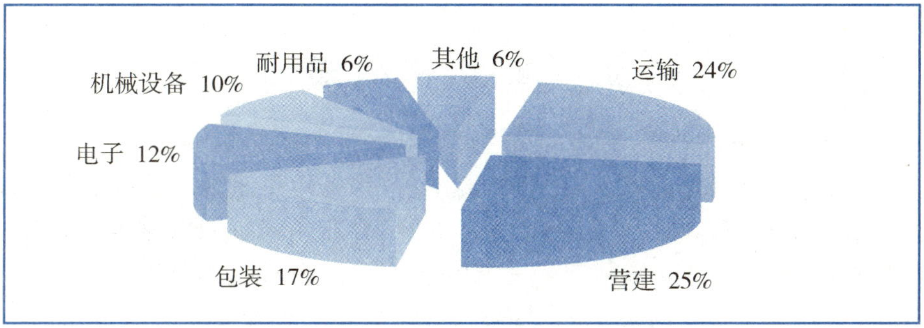

图 9－2　铝在各行业中使用比重

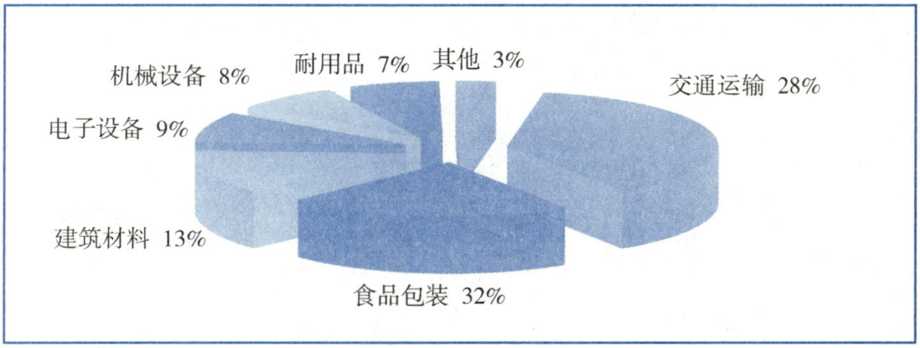

图 9－3　美国铝在各行业使用比重

中国是全球使用最多铝材的国家，自 2010 年以来，其原铝使用量已占全球 40% 以上，以铝在中国被使用的行业来看，建筑使用铝最多，其次是电力设备，食品包装的使用也渐渐增加，因此中国在基础建设与房屋市场的使用比例较大。不过随着基础建设渐渐完备与现阶段房屋市场的消极开发政策，未来中国使用铝在机械设备与交通运输上的比例会渐渐扩大，尤其是汽车市场（见图 9－4）。

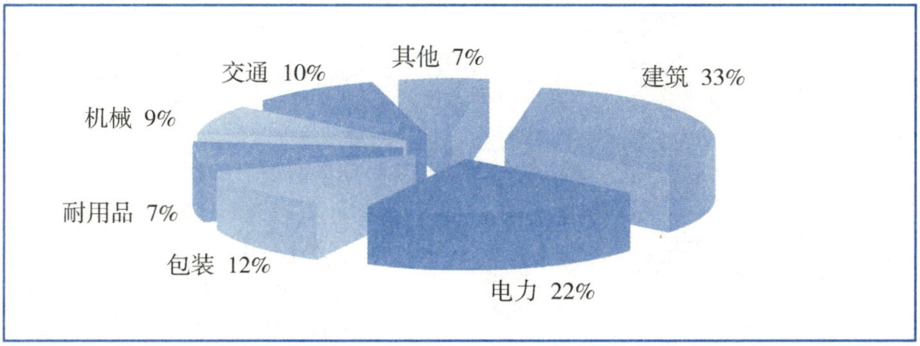

图 9－4　中国铝在各行业使用比重

影响铝价格因素

一、供给与需求

电解铝的产量与消费状况与精炼铜类似，都是年年呈现增长的态势。2000年以前挪威电解铝的产量一直独占鳌头，但在2000年以后，中国和俄罗斯的产量已经超越挪威，尤其是中国的产量，每年以百万吨的跳跃式增长，到2010年中国的产量已占压倒性多数，占全球总产量的40%以上（见图9－5）。

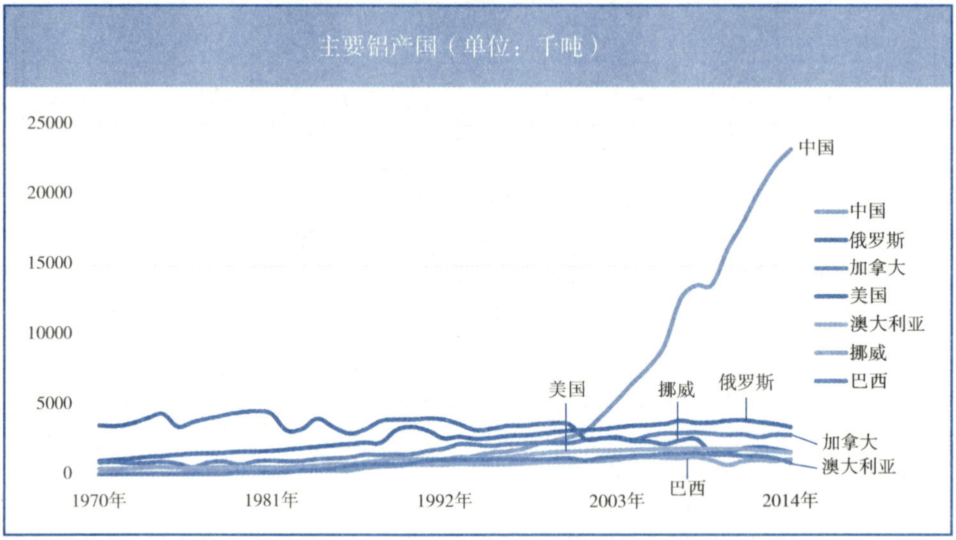

图9－5 全球原铝各国产量变化

资料来源：USGS。

随着经济不断增长，尤其是工业增长、房屋市场和汽车业的高速发展，中国对铝的需求与日俱增。2013年，中国原铝的消费达2323万吨，占全球总消费量的47%，加上亚洲其他国家消费，亚洲国家铝消费市场占有率高达67%，远远超过欧美的25%，可见亚洲国家在铝市场所占的重要地位（见图9－6）。

中国是全球主要铝土矿储量大国之一，但是铝土矿的铝硅比例低，现有生产技术难以攻克这个难题，开采成本相对高，随着国内氧化铝产量扩增，铝土矿的进口需求逐年增加，2013年铝进口量达到7000多万吨天量，但2014年中国重要进口来源国——印度尼西亚，因产量短缺，并且禁止未加工的原矿出口，而中国国内电解铝生产过剩，当年度中国进口铝土矿急速萎缩50%，导致铝土矿供需失衡。预期2015年需求将再增加，若是进口无法随之增加，铝土矿价格上涨的

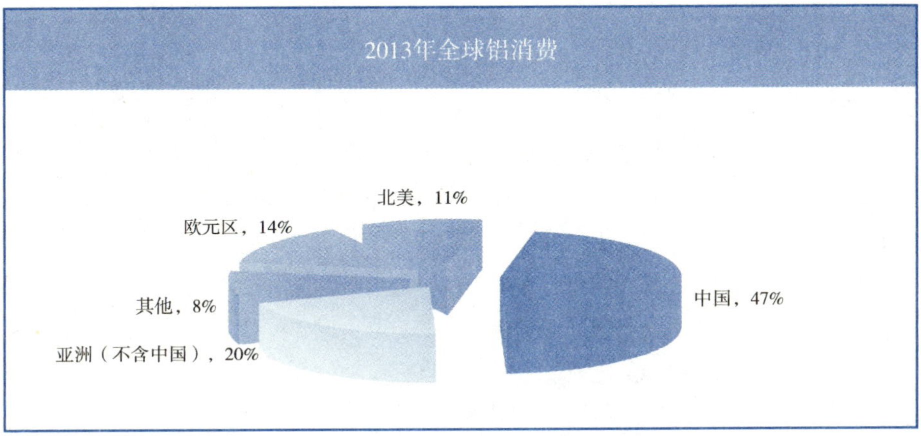

图 9－6 全球原铝地区消费比重

资料来源：CRUgroup。

空间可期（见表 9－2）。

表 9－2 中国铝土矿进口供需（单位：万吨）

中国铝土矿供需状况					
年份	电解铝产量	国内气化铝产量	铝土矿需求量	铝土矿进口	铝土矿供需平衡
2008	1360	2568	2215	2579	364
2009	1363	2420	1870	1969	99
2010	1760	3119	2716	3007	291
2011	1960	3900	4127	4484	357
2012	2230	4214	3861	3961	100
2013	2490	4700	3914	7070	3156
2014	2780	5115	4284	3500	－784
2015	3100	5600	5040	3600	－1440

原铝的供应来源有：初级产出的新铝与二级回收铝，由于新铝生产成本相当高（需要大量能源产生动力加工），而回收铝（recovery of scrap，亦称二级产量）制造需要的能源加工成本仅占新铝的 5%，因此回收铝数量逐年增加；以美国而言，2014 年回收铝已占原铝总供给的 68%。此外，无论哪一个铝产国，回收铝供给量有逐年增加的趋势。就全球各种金属供给来看，铝的金属回收比例，是所有金属中最高的，这是铝较特别之处。

铝的回收又可分为：旧料（old scrap）回收和新料（new scrap）回收，旧料回收的主要来源是饮料罐与汽车的相关废料，新料回收就是回收铝在加工过程中产生的铝屑，至于可立刻回收的，通常以新料的回收较多。全球 90% 的交通工具和建筑设备都是可回收铝，大约有 60% 的罐装品也使用回收铝。以美国为例，最早开始新料回收，1945 年开始有旧铝回收的数据，1970 年以来，全球环保意识抬头，旧铝回收量年年创新高，2003 年铝罐回收率为 50%，到了 2013 年回收率已经上升至 67%。

（1）供给重要影响因素：罢工、政治动乱、产能扩大、次级回收市场。

铝矿的分布较为广泛，除了俄罗斯出口较受到政治因素干扰外，大型的供应来源都还算稳定。非洲和南美洲偶尔会有罢工或是政治动乱，不过影响范围与程度都比较小，因此与铜矿供给比起来，铝土矿供给的波动性较小。而中国在近十年对电解铝产能与产量供给的不断扩大，形成消费主导市场价格的趋势。此外，随着次级回收市场的供给比例越来越高，回收市场的变化逐渐成为铝价重要的观察因素。

· 1994 年全球铝产量减少 3%，当时产量最大的美国减产 11%，第二大供应国俄罗斯减产 5%。而且美元在 1994 年明显走弱，加速了铝价向上攀升的走势，1994 年年底伦敦金属交易所（LME）3 月期铝价突破每吨 2000 美元的 6 年高价。**（供给减少 + 美元贬值）**

· 自 1995 年以来，铝价创 3 年新高，铝的供应量明显增加，铝价格开始下滑；至 1999 年全球铝供应量已呈现连续 5 年增加，铝价持续低迷。此外，1995 年美元开始触底反弹，美元升值加速铝价下滑，1999 年 LME 3 月期铝价下滑至每吨 1158.5 美元的 5 年新低。**（供给增加 + 美元升值）**

· 2000 年美国回收铝产量减少 6%，其中旧铝回收大幅减少 13%，进口铝回收增加 6%，铝价在美国消费增加、产量减少的激励下，低位反弹至每吨 1754 美元的 4 年多新高。**（回收铝减少 + 需求增加）**

· 2009 年美国金融海啸震撼全球，原铝在连续 14 年增产后第一次出现产量减少，加上中国对铝的需求持续增加，铝价在 2009 年 3 月筑底成功，并于 2011 年反弹 66%，达到 2008 年起跌点的颈线附近。**（金融危机 + 经济增长）**

（2）消费因素。铝市场大部分时间是需求带动价格的卖方市场，运输、房屋与建筑是主要需求来源，由于铝的需求来源较铜广泛，尤其是在交通运输的常态需求，因此价格相较铜稳定。中国政府对铝与相关铝制品的进出口关税政策是影响供需重要因素，通常调降进口税或是提高进口退税率，会增加中国铝制品业者对铝土矿或相关制品的进口数量。

· 1992 年，中国对铝消费大幅增加 34%。中国对铝的强劲需求，使铝期货价

格自1993年年底的低点反弹至1994年年底的高价，创近6年新高。（经济增长）

·自2002年以来，全球新铝的产量增长速度加快，中国对铝的供给与需求与日俱增，铝价持续维持3年来上扬走势。尽管铝产量持续创新高纪录，但来自中国的强劲需求，以及美元持续对欧元和日元贬值，LME铝价在2006年5月创下每吨2890美元的18年新高纪录。（经济增长+美元贬值）

·自2006年以来，铝价受中国消费快速增加拉抬，2008年3月突破前波高点创下3375美元新高，但美国爆发次级房贷问题，房地产一落千丈，铝价下跌，在2009年3月创下1275美元的7年多新低（见图9-7）。（经济增长+金融危机）

·2010年美国实施QE的货币宽松政策效应，商品期货挟着中国需求不断增加的优势价格扶摇直上，LME期铝在2011年5月创下2803美元的波段新高，然而铝价不如铜价的涨势凌厉，仍不能突破2008年的高价。

·2014年中国经济增长放缓和实施房地产调控，使得铝价格受到打压，加上美元强势，铝期货价格在2014年2月跌至1671美元的波段低点（见图9-8）。

二、汇率因素

LME铝期货是以美元为计价单位，不过像加拿大与澳大利亚等发达国家都是铝土矿重要产国，也是主要出口国，其本国货币与美元的汇率关系，对铝价格有密切关系。澳元与加元的走势大致相同，只是澳元的波动性比加元要大一点，如果与铝价格比较，铝期货价格的波动性更甚于两者，不过若是排除2008年金融海啸与2010年的美国QE效应干扰，近3年来，铝价与澳元和加元的走势正向关系密切（见图9-9）。

三、季节性循环

在欧美发达国家使用铝最多的地方是建筑与运输方面，而最大消费国——中国则在建筑与电力设备方面使用最多，因此可见中国建筑业的发展是现阶段铝消费很重要的项目。就北半球来说，从春季开始营建活动逐渐热络，铝的需求逐渐达到高峰，造成铝价在第一季的价格往往是一年中较强的时候。以中国而言，电力、机械与交通运输方面的工业需求约占铝消费一半以上，因此工业生产指数与铝价格呈现非常密切的关系，如：2011年第二季以后中国的工业生产指数逐渐走下坡路，而LME的铝期货价格也自高点下滑至今尚未恢复（见图9-10）。

四、铝期货交易所库存

铝是LME交易所成交量最大商品，以2014年来看，成交量占LME总成交量的39%，大幅度超过第二名的铜的23%。而且更特别的是，铝在LME仓库库存量相当大，其规模比LME其他基本金属大10倍以上！尤其是2008年以后，LME

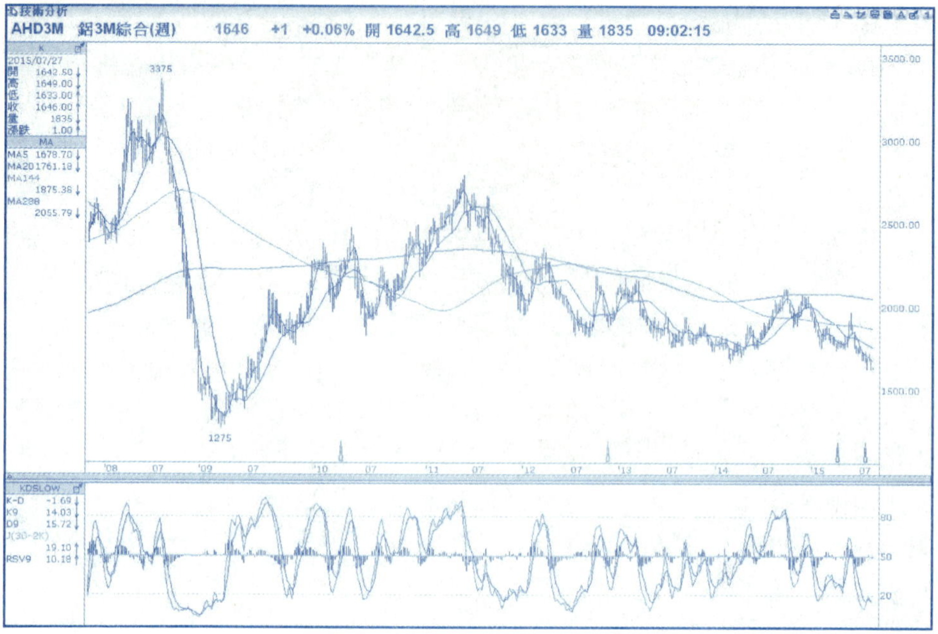

图 9－7 LME 3 月期铝连续周线图

资料来源：精诚信息。

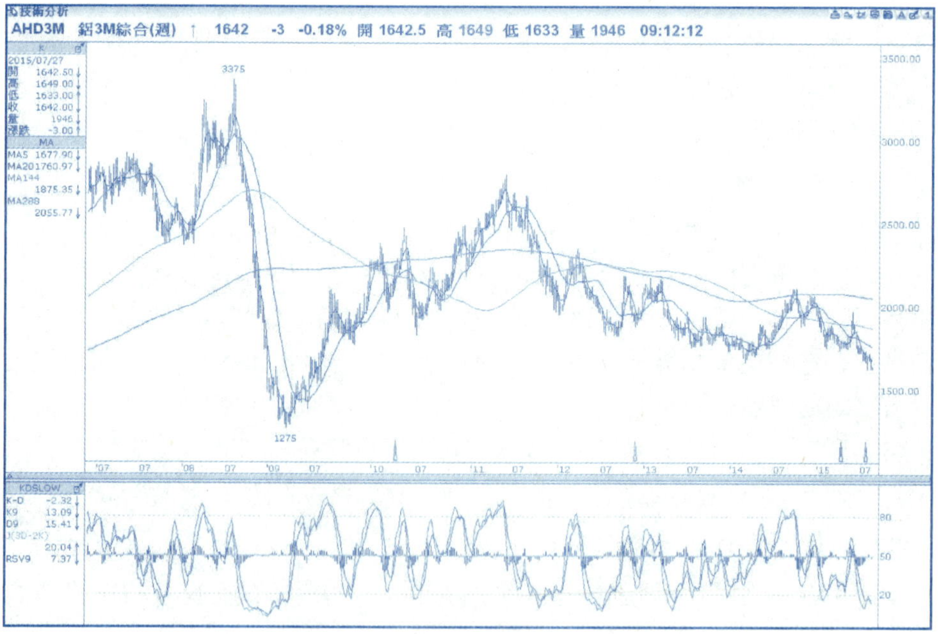

图 9－8 LME 铝期货连续周线图

资料来源：精诚信息。

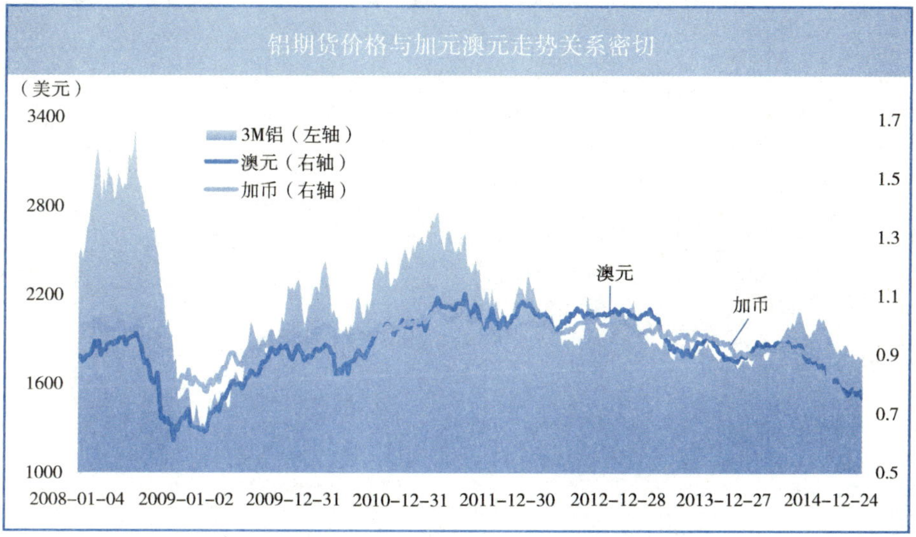

图 9－9　LME 铝期货价格与加元、澳元走势关系密切

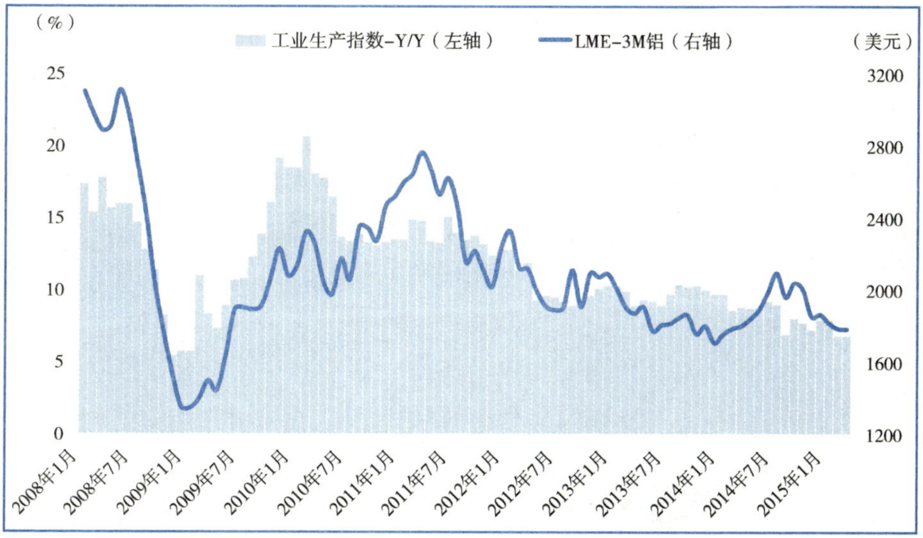

图 9－10　中国工业生产指数与 LME 3 月期铝价格

铝库存从 100 万吨急速增加至 500 万吨以上，在 2013 年年底，库存自 541 万吨的高点下滑，截至 2015 年 4 月库存已降至 392 万吨。从库存看铝价格走势，在 2014 年 9 月以前价格大致与库存呈现相反走势，2014 年第四季开始，受到中国经济持续走弱影响，虽然库存持续减少（象征供给减少），也无法使价格反弹（见图9－11）。

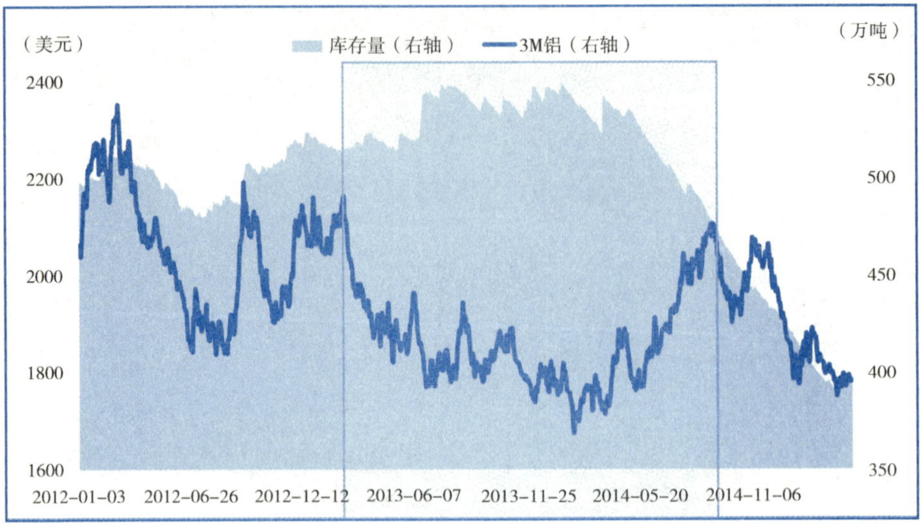

图 9－11　LME 铝库存与价格

数据来源：LME。

五、其他市场因素

在工业用途上，铝与铜的替代性颇强；当铝价高涨时，铜价会同时受到拉抬，而铜价低迷也会影响铝的需求。另外，在电解铝的生产过程中会消耗大量能源，所以能源相关产品如原油、天然气、电力的价格变动对铝价会有一定程度的影响。尤其是电价，中国在 2005 年以后常常有限电措施，会严重影响电解铝与铝制品生产，而自 2015 年以来，中国因经济增长放缓、油价下滑而调降电费也对制铝工业有正面的影响。

影响铝交易的事项

（1）中国对电解铝的需求量已经超过全球总量的 40%，中国经济政策的发展对铝有很大影响，尤其是电力与基础建设。中国经济指标如制造业采购经理人指数（PMI）、工业生产指数与土地购置、楼层完工等数据都有重要参考意义。

（2）LME 铝以美元计价，因此美元走势与铝期货价格有着密切的相反关系，至于其他铝重要出口国，如澳大利亚、加拿大等发达国家的货币与铝的走势则有密切的正向关系。

（3）LME 每周都会定期公布交易所大额交易人持仓部位变化，代表法人投机交易的管理基金净持仓部位与铝价格走势非常类似，因此对铝期货交易现状与预测未来走势而言是重要的参考数据（见图9－12）。

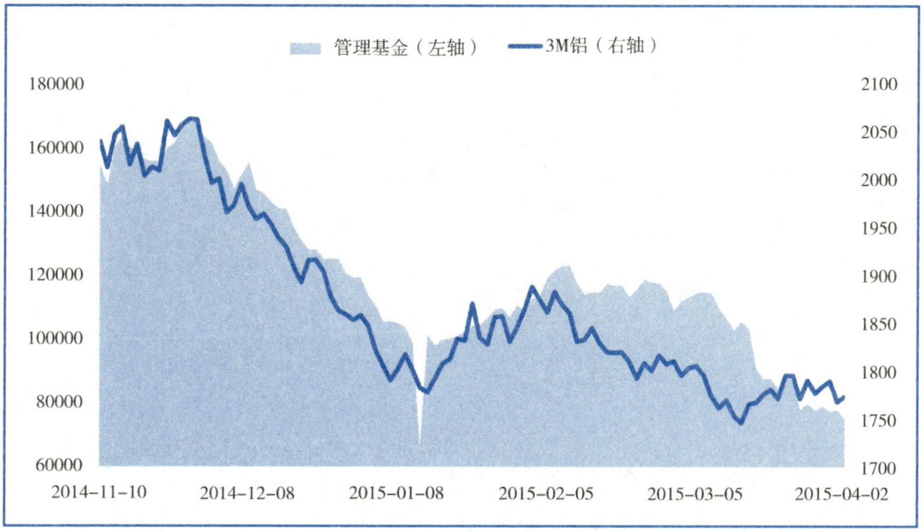

图9－12　LME大额持仓净部位与LME 3月期铝价格（单位：美元）

数据来源：LME。

（4）LME铝期货纳入CRB指数的高流动性商品期货成分中，所占比例与纽约铜期货一样高，因此是基金经理人操作的热门项目，全球期货对冲基金的流动与价格变化都是重要参考。

（5）LME的铝期货不但是交易所内交易最活络的商品，也是全球交易最活络的基本金属期货，以流动性的角度来看，适合一般投资人交易。

（6）中国工业在内需推动下，将迈入更高阶段，因此铝使用在汽车运输工具的比例将如发达国家一般逐渐扩大，对于铝未来的消费仍有很大想象空间。

（7）中国上海期货交易所（SHFE）有铝期货交易，其合约规格是LME的1/5，2014年每日交易量约11万手，在SHFE四种基本金属期货中交易量比铜和锌期货少，排名第三。

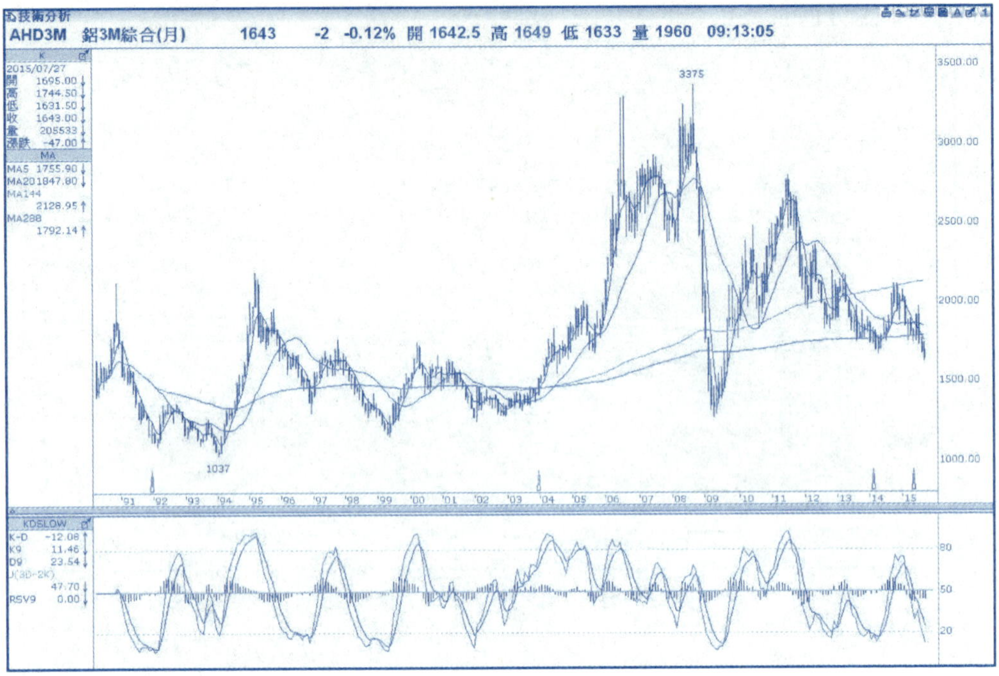

图 9－13 LME 3 月期铝连续走势图

资料来源：精诚信息。

表 9－3 伦敦金属交易所 LME 3 月期铝合约规格

商品名称	铝
交易所	LME
合约规格	25 吨
商品代码	AL
报价单位	美元/吨
最小跳动值	0.5 美元/吨
交易月份	3 个月远期合约或指定月期
北京交易时间——夏令时（冬令时间延后 1 小时）	08:00 至次日 02:00
涨跌停限制	无
最后交易日	到期日之前 1 个工作日
最后交割日	到期日交割
交割方式	实物交割
2014 年日平均交易量	25.9 万手

重要参考数据来源

www. usgs. org（美国地质研究，US Geological Survey，基本金属的统计资料与美国铝的产销分析、供需状况与矿业年鉴等资料）

www. amm. com（美国金属市场，American Metal Market，美国金属市场市况与分析报道）

www. abms. com（美国金属统计资料局，基本金属市场报道、统计分析与展望报告）

www. world-aluminium. org（世界铝协会，铝与相关产品之统计、年报与市场信息）

www. aluminium. org（铝业协会，铝与相关制品推广组织，相关铝产品与产业市场动态）

www. lme. com（伦敦金属交易所，铝的报价、交易数据与大额交易人持仓报告）

www. cnal. com（世铝网，全球铝市场动态报道，中国铝与相关制品价格与市场报道分析，中国铝业相关统计数据）

www. metalchina. com（中国金属网，国际金属交易价格与分析，金属期货现况与展望分析）

www. ometal. com（全球金属网，基本金属相关现况分析，价格报道、展望分析与交易统计）

www. mw35. com（行讯中国金属加工网，金属相关产品加工市场动态与展望分析）

www. stats. gov. cn（中国国家统计局，中国总经数据与经济统计报表）

www. customs. gov. cn（中国海关总署，铝矿与相关产品进出口统计）

Part 10：镍

镍的化学符号为 Ni，属于过渡金属，质硬、具有延展性。镍在地壳的平均含量为 0.01%，排名第 24，可开采的矿床不多，全球已探勘出来的镍储量约为 1.6 亿吨，主要为硫化镍矿和红土镍矿（氧化镍矿），目前约 60% 的镍产量来自硫化镍矿。虽然红土矿储量很大，不过基于技术与成本考虑，没有被大规模开采，但红土矿未来可能成为镍开采的主要来源。红土镍矿主要分布在赤道线南北 30 度以内的热带国家，集中在环太平洋的热带、亚热带地区，主要有美洲的古巴、巴西；东南亚的印度尼西亚、菲律宾；大洋洲的澳大利亚、新喀里多尼亚、巴布亚和新几内亚等国家。全球镍矿广泛分布在至少 20 个国家或地区内，而且有 25 个以上国家精炼原镍。以中国而言，镍矿大范围分布在西北、西南和东北地区，其保留储量占全国总储量的比例分别为 76.8%、12.1%、4.9%。

在自然界中，镍主要是以氧化物、硫化物和硅酸盐的形态被发现。中世纪时，德国矿工开采出一种与铜矿很类似的红色矿石，却无法从中提炼出铜，因此就称为“Kupfernickel”，意思为“妖精的铜”（加热时，会释放出有毒烟雾，就像妖精施放法术一样），当时把这种红砷镍矿被误认为是铜矿。

镍的用途

由于镍在室温时不易被氧化，所以通常被视为具有耐腐蚀性。镍可和其他元素，如氯、硫和氧结合，形成镍化合物。许多镍化合物相当容易溶解于水，且呈现绿色。镍化合物可用于镀镍、陶瓷上色、电池和作为催化剂，是一种提高化学反应速率的物质。因此早期镍常被用作各种金属表面的电镀（如铁及黄铜），以及一些需要保持闪亮银光的合金（例如镍银）。

从 19 世纪开始，镍就成为铸造硬币的材料，在美国，Nickel 这个称呼原本指的是由铜及镍铸成的 1 美分飞鹰硬币，1866 年 5 美分硬币以 25% 的镍含量（其余 75% 为铜）延续这个昵称，至今 5 美分硬币合金比例依旧不变，其 Nickel 的俗称仍然在美国通用。

由于镍容易和其他金属，如铁、铜、铬和锌形成合金，所以镍的用途是来自它的各种合金，例如：最常被用于生产各种镍钢（特别是不锈钢）、钱币、首饰、活塞与热交换器等对象。日常生活中常用的不锈钢材质便当盒是铬和镍的合金，铬具有抗腐蚀、增加强度的作用，镍则是抗腐锈、增加亮度的效果，市售不锈钢便当盒要注意其是否标明含镍（即含镍 8% 的 304 不锈钢或是含镍 10% 的 316 不锈钢系列）。

镍常被怀疑是致癌物质，如果与皮肤接触会引起过敏，全球有 10%～20% 的人口对镍过敏，工人吸入镍化合物会引发慢性支气管炎、肺癌和鼻窦癌。镍进入环境中最常见的是工业制造或使用镍、镍合金或镍化合物，造成镍被释放到大气层中，而石油和燃煤发电厂和垃圾焚化炉也会释放镍进入大气层。

镍的使用

镍非常容易与其他金属反应制成合金，因为镍相对较低的热传导性、高耐腐蚀和抗氧化性，在温度升高时具有优良强度和韧性，容易被磁化，它的用途极为广泛，超过 30 万种的物品都含有镍的成分，包括运输交通、国防设备、航天设备、电子器材、石化工业、建筑、家用品等金属不锈钢与镍金属合金产品。在全球产业使用原镍的比重中，约有 65% 的镍用于制造不锈钢制品；有 20% 用于非铁金属合金或是超级合金，如高度精密工业与航天和军事用品；有 9% 用于电镀；有 6% 用于铸币或是其他化学用品。

在美国将近 90% 的镍被使用在不锈钢制品与非铁金属合金上，电镀与其他用途仅占 10% 左右，如果以产业分类来看，使用于交通、国防的镍数量最大，如不锈钢车辆、火车等，其次是金属合金制品、电子设备，化学与化工业也应用不少的镍，而建筑、家用品和工业机械也有使用到镍（见图 10－1）。

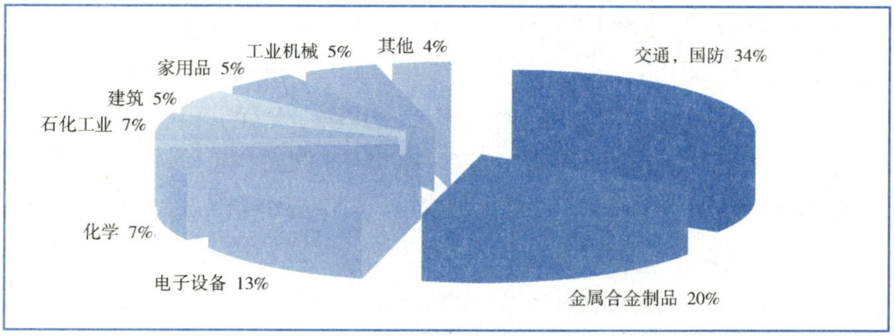

图 10－1　美国镍在各行业中的使用比重

中国是全球使用镍最多的国家，但是中国境内生产镍矿稀少，绝大部分的镍是靠进口，自2008年以来，中国已成为全球第一大镍进口国。以2013年来看，中国有将近99%的镍矿需求是靠进口供应，而且中国精炼镍的消费量更达到全球总消费量的47%。以中国镍工业的应用来看，大部分是用在不锈钢与镍金属合金，包含家电品与营建用品，其次是电镀的用量，化学用品、陶瓷、染料等也使用到镍（见图10－2）。

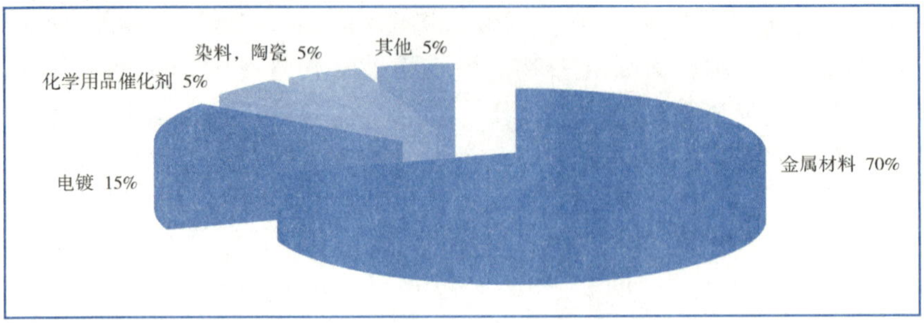

图10－2 中国镍在各行业使用比重

原镍的供应来源有：初级产出的新镍与二级回收镍。由于价格昂贵，所以很多镍制产品所含的镍成分是可以回收再运用；有少部分的镍可以从铜矿、白金与钯金中提炼出来。近十年来，美国每年约消耗20万吨的镍，其中有40%～45%是由次级回收镍提供。以全球镍的消费结构来看，经由次级回收镍，或是其他金属加工过程中提炼的镍屑占很大消费比重，近两年有40%次级回收镍需求，不像精炼铜的二级回收只占总供给20%。

影响镍价格因素

一、供给与需求

以2013年全球镍矿生产情形来看，有50%以上的镍矿产量集中在菲律宾、印度尼西亚、俄罗斯与澳大利亚，尤其是印度尼西亚与菲律宾产量占1/3以上。印度尼西亚的红土矿出口全球第一，但是2014年印度尼西亚政府禁止镍矿出口，使得市场预估全球镍矿未来5年可能会首次出现10万吨以上的供给短缺。在精炼镍（原镍）方面，自2008年以来，全球原镍产量年年上升，尤其是2011年之后的产量更是明显提升。2013年中国精炼镍制品达69.5万吨，占全球总生产量的36%，占亚洲总量的75%。以全球精炼镍消费来看，它不像精炼铜或是原铝的供需状态，自2012年开始，全球精炼镍已经连续3年呈现供给超过需求的情况。不过2015年因为镍价低迷，加上印度尼西亚禁止镍矿出口，预估中国精炼镍会随之减产，呈现供不应求的市况（见图 10－3）。

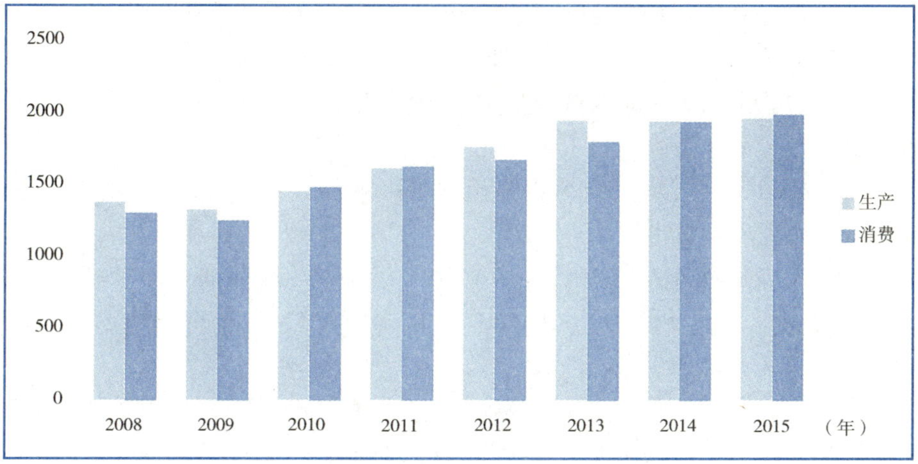

图 10－3　全球精炼镍金属供需（单位：千吨）

资料来源：INSG（国际镍研究协会）。

镍的使用量以亚洲最大，占全球消费量 69%，其中中国占亚洲使用量 2/3 以上，其次是欧洲，镍需求年年增加。2013 年中国消费 81.9 万吨的镍，并且从印度尼西亚进口红土矿 4115 万吨，占总进口量 57%，从菲律宾进口 2960 万吨，占总进口量 41%，这两国在地缘的优势下，已经占中国进口总量的 98%，不过 2014 年印度尼西亚禁止镍矿出口，中国转向菲律宾大量进口，但菲律宾的镍矿质量较差，会影响相关镍产品产出（见图 10－4）。

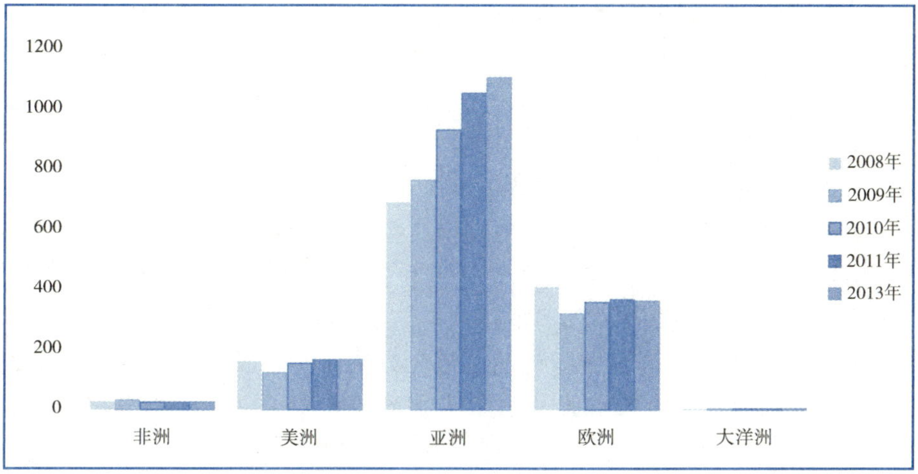

图 10－4　全球精炼镍消费分布（单位：千吨）

资料来源：INSG。

（1）**供给重要影响因素**：罢工、政治动乱、政府政策、库存。

镍矿分布集中于欧亚发展中国家（印度尼西亚、菲律宾、俄罗斯），政治因素干扰十分明显，一旦发生罢工或是政治动乱，甚至出口政策的改变，都会对镍价造成巨大的影响。不过原镍供应量大部分时间是超过需求量，所以供给减少因素影响价格时间常常是快速而短暂。此外，如果镍矿开采成本高于市价，会使得镍矿供应逐渐减少，例如：2015 年年初镍价已跌至近 5 年最低，有 30% 的镍矿商开采已经出现入不敷出现象。

·1994 年美国镍库存与伦敦金属交易所（LME）库存都在需求增加的情况下，持续出现减少，1995 年年初 LME 3 月期镍价格自 5000 美元以下翻升至 10000 美元。（库存因素）

·1999 年全球镍出现 5 年来首次减产，以澳大利亚减产 17%、加拿大减产 10.5%最为明显，镍价持续上扬，2000 年 5 月突破 1995 年的高点，LME 3 月期货创下每吨 10350 美元的 10 年新高。（供给减少）

·2000 年在高价的激励下，全球镍大量增产 10%至新高纪录，2001 年继续增产 5%，至 135 万吨。此外，美元持续强势，打击到镍的价格，2001 年 11 月镍期约价格下滑至每吨 4290 美元，创 2 年低点。（供给增加 + 汇率）

·2011 年 2 月 LME 3 月期镍价自金融海啸底部反弹至每吨 29425 美元将近 3 年高点后，由于镍供应量充足，LME 仓库的镍库存不断累积，加上 2013 年以后中国经济增长开始缓慢，镍价自高点滑落。（交易所库存 + 经济增长）

·2014 年 1 月印度尼西亚国会通过实施原矿禁止出口，镍矿是其中一项，导致镍价自低点反弹，LME 3 月期镍价格自每吨 13200 美元的 4 年半低点起涨，成功脱离底部整理。（政府政策）

·2014 年 3 月俄罗斯与乌克兰发生政治冲突，俄乌战争一触即发，俄罗斯和乌克兰是两个重要镍矿出口国，导致原本在东南亚镍矿供给减少消息下的镍价快速上扬，至 5 月底创下 21625 美元的 2 年 3 个月高点。（政治动乱）

·2015 年中国经济年增长率比预期低，且政府预期这个状况在新年度会持续，加上 LME 库存持续创下新高纪录，镍价持续下滑，跌破一年前每吨 13200 美元的底部（见图 10－5）。（经济增长 + 交易所库存）

（2）**消费因素**。由于镍供应充足，近年来大部分时间是供过于求，因此需求推升价格的动力比供给因素大，尤其是最大消费国——中国的经济增长情况，往往有决定性影响。

·1993 年 10 月 LME 现货镍价跌至每吨 4464 美元的 6 年低点，全球镍大幅减产 8%。但市场预期 1995 年美国经济看好，将消费更多镍，1994 年镍价不断

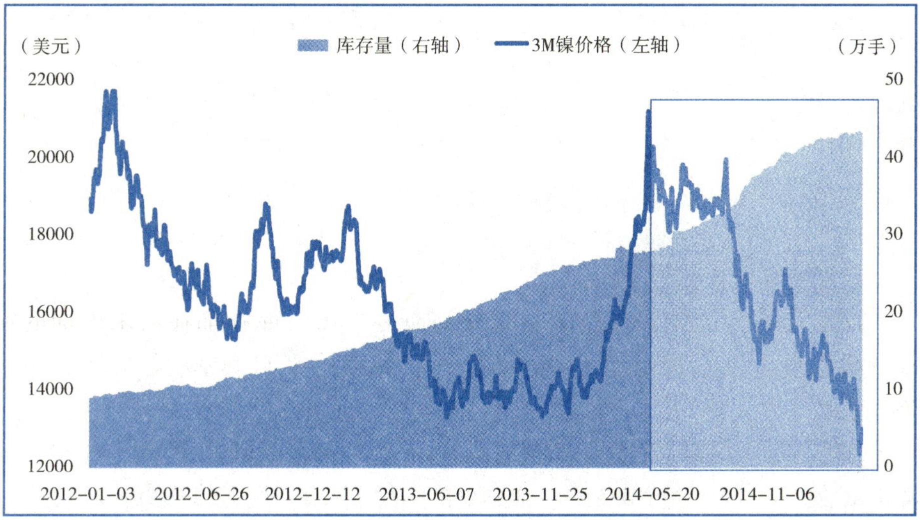

图 10-5 LME 镍库存与 3 月期价格走势

数据来源：LME。

上扬，1995 年年初迅速自低点翻升一倍以上至每吨 10000 美元。但在供给恢复平稳后，现货镍价在半年内回档至每吨 7200 美元附近。（经济增长）

·2002 年，中国工业高速发展对镍需求增加，而美元在 2002 年以后呈现明显弱势，使得镍价再度翻扬，2004 年突破每吨 15000 美元，接近 1989 年历史高点。（经济增长 + 汇率）

·2006 年，亚洲国家对镍需求增加，中国不锈钢镍合金的产量持续创新高纪录，而全球镍矿产出量不如预期，镍价狂飙，2007 年 5 月 LME 现货创下每吨 54100 美元的历史天价，3 月期期货创下 51650 美元历史新纪录。（经济增长）

·2007 年下半年以来的金融海啸使得镍价遭受重创，价格重返 5 年前的每吨 8750 美元，不过 2009 年第一季之后，中国的需求不减，加上美国 QE 货币宽松政策撒钱效应，镍价随其他基本金属迅速反弹，2011 年 2 月上扬至每吨 29000 美元以上的波段高点。（金融海啸 + 美国货币政策 + 中国经济增长）

·2013 年中国经济增长放缓和实施房地产调控，使得镍价格受到打压，2014 年下半年美元超级强势，2015 年 3 月镍期约价格已经跌破 2014 年年初的底部盘整，且仍然持续向下探底（见图 10-6）。（经济增长 + 汇率）

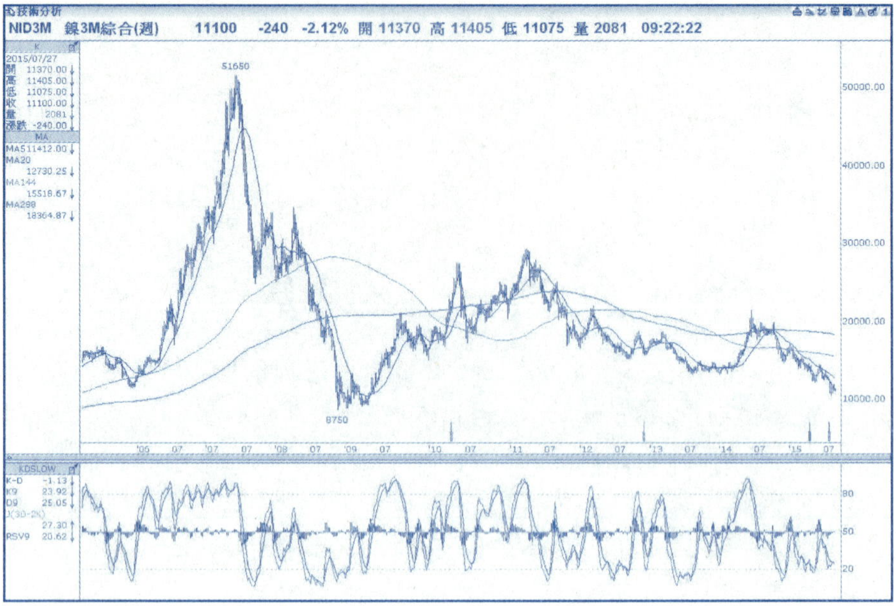

图 10－6 LME 镍期货连续周线图

资料来源：精诚信息。

二、汇率因素

LME 镍期货是以美元为计价单位，加拿大、澳大利亚、印度尼西亚与俄罗斯都是镍矿重要产国，也是主要出口国，其本国货币与美元的汇率关系和镍价有密切关系。

·1997 年下半年亚洲金融风暴，印度尼西亚盾兑美元一年之间急贬至原来的 1/5，LME 镍期货价格也自 8000 美元以上跌至 1998 年年底，价格已经跌至 4000 美元以下。

·2014 年 7 月俄罗斯卢布因为各国经济制裁，以及油价急速下滑影响而快速贬值，至 2015 年年初一度贬值 88%！镍矿也在美元升值、卢布急贬影响下，同期间一路走跌 30% 以上。

三、季节性循环

东南亚是镍矿生产与出口主要地区，每年 10 月至次年 3 月是东南亚雨季，在这段时间，红土镍矿的开采进度会因雨季影响而减少甚至停摆，市场因而出现供应淡季，拉抬镍价。此外，中国春节期间，工厂往往因为春节假期停止生产，或是减少生产线，形成镍需求的淡季，使得价格下滑。不过如果这时的库存十分充足，就会抵消因雨季减少供给的冲击，而使价格更疲软，2015 年第一季的情况就是如此。

四、其他市场因素

在工业上使用的范围，镍与铝、铜相近，有时镍价会受到这些基本金属价格走势影响。原油对冶炼镍的能源运用，以及镍矿进口运输成本都有影响，彼此价格有正相关性存在。

影响镍交易的事项

（1）中国不锈钢产量占全球50%以上，由于镍的原料占不锈钢成本约为70%，因此不锈钢产品的价格受到镍价影响非常大，如果不锈钢需求增加时会直接拉抬镍价。

（2）中国镍消费80%以上与工业生产有关，比如制造业采购经理人指数（PMI）、工业生产指数、房屋景气指标等都对镍价有密切影响（见图10－7）。

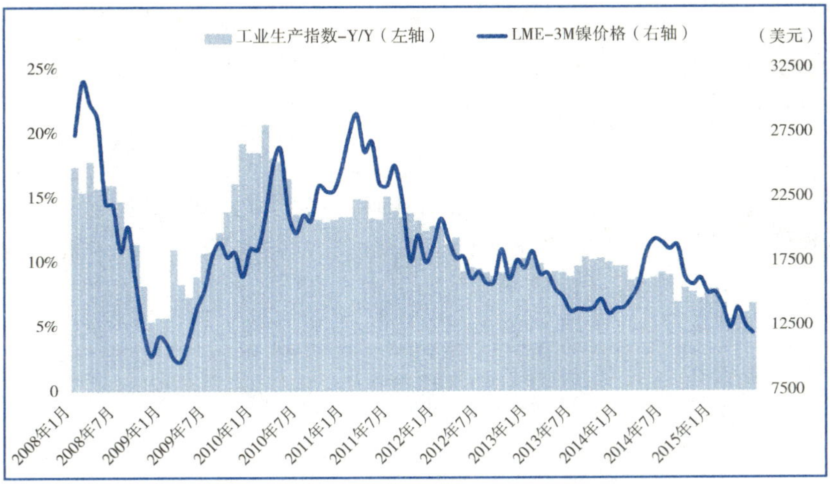

图10－7　中国工业生产指数与LME 3月期镍价

（3）LME镍以美元计价，因此美元走势与镍期货价格有密切的反向关系。其他镍重要出口国如印度尼西亚、澳大利亚、俄罗斯与加拿大等国货币与镍的走势也有正向关系。

（4）LME每周会定期公布交易所大额交易人持仓部位变化，代表法人投机交易的管理基金净持仓部位，与镍价格走势非常类似。如果以LME开始公布大额持仓数据至今来看，所有镍期约管理基金的投机净部位与期货价格的相关性高达95%，是所有基本金属中最高的，可见此数据对镍期货交易现况与预测未来走势有非常重要的参考意义（见图10－8）。

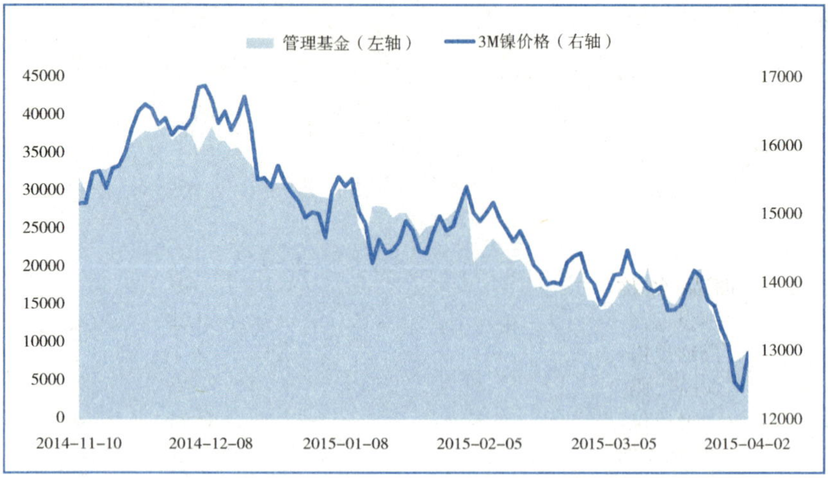

图10－8　LME大额持仓净部位与LME 3月期镍价格（单位：美元）

数据来源：LME。

（5）LME的镍期货交易量在交易所排名第四，仅次于铝、铜与锌期货，其交割标的是99.8%纯度的精炼镍，有别于LME其他基本金属期货的合约大小为25吨，镍期约是6吨。

（6）精炼镍的价格非常高，约是精炼铜的2倍，甚至是精炼铝的7倍，且LME的镍期约最小跳动值为30美元，相较铜和铝期约的12.5美元大很多，再加上交易契约没有涨跌停限制，因此交易风险很高，参与者大多是专业法人或实务商。

重要参考数据来源

www.usgs.org（美国内政部地质研究，US Geological Survey，基本金属的统计资料与美国镍的产销分析、供需状况与矿业年鉴等资料）

www.amm.com（美国金属市场，American Metal Market，美国金属市场市况与分析报道）

www.abms.com（美国金属统计资料局，基本金属市场报道、统计分析与展望报告）

www.world-bureau.com（WBMS，全球金属统计局，基本金属相关之统计、年报与市场信息）

www.insg.org（国际镍研究协会，镍与相关制品推广与研究组织，相关镍产业市场动态与产销统计分析与展望）

www.lme.com（伦敦金属交易所，镍的报价、交易数据与大额交易人持仓报告）

www. metalchina. com（中国金属网，国际基本金属交易价格与分析，金属期货现货市况与展望分析）

www. ometal. com（全球金属网，基本金属相关现况分析，行情走势与分析与交易统计）

www. stats. gov. cn（中国国家统计局，中国总经数据与经济统计报表）

www. customs. gov. cn（中国海关总署，镍矿与相关产品进出口统计）

表 10－1　LME 3 月期镍合约规格

商 品 名 称	镍
交易所	LME
合约规格	6 吨
商品代码	NI
报价单位	美元/吨
最小跳动值	5 美元/吨
交易月份	3 个月远期合约或指定月期
北京交易时间——夏令时（冬令时间延后 1 小时）	08:00 至次日 02:00
涨跌停限制	无
最后交易日	到期日之前 1 个工作日
最后交割日	到期日交割
交割方式	实物交割
2014 年日平均交易量	7.2 万手

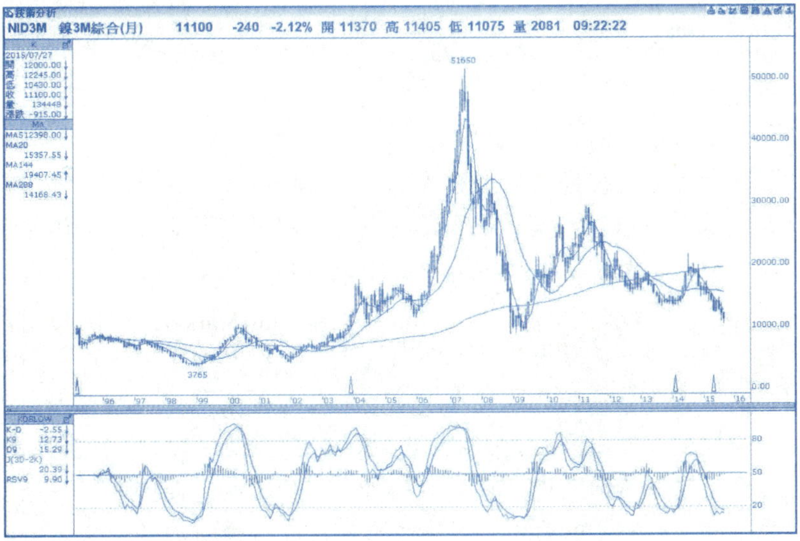

图 10－9　LME 3 月期镍连续走势图

资料来源：精诚信息。

Part 11：锌

锌（Zinc）的化学符号为 Zn，属于过渡金属，具有蓝灰色光泽的白色金属。硬度在金属中属于中低，熔点为 419.5℃，沸点为 906℃，锌在 100℃～150℃时具有很好的延展性，但在 200℃时易碎，除了汞和镉以外，它的熔点是所有过渡金属中最低的。锌是地球第四常见的金属，仅次于铁、铝及铜，由于形、色类似铅，所以也称为亚铅。高纯度的金属锌，即使在室温下，也具有延展性，但随着杂质含量升高，脆性随之增加。

在自然界中，锌都是以合成状态存在，主要的锌矿是指硫化锌（ZnS），又称为闪锌矿。在世界很多地区普遍存有氧化的锌矿，但与硫化锌相比，它们的商业价值相当小。锌虽然是一种金属，但是只可以在闪锌矿中找得到。

锌的制造流程与用途

全球超过 70% 的锌来自矿场生产，其余的 30% 则来自次级的废锌提炼，在矿场中，锌矿首先通过球磨法或是棒磨法在水中磨成细小的悬浮物质，然后通过泡沫浮选过程再加以焙烧。然后，锌精矿烧成氧化锌，再经过一连串的精炼过程而得到精炼锌。

锌主要用途为电镀，最具代表性的用途是镀锌铁板。用锌和含锌的合金生产低价格、高质量、高精度铸模的工业发展快速，而且广泛应用于制作汽车和建筑的金属器具、船舶、电工机械、电力、商用机器和玩具中，使用量约占锌用量的 45% 以上。

锌的另一项重要用途是与铜形成黄铜合金，黄铜含锌量约 30%，锌铜类合金可以用在汽车制造和机械行业，由于锌的强度与硬度不高，但加入铜、铝等制成合金后，强硬度大幅提升，尤其是锌铜钛合金，目前广泛使用于小五金生产。此外，锌合金也常用于压铸机械模具，如汽车与轻工业。至于使用锌合金做电池的外壳，既是电池电解质的容器，又参加电池反应构成电池的阳极，所以常以锌饼、锌板形式，用于制造干电池。

氧化锌具有高折射率，利用这个性质和它对霉菌和真菌的高毒性，氧化锌被大量用于油漆色料。将氧化锌应用于天然橡胶和人工橡胶的合成，以及橡胶、涂料、陶瓷、医药、印刷、纤维等工业。由于锌合金板具有良好的抗大气腐蚀性，近年来，西方国家也开始尝试直接用它做屋顶覆盖材料。用作屋顶板材的使用年限可长达120～140年，而且可回收再利用，反观用镀锌铁板做屋顶材料的使用寿命只有5～10年（见图11－1）。

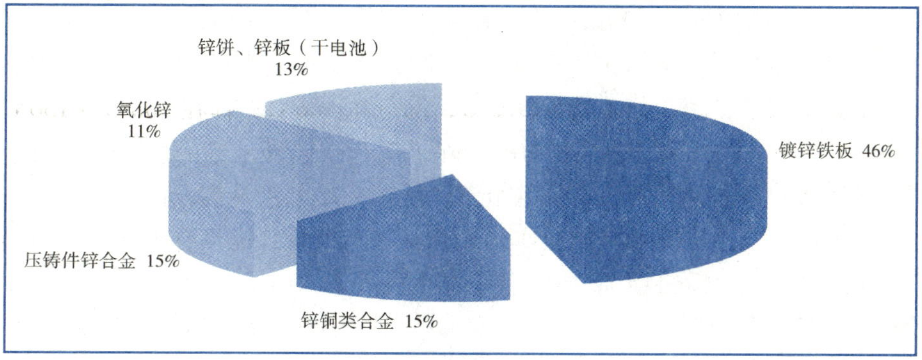

图11－1　锌的用途种类

锌具有良好的抗电磁场性能。锌的导电率是标准电工铜的29%，在射频干扰的场合，锌板是一种非常有效的屏蔽材料，同时由于锌是非磁性金属，适合做仪器仪表零件的材料及仪表壳体及钱币，同时，锌与其他金属碰撞不会产生火花，适合用作井下防爆器材。美元的1美分硬币是以97.5%的锌铸成，然后在表面镀铜，但自2006年以来，锌价飞涨，出现造价成本超过钱币面值的现象。其实在美国境内面值1美分硬币的使用率越来越低，也许不久之后，面值1美分的硬币会成为古董。

锌矿分布

虽然锌的蕴藏量颇为丰富，但在自然条件下，不存在单一的锌金属矿床，通常是与铅、铜、金等金属以共生矿的形式存在。目前已知锌矿蕴藏量约有19亿吨，集中在亚洲、大洋洲与南北美洲，依据美国地质勘探局（USGS）2014年的年报统计：目前已发现全球总储量约为2.3亿吨，以澳大利亚最多，占总储量的26.4%；中国次之，占18.3%；秘鲁第三占12.4%；前三名的储量约占全球总储量的57%（见图11－2）。而实际锌矿产出方面，2014年中国锌矿产出500万吨，占全球总产出的37.6%为世界第一；第二大产出国是澳大利亚年产152万吨，占全球的11.3%，第三大是秘鲁，年产135万吨，占全球的9.8%。

锌的使用

就美国而言，将近80%的锌使用在镀锌铁板上，6%使用于锌铜类合金，5%使用于以锌为基础的合金，9%用于其他用途。中国是全球最大锌生产国与消费国（包括锌矿与精炼锌），精炼锌有一半以上应用在镀锌铁板上。1992年中国精炼锌的产量超越加拿大跃居世界第一，在2000年以前，中国精炼锌的产量每年以10%以上的速度增长，虽然目前增长速度稍稍减缓，但仍是全球产量增速最快的国家。

全球精炼锌的消费地区以亚洲最大，占50%以上；其次是欧洲约占25%，美洲则约占17%。中国为亚洲最大消费国，2000年中国精炼锌年消费量占全球的16%，2005年中国消费在全球的占比提升到29%，到了2014年中国消费比重已经达到全球的44%。

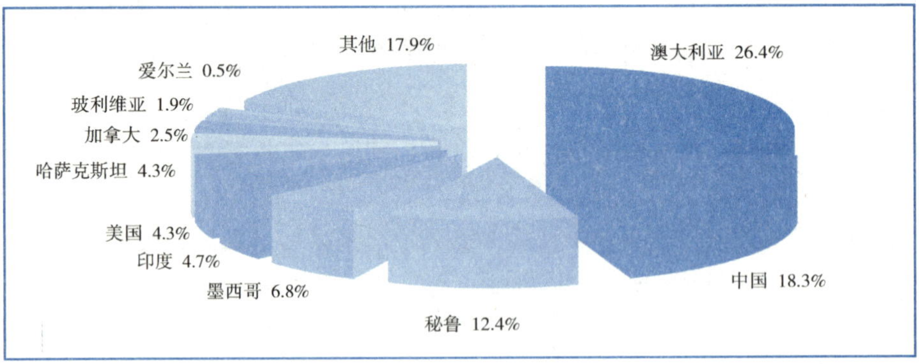

图11-2　全球锌矿储量分布

中国锌的消费中，镀锌占55%是最大用途，铸造锌合金占15%，锌铜类合金占13%，氧化锌占10%，干电池与其他占7%；这些锌制品应用最多的行业是建筑，其次是交通运输汽车、轻工业、日用五金、家电、电信电力与基础建设等（图11-3）。

锌的供应来源有初级产出和次级产出，除了主要的初级炼制外，来自镀锌或是与其他金属熔制抽取的锌都是次级锌来源，比较特别的是，不像铜、铝或是镍，次级锌无法回收再利用。

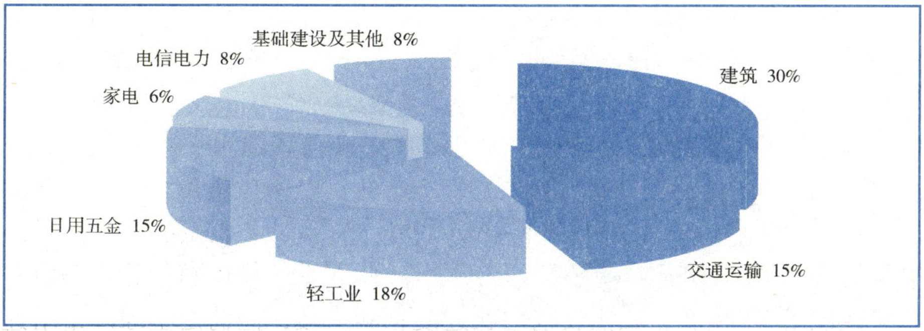

图 11－3　中国锌在各行业使用比重

影响锌价格因素

一、供给与需求

最近两年锌矿的产出中，中国和澳大利亚的产量几乎占全球总产量一半，尤其是中国，随着精炼锌厂需求的快速上升，2014 年中国锌产量 500 万吨，是 1990 年的 9.1 倍，同时期的澳大利亚产出成长是 4.9 倍，而全球总产量同时期的增长只有 1.9 倍，由此可看出中国在这 25 年间产量增长之快（见图 11－4）。

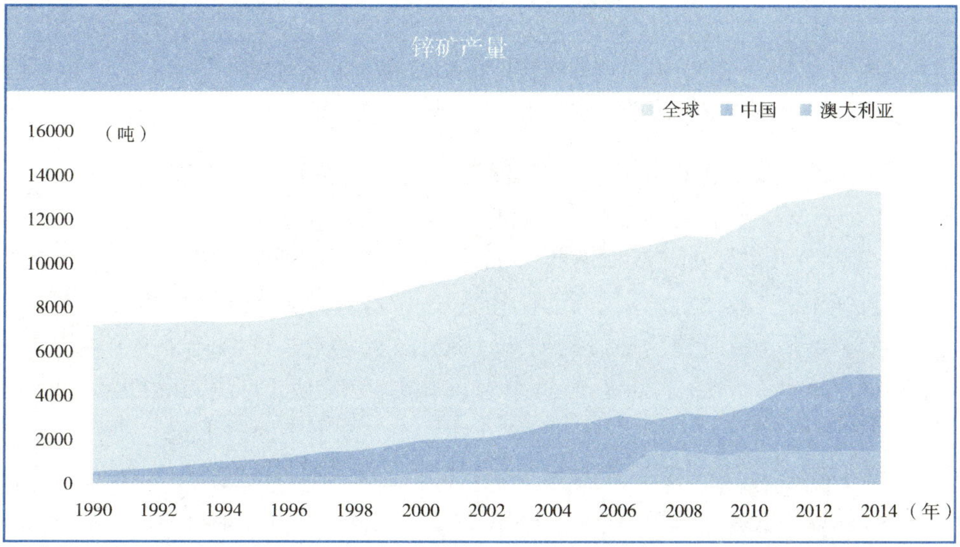

图 11－4　全球锌矿与前两大产量国

资料来源：ILZSG（国际铅锌研究协会）。

2009年美国金融海啸后，全球精炼锌的需求量明显增加，产量呈现稳定增长，只是在2013年以前，精炼锌市场呈现供过于求的状况；到了2013年以后，需求增长速度加快，产量供不应求的状况逐渐加温。市场预期2015年全球三大矿产之一的澳大利亚世纪（Century）矿场将因矿龄到期而关闭，这个锌矿年产50万吨，占全球产量的3.7%，因此估计2015年锌矿的供给不足将更严重（见图11－5）。

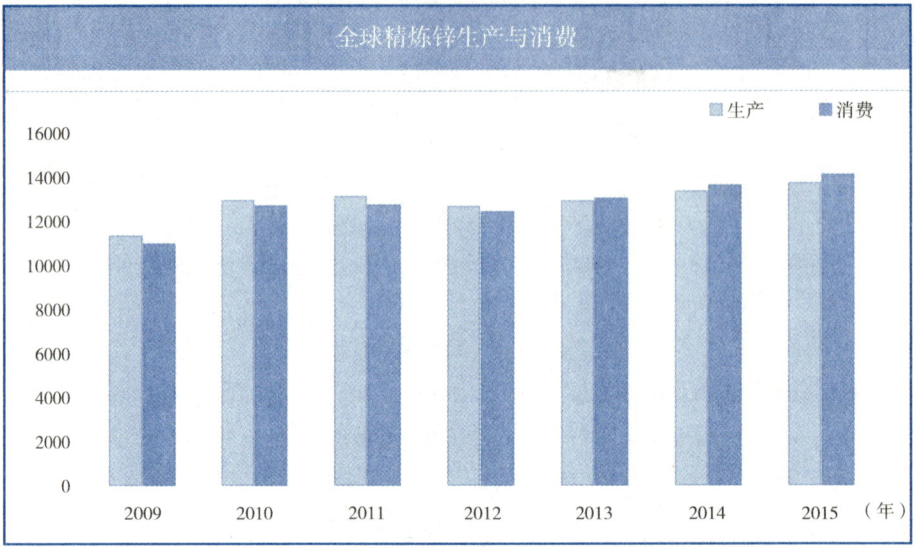

图11－5　全球精炼锌供需状况（单位：千吨）

资料来源：USGS。

（1）供给重要影响因素：新矿探勘、旧矿关闭、天灾、政府政策、库存。

锌矿分布集中于亚洲（印度、中国）、大洋洲（澳大利亚）与美洲（秘鲁、美国、加拿大），大洋洲与美洲有很多旧矿区可能面临到期关闭，到时就会影响锌矿供给。而身为最大生产国与消费国的中国政府对锌相关产业的政策，以及进出口关税政策都会影响锌的进口与消费。此外，大型地震或海啸也会影响锌矿或是精炼锌的产出，例如，2008年的中国四川汶川大地震，导致很多锌精炼厂停产。

·1991年全球精炼锌产量增加1.8%至731万吨，但是需求没有同步增加，导致存货增加，伦敦金属交易所（LME）库存更是大幅增加20万吨至33.6万吨，1991年10月LME锌价格一度下滑至每吨987美元。**（存货）**

·1996年美国锌库存下降5%，加上中国需求增加，LME 3月期锌价格自1000美元左右起涨，1997年7月最高达到1675美元的7年新高。**（库存＋需求）**

·2014 年 1 月印度尼西亚国会通过法案实施原矿禁止出口，锌矿名列其中之一，导致锌价自波段低点反弹，LME 的 3 月期锌价格逐渐脱离底部整理。（**政府政策**）

·2015 年年中澳大利亚的全球第三大矿场将因开矿年限到期而关闭，预期近两年来锌市场呈现的供不应求现象将更恶化，锌价格得以获得支撑。

（2）消费因素。在 2013 年以前，精炼锌市场很长一段时间处于供过于求的卖方主导市场，需求推升价格的动力比供给因素来得大，尤其是最大消费国——中国的工业生产、房地产业与制造业景气都对锌价有很大影响（见图 11－6）。

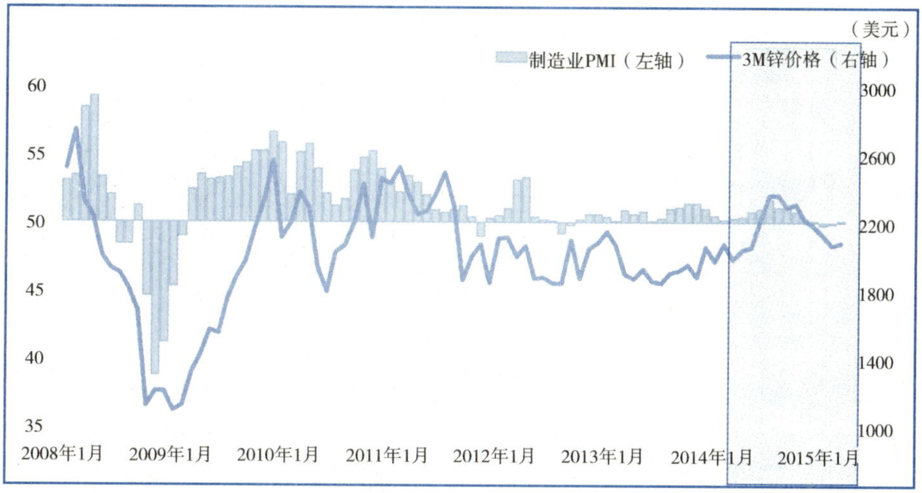

图 11－6　中国制造业 PMI 与 LME 3 月期锌价格走势

·2006 年中国精炼锌产量到达 310 万吨的历史新高，是 1990 年的 5.6 倍，占全球产量 29%，锌矿需求旺盛。锌价持续 2003 年以来的大多头走势，至 2006 年 12 月 LME 锌期货狂飙至每吨 4600 美元的历史天价。（**经济增长**）

·2007 年在锌板普遍需求不如市场预期强劲下，价格回调，2008 年引爆金融海啸，美国锌板需求再降为 17 年新低纪录。美国对所有的锌消费更是比 2007 年减少 14.5%，创下 16 年新低纪录。LME 锌价持续下滑，2009 年 2 月现货最低至每吨 1112 美元，总计自 2006 年年底的高点下挫 75%。（**金融海啸＋经济增长**）

·2013 年中国实行新经济政策，经济缓增长且房市疲软，加上 2014 年下半年美元超级强势，锌期货价格 11 个月以来首次跌破 2000 美元关卡，在半年内跌幅达 18%。（**经济政策＋汇率因素**）

·2014 年 2 月中国制造业 PMI 仍在 50.0 附近的扩张临界点挣扎，锌期货价格仍在1950美元附近的3年大底部区整理，5月以后PMI明显上升，7月升至51.7的27个月最高，锌期货价格上扬至2400美元以上的2年高点。（**经济增长的领先指标**，见图11－7）

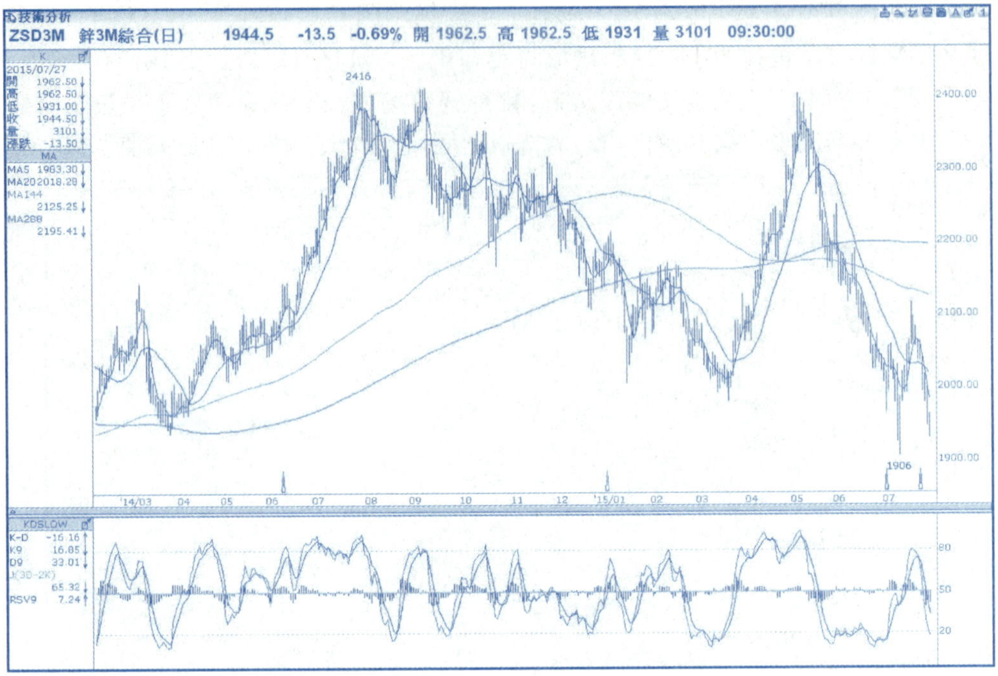

图11－7 LME锌期货连续日线图

资料来源：精诚信息。

二、季节性循环

锌市场没有明显季节性因素，对锌市场影响较大的是中国的工业生产活动，通常基础建设或是大型建设在夏季属于相对淡季，因此对锌冶炼的需求减低，不过这种情况在过去中国经济快速增长时影响不明显，但在2014年以来，中国经济增速减缓，淡季影响价格的状况就较明显。

三、其他市场因素

锌在工业使用与铜有正向关联，而部分电镀锌制品可以用铝制品替代，因此价格有时会出现此消彼长的情况。另外，澳大利亚是锌矿蕴藏量最大的国家，产量仅次于中国，所以澳元兑美元的走势也会影响到锌价格涨跌。

影响锌交易的事项

（1）LME 的锌库存自 2012 年年底见顶后持续下滑，这符合 2013 年锌价筑底成功的走势，不过 2014 年第三季以后，库存的再次下滑却没有带动价格反弹，这显示了中国经济增长趋缓与美元走强的力道太强，而 2015 年面临中国新重大经济政策推行（“一带一路”倡议）与旧矿场将关闭影响，价格走势又与库存相反（见图 11－8）。

（2）精炼锌是唯一不能回收再利用的基本金属，因此对于锌矿与初级产量的变化反应较为敏感，这从锌价是 LME 基本金属价格中最早于 2006 年年底就见到历史高点可看出。

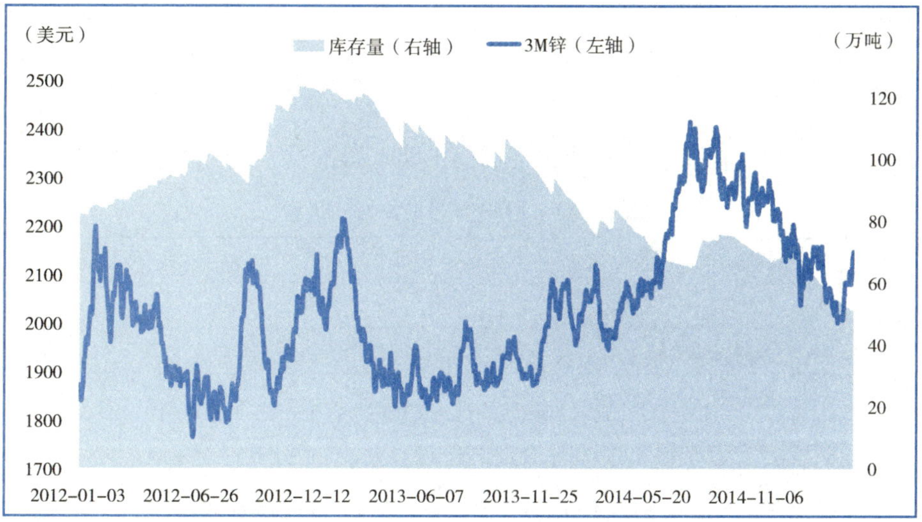

图 11－8　LME 锌库存与 3 月期锌价走势

资料来源：LME。

（3）上海期货交易所有锌期货交易，换算规格后，交易量约为 LME 的一半，中国实物商常以上海价格换算伦敦价格比进行套利或是实际进口，上海的锌价格远比伦敦的贵，但是如果加上关税、运杂费、增值税等进口成本考虑，伦敦锌未必有优势。因此通常沪伦锌价格比值达到 7.5～8.0，就有投资机构会考虑进行套利交易或是进口活动。

（4）LME 每周三都会定期公布交易所大额交易人持仓部位变化，代表法人投机交易的管理基金净持仓部位与锌价格关系密切（见图 11－9）。

（5）虽然自 2014 年以后陆续有大型旧锌矿场关闭，但是中国新的锌矿场却

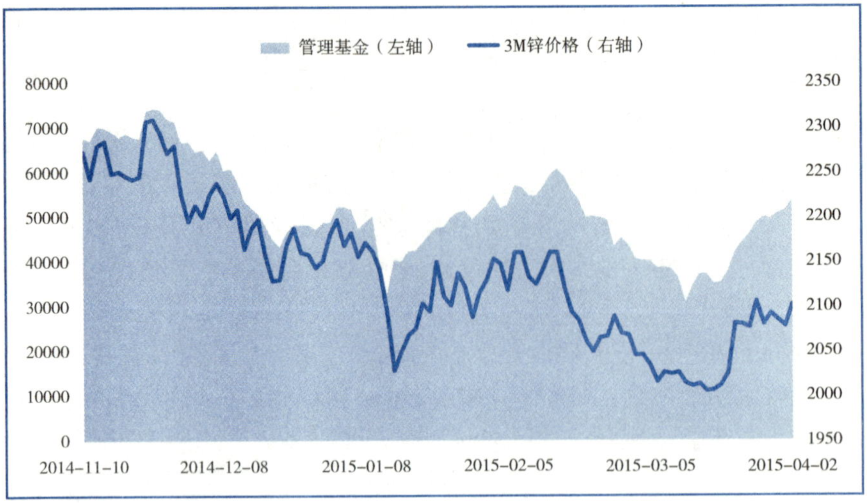

图 11－9　LME 大额持仓净部位与 LME 3 月期锌价格（单位：美元）

数据来源：LME。

不断被开发，中国锌矿供给仍然充裕，而不断下降的交易所库存是观察重点。

表 11－1　LME 3 月期锌合约规格

商品名称	锌
交易所	LME
合约规格	25 吨
商品代码	ZS
报价单位	美元/吨
最小跳动值	0.5 美元/吨
交易月份	3 个月远期合约或指定月期
北京交易时间——夏令时（冬令时间延后 1 小时）	08:00 至次日 02:00
涨跌停限制	无
最后交易日	到期日之前 1 个工作日
最后交割日	到期日交割
交割方式	实物交割
2014 年日平均交易量	12.0 万手

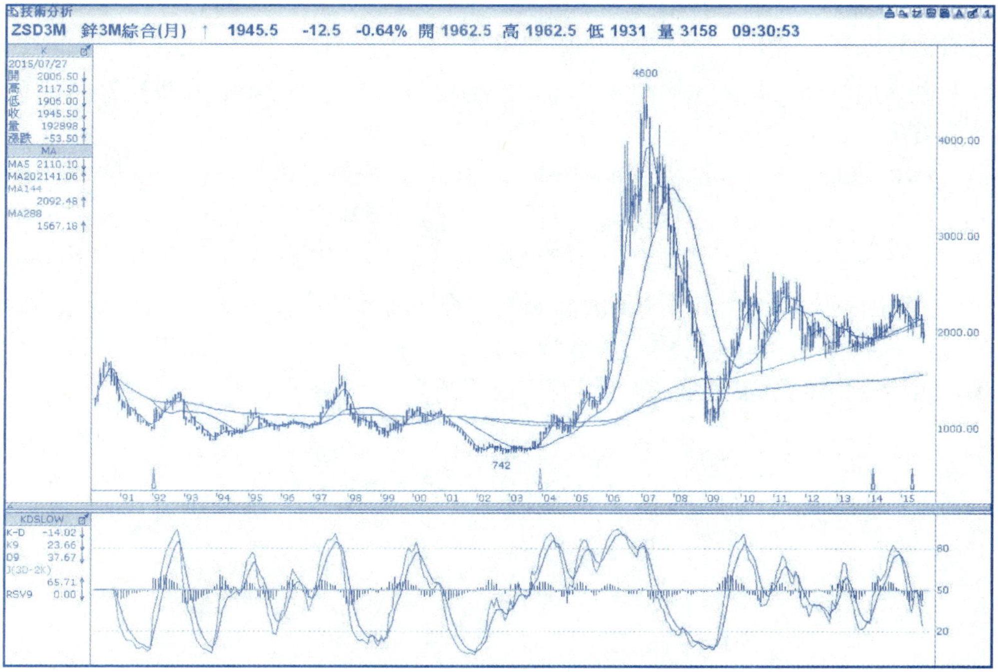

图 11－10　LME 3 月期锌连续走势图

资料来源：精诚信息。

重要参考数据来源

www. usgs. org（美国内政部地质研究，US Geological Survey，基本金属的统计资料与美国镍的产销分析、供需状况与矿业年鉴等资料）

www. amm. com（美国金属市场，American Metal Market，美国金属市场市况与分析报道）

www. abms. com（美国金属统计资料局，基本金属市场报道、统计分析与展望报告）

www. world-bureau. com（WBMS，全球金属统计局，基本金属相关之统计、年报与市场信息）

www. ilzsg. org（国际铅锌研究协会，铅与锌相关制品推广与研究组织，相关产业市场动态与产销统计分析与展望）

www. lme. com（伦敦金属交易所，镍的报价、交易数据与大额交易人持仓报告）

http：//news. steelhome. cn（钢之家锌频道，锌价格与分析，各国重要锌金属冶炼与展望分析）

www. asianmetal. cn（亚洲金属网，基本金属相关现况分析，行情走势与分析与交易统计）

www. shmet. com（上海金属网，基本金属市况报道、展望分析）

www. stats. gov. cn（中国国家统计局，中国总经数据与经济统计报表）

www. cnmeti. com（中国冶金工业网，不锈钢、锌合金市况报道与分析展望）

www. customs. gov. cn（中国海关总署，镍矿与相关产品进出口统计）

www. casting. org. tw（中国台湾地区铸造品工业同业公会，锌相关价格与市场报道追踪，生铁与废钢、锌合金等市况报道）

Part 12：铅

铅是重金属，有毒性，化学符号是 Pb，颜色偏青白。铅在空气中表面很容易被氧化，它有很好的展性，但延性甚小，不耐拉力。铅的导热度很低，相当于银的 7.5%，导电度也仅为银的 7.77%。自然界中纯铅很少见，主要是与锌、银和铜等金属一起提炼，最主要的矿物是方铅矿（PbS），含铅量达 86.6%，白铅矿、硫酸铅矿中也含有铅。

铅的用途与影响

铅是一种有毒金属，从 20 世纪 80 年代中期开始，铅的应用越来越少，主要原因是人们发现长期使用铅会对人体产生危害，以及会对环境造成污染。近代铅的使用领域集中在铅酸蓄电池、电缆护套、铅箔、铅合金、颜料及其他化合物、弹药和其他方面，其中铅酸蓄电池是铅消费最主要的领域。基于环保要求，其他领域中铅的消费都比较低。铅在没有任何物理和化学性能损失的情况下，几乎可以完全回收，目前有 90% 已使用的铅可以得到回收，这是在基本金属中较特别的地方。

铅矿分布

全球铅矿已知蕴藏量超过 20 亿吨，集中在亚洲、大洋洲与南北美洲。最近几年，在澳大利亚、中国等地探勘到越来越多的铅矿伴随着锌矿、铜矿，或是银矿出土。依据美国地质勘探局（USGS）2014 年年报统计，目前已发现铅的全球总储量约为 8700 万吨，其中以澳大利亚最多，占总储量的 40.25%，中国次之，占 16.10%，俄罗斯第三，占 10.58%，前三名的储量约占全球总储量的 2/3（见图 12－1）。

在实际铅矿产出方面，2014 年中国铅矿产出 295 万吨，占全球总产出的 54% 居世界第一，第二大产出国是澳大利亚，年产出 72 万吨，占全球的 13%，第三大铅矿产出国是美国，年产 35.5 万吨，占全球的 6.5%。从实际产出可见，尽管中国铅矿的储量仅占全球 16.1%，但精炼铅的产量却独霸全球。

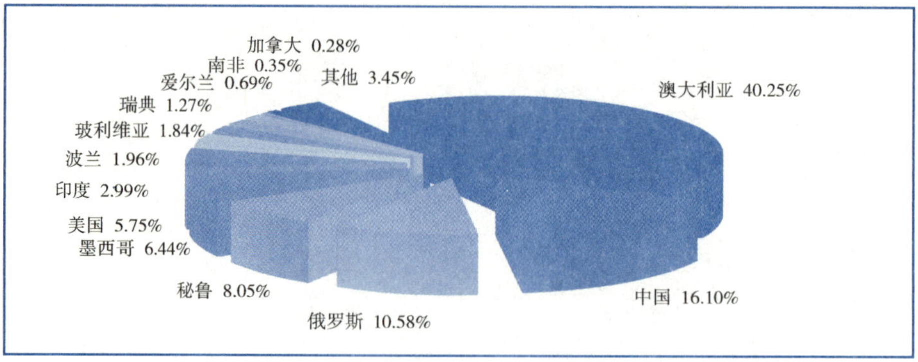

图 12-1　全球铅矿储量分布

铅的使用

全球精炼铅多用于铅酸蓄电池上（比例高达 82%），而且这项比例有持续向上攀升的趋势，除此用途外，铅在其他方面的使用不多，大部分用于化学与工业设备上（见图 12-2）。

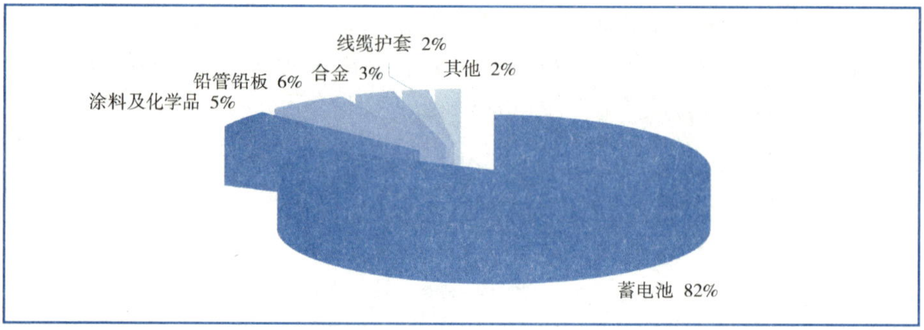

图 12-2　全球精炼铅使用类别

根据美国 USGS 报告，2014 年美国有将近 90% 的铅使用在铅酸蓄电池，这种电池主要应用于汽车，或是卡车点火启动的照明装置；至于工业方面，用在计算机、通信网络动力或是备用电源。

中国铅的消费占全球第一，比例约 45%，以铅产制品分类来看：最大用途是制造电池，占 80%；其次是涂料与化学方面的使用，占 13%；而剩余的部分就仅占 7%。这些铅制品多用于交通运输行业（分别用在汽车、摩托车与电动车），其次是能源工业，也有部分精炼铅制品是供出口之用，但这个比例在中国开征精炼铅出口关税后已经急速降低（见图 12-3）。

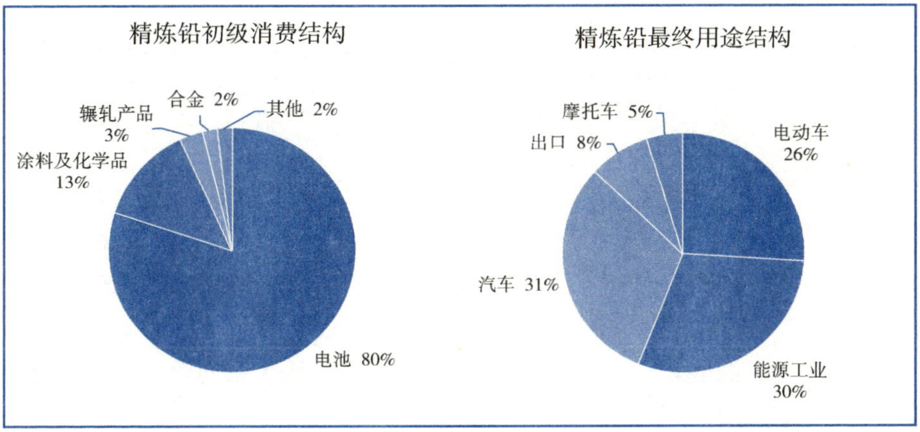

图 12-3　中国铅在各行业使用情况

有别于其他基本金属，中国的精炼铅进口数量一直很小，最近 15 年来，除了 2009 年外，进口量不超过 10 万吨，而 2000—2007 年中国精炼铅的出口量占全球第一，但 2008 年澳大利亚的出口取代中国为世界第一，其次德国也有很大的精炼铅出口额。

近年来，中国精炼铅进出口数量减小，主要是与进出口关税政策有关。2004 年中国将精炼铅的退税率从 15% 减少至 13%，2006 年 9 月取消精炼铅出口退税政策，铅材的出口退税率下调至 8%，2010 年全面取消铅材与铅制品出口退税；截至 2013 年，中国对精炼铅实行 3% 进口关税率与 10% 出口关税率（见图 12-4）。

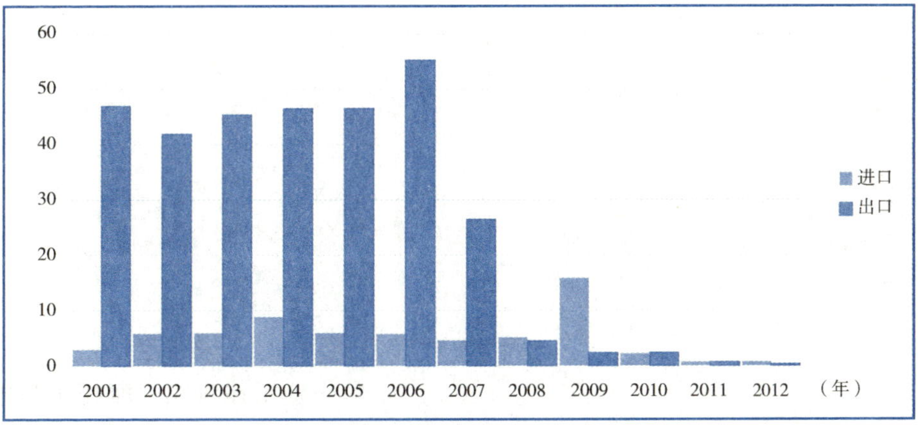

图 12-4　中国精炼铅进出口量（单位：万吨）

影响铅价格因素

一、供给与需求

20 世纪 90 年代初期受全球经济危机影响，精炼铅的产量与消费量都出现不同程度下滑，且产量大多数是低于消费量，市场上出现轻微的供不应求。不过消费量在 1991 年开始增加，1993 年以后产量也逐渐增加，市场上供需缺口逐渐缩小。1994 年出现供需平衡状态，之后全球铅市场反复出现供不应求与供给过剩的不稳定状态。而 2002 年和 2011 年市场供过于求的情况很明显，铅价在此期间也是呈现明显的下滑走势（见图 12 –5）。

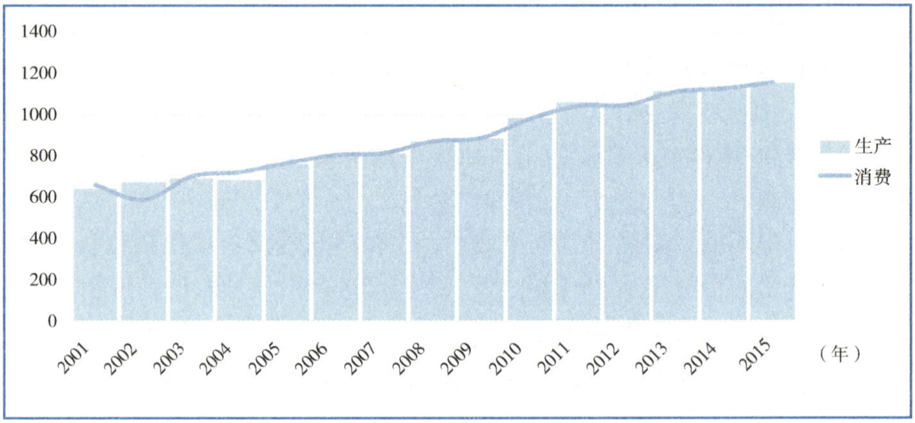

图 12 –5　全球精炼铅矿供需（单位：万吨）

资料来源：ILZSG（国际铅锌研究协会）。

（1）供给重要影响因素：铅回收市场、经济发展、库存、关税政策。

铅的供应来源有初级产出和次级产出。初级铅的产量已经越来越少，次级铅成为精炼铅主要供应来源，约占精炼铅的 90%，来源主要是回收的铅酸蓄电池。相对于初级生产的诸多不可控制因素，次级回收市场的透明度与可控性相当高，在这种情况下，除国际经济的少数异常状况外，铅的供需之间存在很小的缺口。

中国对于精炼铅，或是铅制产品的进出口关税政策，影响了全球铅的供给市场生态。自 2013 年以后，中国加征精炼铅相关制品进出口税，其国内精炼铅的生产几乎可以满足消费，因此削弱中国身为消费方的影响力。

· 1989 年精炼铅产量开始下滑，加上全球对高纯度精炼铅的需求增加，几乎所有铅精炼大厂生产线都满载，以供应市场所需。LME 3 个月期货铅价格每吨

最高来到900美元以上。（产量+消费）

·2004年精炼铅产量小幅减少，需求却大幅增加，铅期货价格开始脱离650美元以下的5年大型盘整区，价格连续走了4年的大多头。（供给+需求）

·2011年中国精炼铅产量与消费同创历史新高，加上美国QE货币宽松政策对新兴国家带来的正面效应，铅期货价持续上扬至2904美元，自2008年金融海啸下跌以来反弹1/3。（供给+需求）

（2）消费因素。中国是铅的最大消费国，所占比重达四成以上。铅大多应用在电池，因此对于通信电源、交通运输工具的发展很重要，尤其是汽车、摩托车、电动车（包含电动脚踏车）的生产与销售状况都对铅消费有很大影响。

·2002年全球铅的消费量出乎市场预料，减少11%，导致全球出现86.2万吨铅的供过于求，期货价格持续低挫至412美元的10年新低。（消费）

·2004年中国精炼铅需求增加，市场需求缺口加大，LME 3个月铅价格持续上扬至每吨850美元以上。（经济增长）

·2006年全球精炼铅的产出与消费都创历史新高，尤其是消费增长更为快速，2007年一向出口量最大的中国精炼铅为供应国内所需而导致出口急剧减少，铅市场价格逐渐飙高，2007年10月期货价格创下每吨3890美元的历史天价。（经济增长）

·2014年2月中国制造业PMI仍在50.0附近的扩张临界点挣扎，铅期货价格维持在2000美元附近整理，随后在制造业上扬的推升下，铅期货价格一度反弹，但是在经济缓增长的步调下，虽然欧洲精炼铅消费量达到2008年以来的新高，铅价还是跌破2000美元的心理关口，2015年3月一度低挫至1676美元的36个月新低（见图12－6）。（经济指标）

二、汇率因素

虽然近几年中国国内的精炼铅几乎可以自给自足，但中国对于铅矿进口量需求仍然持续增长，因此受到美元汇率变动影响仍然大，例如2014年7月至2015年3月美元指数上扬26%，LME铅期货价格下滑了27%。此外，澳大利亚是铅蕴藏量最大国，仅次于中国的铅矿生产国，澳元兑美元的升贬会影响铅价变动。

三、其他市场因素

由于铅在工业使用上受到其毒性以及环境污染的限制，除了电池以外的制品很多都被塑料、铝、锡，甚至铁取代，因此这些金属或原料的价格变动有时也会影响铅的价格波动。此外，在铅冶炼过程中，副产品白银的产量较大，因此白银

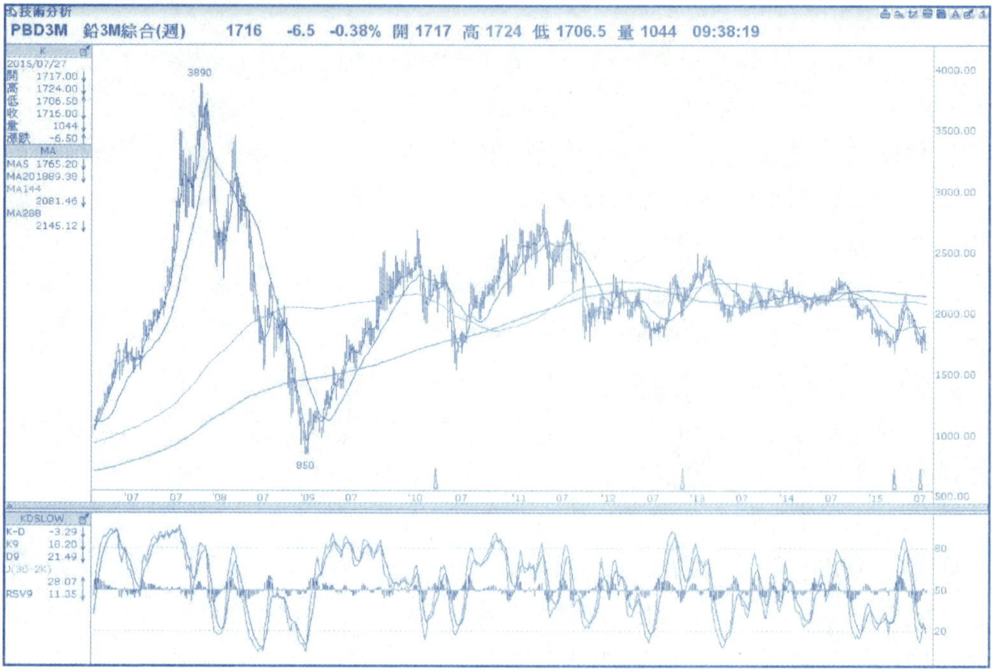

图 12－6 LME 铅期货连续周线图

资料来源：精诚信息。

的价格变化对铅的生产成本也有影响。

影响铅交易的事项

（1）伦敦金属交易所（LME）铅库存自 2011 年 10 月达到 38.85 万吨高点后下滑，一度在 2012 年 11 月拉抬至 36.2 万吨，之后铅库存快速减少；近 2 年，LME 铅库存维持在 25 万吨以下偏低水平。由于 LME 铅期货交易量相对其他四种基本金属小，铅价格与库存不存在规律相关性（见图12－7）。

（2）上海期货交易所在 2011 年开始铅期货的上市交易，合约规格为 LME 铅期货的 1/5，2014 年成交量换算规格后，LME 的交易量是上期所的 22 倍，因此国际市场上铅价格的变动还是以 LME 为关注焦点。

（3）河南省是中国最大的精炼铅产地，也是产能唯一可以超过百万吨的地区，产量约占全国的 1/4，其次是湖南、云南与安徽，这些主要产区的动向也需要重点观察。

（4）LME 每周三都会定期公布交易所大额交易人持仓部位变化，代表机构

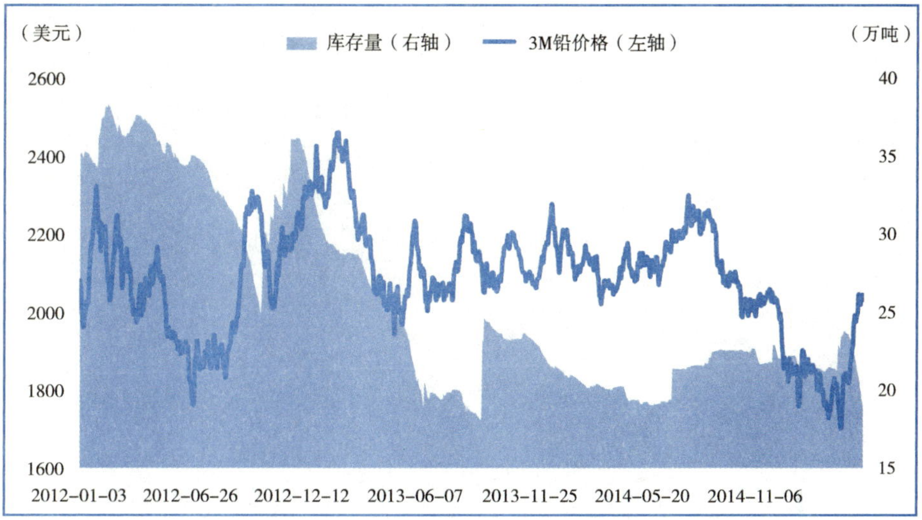

图 12－7 LME 铅库存与 3 月期铅价走势

资料来源：LME。

投资交易的管理基金净持仓部位与铅价格在趋势出现时关系往往是非常密切的（见图 12－8）。

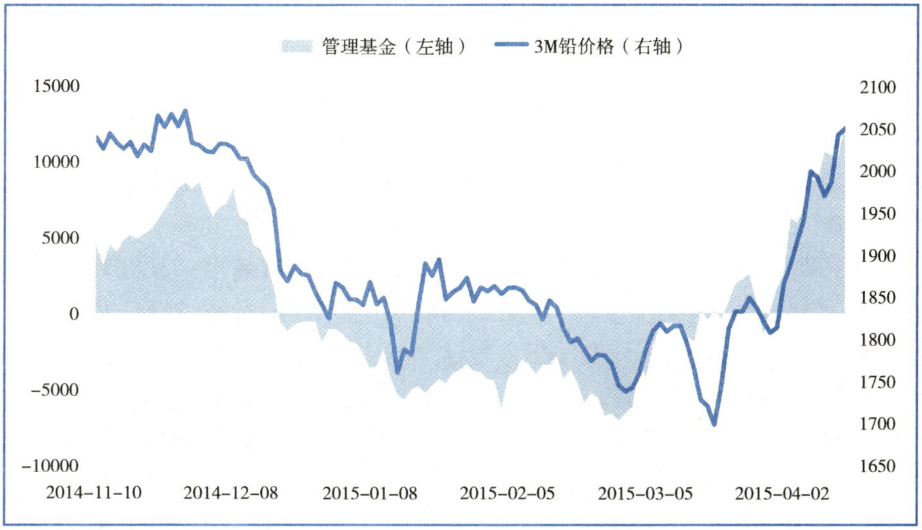

图 12－8 LME 大额持仓净部位与 LME 3 月期铅价格（单位：美元）

数据来源：LME。

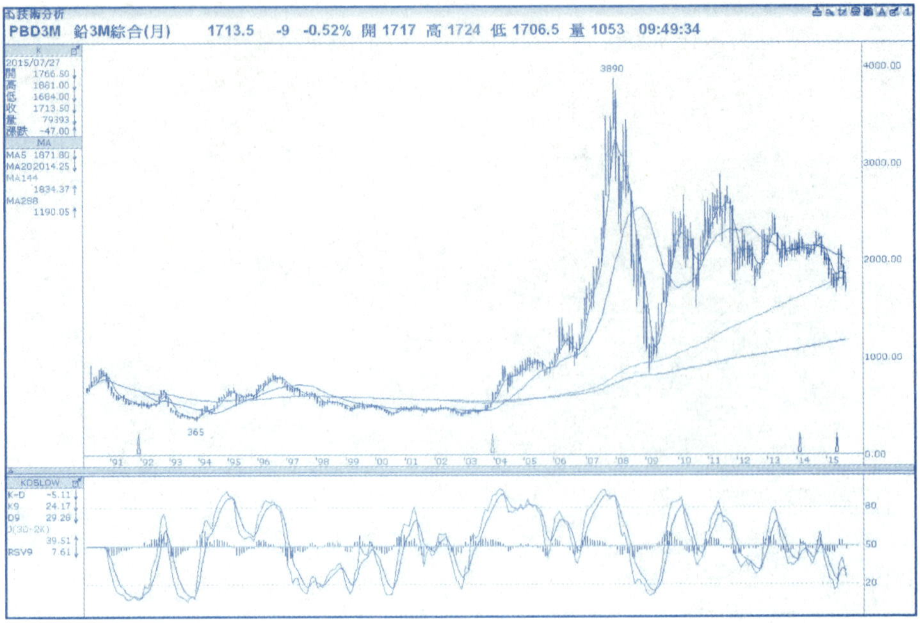

图 12－9 LME 3 月期铅连续走势图

资料来源：精诚信息。

重要参考数据来源

www. usgs. org（美国内政部地质研究，US Geological Survey，基本金属的统计资料与美国铅的产销分析、供需状况与矿业年鉴等资料）

www. amm. com（美国金属市场，American Metal Market，美国金属市场市况与分析报道）

www. abms. com（美国金属统计资料局，基本金属市场报道、统计分析与展望报告）

www. world-bureau. com（WBMS，全球金属统计局，基本金属相关之统计、年报与市场信息）

www. ilzsg. org（国际铅锌研究协会，铅与锌相关制品推广与研究组织，相关产业市场动态与产销统计分析与展望）

www. lme. com（伦敦金属交易所，铅的报价、交易数据与大额交易人持仓报告）

www. asianmetal. cn（亚洲金属网，基本金属相关现况分析，行情走势分析与交易统计）

www. shmet. com（上海金属网，基本金属市况报道、展望分析）

www. metalchina. com（中国金属网，国际基本金属交易价格与分析，金属期货现货市况与展望分析）

www. stats. gov. cn（中国国家统计局，中国总经数据与经济统计报表）

表 12－1　LME 3 月期铅合约规格

商 品 名 称	铅
交易所	LME
合约规格	25 吨
商品代码	PB
报价单位	美元/吨
最小跳动值	0. 5 美元/吨
交易月份	3 个月远期合约或指定月期
北京交易时间——夏令时（冬令时间延后 1 小时）	08:00 至次日 02:00
涨跌停限制	无
最后交易日	到期日之前 1 个工作日
最后交割日	到期日交割
交割方式	实物交割
2014 年日平均交易量	5. 1 万手

突飞猛进的“行”

“行”展现了现代人追求速度，一部汽车进化史是道尽人类“行”的最高代表作；1769 年蒸汽机驱动汽车的问世，开启了汽车革命的新篇章，不过直到 1885 年第一部内燃动力机三轮车被发明才开始使用能源，这是真正以汽油为动力的车子。

从 18 世纪至今，汽车不论是性能与外观都不断翻新，勾勒出人类在行动方面的需求，主要原因是“能源”成就了这些梦想。其实不只是汽车，但凡常见的交通工具，包括天上飞的、海上走的、地上跑的，都需要用到汽油或是燃料油作为动力。虽然近几年来在环保与能源短缺的考虑下，人类努力寻找替代能源，或是制造电动车，但是 2010 年之后，美国开采新技术发现页岩气与页岩油，并且大量开采，引发另一波能源革命，包括原油、天然气等，因成本降低，再度被人们广泛使用。

能源产品首推原油，以及原油提炼的产品，如汽油、热燃油、柴油、煤油等；天然气是另一种能源商品，又称天然瓦斯，其用途很广，主要是发电，其次是一般家庭燃料，以及其他工业用途，近年来也可以代替汽油作为汽车燃料。这些都是被大量消耗的一次能源（又称常规能源），属于商品能源的范畴，而且大众一般认为天然气是较干净的能源，由于与原油一样有开采限制性，用途与原油有相当高的替代性，因此其价格变动与原油的关系相当密切。本篇要讨论的包括原油（俗称石油）及其裂解出来的产品汽油与热燃油，以及污染性较低的天然气。

Part 13：原　油

数亿年前，大量浮游生物及动植物死亡后的残骸堆积在地底下，逐渐形成沉积物，由于沉积物的重量，使这些地区持续下陷，形成沉积盆地。而埋在沉积盆地下的动植物残骸，经由细菌作用将碳水化合物中的氧逐渐消耗，然后随着埋藏深度增加，温度相对提高，压力越来越大，经过数百万年后，有机物逐渐受热裂解出油气。由于沉积环境不同，有的形成气态天然气、有的形成液态石油或是固态煤炭。

油气形成后，必须储存在多孔隙而且这些孔隙必须是互相连通的岩层，如砂岩、石灰岩等。油气靠毛细作用从生油层第一次移栖到储油层。再因油、气、水密度不同而产生的浮力及压力梯度作用第二次移栖。整个移栖的路途中，如果遇到适当的地质封闭构造，油气就会大量聚集在这个封闭构造里，形成油气田。

石油的英文名称 Petroleum，是由希腊文 Petra 和拉丁文 Oleum 所得，原意 Rock Oil 是页岩油之意。根据大英百科全书叙述“石油是烃类复杂混合物，以液态、气态、固态的形式存在于地球。”只是一般多呈液体状，它是炼油的原料，通常将未提炼前的液态石油称为“原油（Crude Oil）”。

发现原油

“石油”一词首次出现在北宋沈括的《梦溪笔谈》，并沿用至今。古代波斯的石板记录指出：波斯上层社会使用原油作为药物和照明；8 世纪巴格达新建的街道铺有从当地露天油矿获得的沥青；9 世纪阿塞拜疆的巴库油田生产轻原油。1861 年巴库建立了世界上第一座炼油厂，当时巴库出产世界上 90% 的原油，之后德国为夺取巴库油田而发生斯大林格勒战役。19 世纪以前原油工业发展缓慢，提炼的原油主要是用作油灯燃料。20 世纪初随着内燃机的发明，情况大变，如今原油已是最重要的内燃机燃料。

目前约 88% 开采的原油被用作燃料，作为化工业的原料占 12%。由于原油是一种不可再生的一次能源，许多人担心原油用尽会对人类带来严重后果，又因为其价值高昂，所以也称为黑金。人类开采原油不过短短一两百年的历史，却已经将这亿万年的遗产用掉大半。

石油化学工业就是把原油或天然气变成材料（如塑料、橡胶、纤维、化学品等），再将这些材料加工成为日常用品（如鞋子、轮胎、衣服、油漆等）的工业。一般来说，石化工业的范围包括石化本工业及石化依赖工业，其中石化本工业属石化工业的上游和中游厂商，包括石化原料业、化学肥料业、人造纤维业、合成树脂及塑料业等。石化依赖工业则属石化下游厂商，包括油漆业、清洁用品业、人造纤维纺织业、针织业、橡胶制品业等，与日常衣、食、住、行有密切关系。

原油炼制

提炼原油是一连串分馏、裂解、重组过程的总称，最主要的炼制程序是分馏。分馏是将原油加热，由于原油是由各种碳水化合物组合而成，因此当原油加热后这些碳水化合物会依各自的沸点高低，先后蒸发为气体，之后经过冷凝，就可得到沸点相近的各组产物。沸点越低的产物会越早蒸发，分子也越小；沸点越高的产物越晚蒸发，分子较大，在常温下为液态。依分馏时沸点高低，分别产出的产品如下：

（1）**燃料油**，以丙烷（propane）为主，占总生产量的3%～6%。

（2）**轻汽油**（light gasoline），占总生产量的5%～10%。

（3）**石油脑**（naphtha）占总生产量的5%～15%。

（4）**中间分馏物**（the middle distillates）包括：煤油（kerosenes），占总生产量的5%～10%，油气（gas oil）或热燃油（heating oil）占总生产量的25%～35%。

（5）**重油与沥青**（fuel oils and bitumen），是剩余的部分。

21世纪页岩油（气）革命

19世纪初，人类就已知道开采油页岩作为燃料，并且制成煤油、灯油、石蜡等用于照明，因此对工业革命提供了极大帮助。“一战”前，由于传统原油产量不足和大量车用油的需求，使得欧洲的页岩油工业迅速扩张。“二战”后，虽然爱沙尼亚和中国的页岩油工业持续增长，但其他国家考虑到页岩油处理费用和生产成本过高，因而放弃了这项工业。

1982年，美国石油独资开采商乔治·米歇尔开始开采页岩天然气，但都没有成功，因此美国政府与大的石油企业都不看好这项产业，一直到1998年他发明了“水力压裂”的水平钻井与高水压裂岩的技术后，终于成功地在页岩中开采出天然气。2003 年美国政府开始油页岩和原油的开采新计划；2005 年大力推广开采页岩油气；到 2012 年，美国国内来自页岩气的天然气产量在 7 年间爆炸性增长 7 倍，造成天然气价格大幅降低。

美国页岩油是到 2010 年以后才开始大量探钻，到 2012 年年底，美国钻油井由 418 口暴增至 1327 口。根据美国能源信息局（US Energy Information Administration，EIA）统计，2007 年美国页岩油的可开采总量为 40 亿桶，到了 2013 年估计量已大增至 580 亿桶，以美国在 2013 年日平均炼油总需求量为每日 1530 万桶计算，可开采预估量足以供应美国 10.4 年的原油使用。此外，EIA 也预估至 2018 年美国将可超越沙特阿拉伯和俄罗斯成为全球第一大产油国。

自 2013 年美国大量开采页岩油以来，页岩油已成为全球能源产业热门话题，根据国际能源署（International Energy Agency，IEA）在 2013 年估计，全球页岩油（气）的技术可采资源量（蕴藏量）分别为 3450 亿桶及 7299 兆立方英尺[①]（约为 206.8 兆立方米），其中俄罗斯、美国、中国、阿根廷与利比亚为页岩油储量前 5 名，页岩气前 5 大储藏国依序为中国、阿根廷、阿尔及利亚、美国和加拿大（见表 13－1，表 13－2）。此外，根据市场调查估算，以 2014 年的页岩油平均开采成本来看，国际原油价格每桶要高于 65 美元时，大部分页岩油才有开采的经济价值。

表 13－1　页岩油储藏量排名

（单位：十亿桶）

1	俄罗斯	75
2	美国	58
3	中国	32
4	阿根廷	27
5	利比亚	26
6	澳大利亚	18
7	委内瑞拉	13
8	墨西哥	13
9	巴基斯坦	9
10	加拿大	9
	全球总蕴藏量	345

资料来源：美国能源署（US，EIA）

表 13－2　页岩气储藏量与可开采量

（单位：兆立方英尺）

国　　家	储藏量	可开采量
中国	1115	31.57
阿根廷	802	22.71
阿尔及利亚	707	20.02
美国	665	18.83
加拿大	573	16.23
墨西哥	545	15.43
澳大利亚	473	13.39
南非	390	11.04
俄罗斯	285	8.07
巴西	245	6.94
前 10 个国家合计	5800	164.24
全球合计	7299	206.68
前 10 个国家合计占比		79.5%

① 1 立方英尺＝0.028317 立方米。

原油制品用途

原油最早用途是作为照明燃料，之后随着工业革命大量运用在减少摩擦及润滑材料中，并在极短时间内，取代基本燃料成为工业发展重要的动力原料。目前，原油最大消费是在汽车燃料方面，但实际上原油的相关产品已在日常生活中不可或缺（见表13－3）。

（1）**交通**：所有的燃油交通工具，不只是自用车（汽油或是液态石油），包括货运车、航空飞机和铁路火车等。

（2）**家庭**：热燃油、液态石油、天然瓦斯、桶装或罐装瓦斯，提供家庭暖气或是洗澡、烹煮之用。

（3）**工业**：工业锅炉、电力供应站的燃料供应（瓦斯、燃料油）、炼解后非燃料的产品可以作为工业特殊原料。

（4）**石化工业**：石油脑和瓦斯可以当作石化原料，制成塑料制品、纺织品等。

（5）**公共工程**：最常见的是沥青可以铺路，以及用在飞机跑道上。

（6）**农业**：牵引机或其他农业机械动力燃料，以及温室的暖气与干燥机器燃料。

表13－3　原油产品与用途

液化石油（LPG）	石化进料，家庭燃油
石油脑（Naphtha）	生产石化基本原料，生产汽油
汽油（Gasoline）	汽车燃料
柴油（Gasoil）	柴油车燃料，取暖用油，农耕机燃料，渔船用油，发电燃料
燃料油（FuelOil）	发电燃料，工厂燃料，轮船燃料
航空燃油、煤油（Jet-Al/Kerosene）	飞机用油，取暖用油

全球指标原油种类

原油价格是以成分轻重、含硫量多少区分；含硫量愈低、比重轻的原油属于较高质量，价格较高。通常原油质量的等级是以三项因素作为判断基础：

（1）**含硫量**。硫是一种污染物，会腐蚀提炼设备并造成恶臭，更是目前环保要求严格环境下重点监督产品，含硫量愈高的原油在提炼过程中所需处理程序愈烦琐，设备投资与维修费用较高。一般所谓低硫原油（俗称甜原油，sweet crude oil）是指含硫量低于 0.5% 的原油；高硫原油（俗称酸原油，sour crude oil）是指含硫量高过 1% 的原油，介于两者之间的是中硫原油。

（2）比重。低比重原油称轻原油（light crude oil），是较理想的提炼原料，因其杂质较少且可生产较多的高价值产品，例如汽油和石油脑（naphtha）、较重的航空汽油（jet fuel oil）和轻分馏燃料油。一般用来评估原油比重的单位是 API 重量比，API 是美国石油协会的简称（American Petroleum Institute），API 重量比的数值越高，表示油料含轻质成分越高，越低表示含重质成分越高；API 重量比高于 35 度者属于轻原油，API 重量比低于 24 度者称为重原油。

（3）原油产地。由于这项因素包含许多其他特性，例如：黏度、流动点（pourpoint）、酸质、金属和盐含量等，因此被视为相当重要的质量判断因素。

全球指针原油价格主要有西德州中级轻原油（WTI）、布兰特原油（Brent）、迪拜原油（Dubai）和阿曼原油（Oman）。中东原油销往美国以西德州中级轻原油为指标，销往欧洲以布兰特原油为指标，销往亚洲以迪拜原油和阿曼原油两者均价为指标，而欧洲与西非原油都是以布兰特原油为指标。

（1）西德州中级原油（WTI）。主要是来自加拿大和墨西哥湾进口至美国中西部与海湾区沿岸提炼的原油，它的质量非常高，可精炼出较高比例汽油的轻甜原油——即含硫量低、适用提炼日常生活汽油和燃油之用的原油。美国中西部为西德州原油提炼成其他石油产品的主要产区，部分在湾岸地区（Gulf Coast region）进行提炼。西德州原油价格主要反映美国的原油供需状态，而纽约商品期货交易所交割的原油来自俄克拉荷马州的库欣，该地是北美最主要的原油交易中心。

（2）布兰特原油（Brent）。在欧洲北海生产，并且在西欧提炼，由北海布兰特及附近共 15 种原油综合而成，属于轻甜原油，质量略低于西德州原油，适合提炼汽油、柴油与喷射燃油。布兰特原油是在伦敦洲际交易所交易的原油，从中东、非洲输往西方的原油都依照布兰特原油定价，俄罗斯、尼日利亚，甚至是中东和亚洲其他地区的原油生产商也以它作为参考指标，反映的是全球原油供需的状态。

（3）迪拜原油（Dubai）。为全球油价现货市场的主要指标商品之一，但因迪拜的产量较少，因此以迪拜及阿曼两地的均价为指针价格，亚洲地区（如中国台湾、韩国等地）都有输入中东地区的原油，例如：现阶段中国台湾的中油就是以 70% 迪拜原油与 30% 的布兰特原油（所谓的“7D3B”）为计价基础。

国际油价计算可以用买卖当时已谈好的固定价格，也可以依提货当时价格计算：**交易价 = 指针原油价格（一段区间）+ 加减码 *X*（美元/桶）**，即使是远期合约也适用这项浮动公式。在交易价中，指针原油价格由期货交易市场主导，反映基本面与非基本面等众多复杂因素，而加减码 X 则反映现货市场供需状况，主要是基本面要素。

表 13－4　指针原油质量分析

	WTI	Brent	Dubai
比重(API)	39.6	38.3	31.0
含硫量/%	0.24	0.37	2.04
液化石油/%	2.40	5.0	2.3
石油脑/%	29.5	23.4	19.4
煤油/%	15.8	11.6	13.2
油气/%	20.7	25.8	21.6
燃料油/%	32.2	34.2	43.9

以上各种原油指针商品的质量依优劣顺序应该是西德州、布兰特、迪拜（参见表 13－4），按照常理西德州价格应是最高，但是自 2010 年以来情况改变，西德州轻原油价格低于布兰特原油与迪拜原油已成常态，主要原因是受美国的能源政策影响以及因页岩油被大量开采使得油价走低。

石油输出国家组织（Organization of the Petroleum Exporting Countries，OPEC）

20 世纪初，美国和苏联掌握了全球最重要的原油产出，直到 1908 年伊朗首次发现原油之后，中东丰富的原油蕴藏量陆续被发现，1960 年委内瑞拉、伊朗、伊拉克、科威特与沙特阿拉伯在巴格达开会宣布成立石油输出国家组织（简称 OPEC），打破了欧美所谓“七姐妹（Seven Sisters）”跨国石油大公司在全球独霸原油开采权与掌握原油定价权的势力。OPEC 最初总部设在瑞士日内瓦，1965 年搬迁到奥地利维也纳。

OPEC 的成员国分为正式会员国与准会员国两种。根据规定，必须符合以下两项条件：第一，实际上为原油净出口国，以及原油生产超过其本国消费的国家；第二，经 OPEC 3/4 正式成员国（包括 5 个创始成员国）一致同意接受。在 1961—2007 年间陆续有 9 个国家加入 OPEC；非洲加蓬于 1994 年退出该组织，2009 年印度尼西亚也退出该组织，所以目前 OPEC 正式会员国有 12 个：阿尔及利亚、安哥拉、厄瓜多尔、伊朗、伊拉克、科威特、利比亚、尼日利亚、卡塔尔、沙特阿拉伯、阿拉伯联合酋长国、委内瑞拉，包括了 6 个中东国家、4 个非洲国家与2个南美洲国家。

OPEC设立的宗旨是协调和统一会员国的原油政策和价格，确定以最适当的手段维护会员国各自和组织共同的利益；借以消除不必要的油价波动，并策划不同方法确保国际原油市场价格稳定；给予产油国适度尊重和稳定收入、石油消费国符合经济而稳定的供应，以及给予石油工业投资者公平的回报率。

2014年OPEC产油量占全球总产油量35%，在20世纪90年代，OPEC产量在全球市占率达40%以上；会员国中，以沙特阿拉伯的产油最多，产油量约占OPEC总产量的1/3（见图13-1），因此沙特阿拉伯的石油部长在OPEC的发言影响力最大。OPEC分别在6月和12月前后举行一次例行半年会议，主要是检讨目前的油价政策与对市场供给影响价格的因应政策，会议中决议未来半年各会员国原油产出配额与总生产配额。以2014年11月27日会议为例，决议每日总生产配额3000万桶不变。但实际上，自2000年以来，OPEC的产出几乎都超出配额，这也是OPEC的公信力被市场质疑的地方。

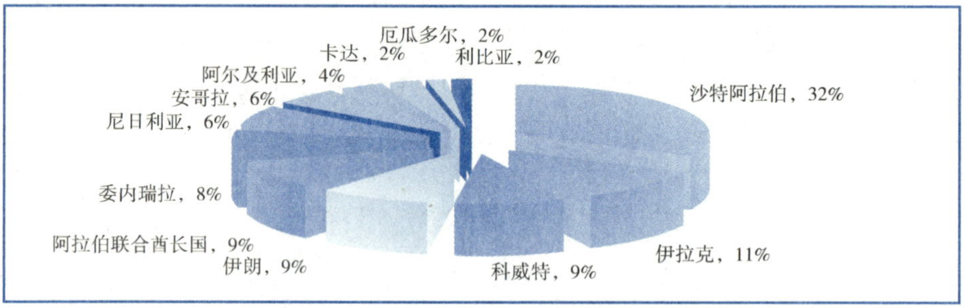

图13-1　2014年OPEC国家原油产量比重

自1980年以来，全球产油量不断增加，主要原因是OPEC的增长而自2005年以来OPEC增长已经出现停滞趋势，尤其是2012年之后，OPEC产油连续出现负增长。相对地，非OPEC国家产油日渐增加，以2014年的产出量来看，OPEC仅比10年前增长2.8%，同期非OPEC国家快速增长13.9%（见图13-2），原因是OPEC国家为原油净出口国，其产油量的多少除了要考虑各会员国自身财政外，多数取决于非OPEC国家需求的缺口，近年来北美洲页岩油的发现与开采，使得美加原油进口需求日益减少，自然压缩OPEC的可供给量。

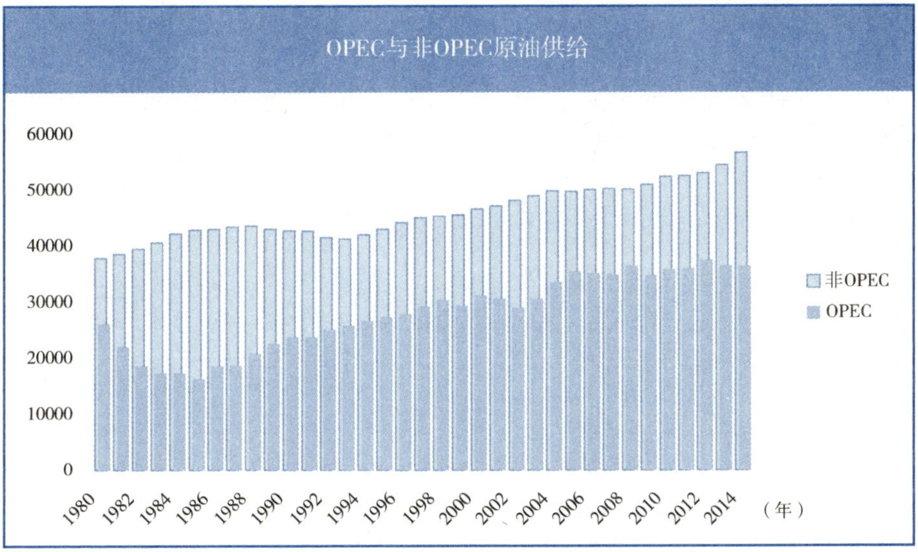

图 13－2 OPEC 与非 OPEC 国家原油产量（单位：千桶）

影响原油价格因素

一、供给与需求

原油价格与全球的工业生产和经济增长息息相关，从 1960—2010 年长达 50 年时间，全球产油几乎都由 OPEC 会员掌控，尤其是被中东那些政治不稳定的国家掌控。然而美国是全球最大的能源消费国，于是中东与美国的政治冲突与战乱，大幅影响国际能源价格的涨跌。

尽管如此，全球原油市场供需并没有因这些国家的动乱，或是受到政治要挟而全面崩坏，因为原油几乎是 OPEC 国家的唯一经济命脉。三次能源危机（见附注）将国际油价炒得越来越高，促使欧美消费大国在近 10 年来不断寻找新的能源矿藏，或是致力于发展替代能源；所以自 2010 年以来，北美页岩油的大量开发就一举打破了近 50 年来 OPEC 主导原油供给市场的生态。

以全球原油供需来看，可以将最近 35 年分为两个时期。前 15 年原油几乎年年呈现供给不足的情况，后 20 年则是供给过剩与不足互有消长。不过近 3 年来，由于北美页岩油的量产，以及中国经济增速减缓，全球原油需求增长迟滞，2014 年全球原油供需出现 35 年来最大的供给过剩（见图 13－3）。

（1）供给重要影响因素：天然灾害、罢工、政治动乱、新型技术开采、OPEC 生产配额与定价政策、库存。

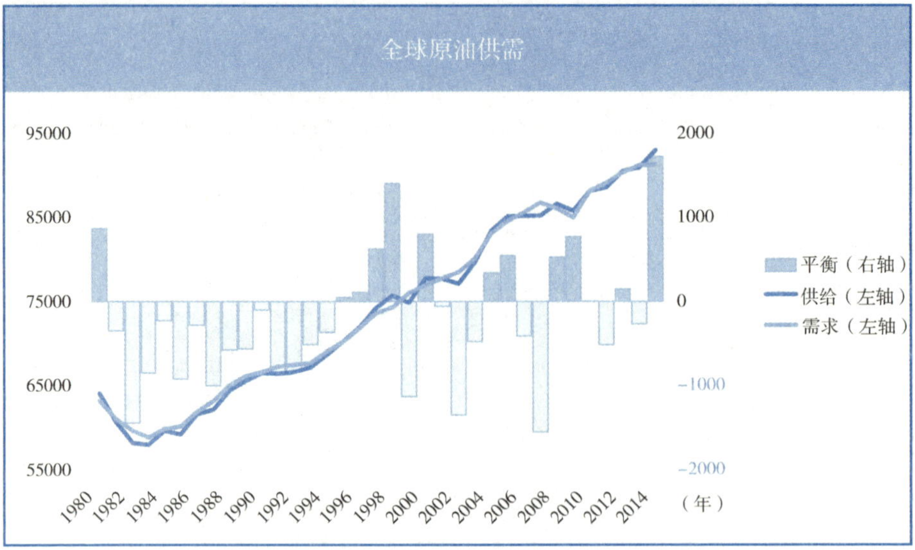

图 13－3　全球原油供需（单位：千桶）

影响原油产出的因素很多，实体经济面与意识形态面都会受到影响；原则上，近半个世纪以来，原油市场是由卖方主导，20 世纪 70 年代一连串的中东战争几乎是国际油价的变动史。而实体经济层面因素如钻油平台遭受飓风或是洪水等天灾造成损毁、工人罢工、油管破裂、钻油井爆炸等都会干扰生产，但影响时间不会太久。其次，近年来北美洲新型技术开采增加原油产量也会影响油价。

以 2013 年全球原油产量来看，产量最高的前三名国家是沙特阿拉伯、俄罗斯、美国。沙特阿拉伯是 OPEC 的代表，俄罗斯是欧洲最重要的原油供应国，这两个国家都是易受战乱干扰，例如 2014 年 3 月俄罗斯与乌克兰的战事，遭受欧美发达国家经济制裁，严重影响原油出口。此外，美国是第三大原油生产国也是最大原油消费国，因此美国的原油库存、美国政府的能源政策也对全球的油价造成深远影响（见图 13－4）。

·1973 年中东爆发以阿战争，阿拉伯的 OPEC 国家为打击以色列与其支持国家，实施石油出口禁运政策，造成油价大涨，每桶上扬至 10 美元以上。（战争）

·1978 年伊朗政变，伊朗与沙特阿拉伯减产，造成原油市场供应十分短缺，使得 1979 年油价上扬至每桶 18 美元以上。（政治动乱）

·1980 年的“两伊战争”，油价涨至每桶 38 美元，12 月 OPEC 把会员国油价上限定为每桶 36 美元，从而将价格稳住。（战争＋OPEC 政策）

·1983 年 OPEC 首度降低基准油价至每桶 29 美元，同年 3 月纽约商业交易所推出原油期货契约。（OPEC 政策）

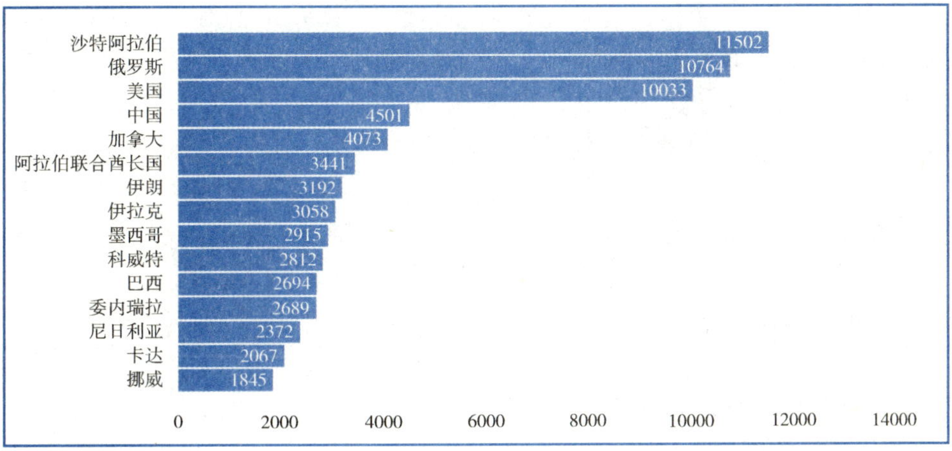

图 13－4　2013 年全球前 15 大原油生产国（单位：千桶/每日）

资料来源：IEA。

·1986 年沙特阿拉伯增产以增加市场占有率，油价持续回跌至每桶 20 美元以下。同年 12 月 OPEC 同意减产以保卫价格，自 1987 年 1 月起恢复固定价格制，以每桶 18 美元为目标，纽约原油期货价格上扬到每桶 19.50 美元。（增产 + OPEC 政策）

·1988 年长达 8 年的“两伊战争”结束，原油期货价格回跌至 14 美元。（战争）

·1990 年伊拉克入侵科威特，油价暴涨至每桶 40 美元附近，随即 OPEC 达成协议，每日增产 300 万～350 万桶，使油价回调至每桶 30 美元以下。（战争 + OPEC 政策）

·1991 年 1 月各国联军因伊拉克不愿撤军而展开正式攻击，原油价格却因利多出尽而遭到重挫，单日跌幅达每桶 14 美元以上！当周西德州轻原油期货价格以每桶 31 美元开盘，周末收盘价在每桶 19 美元附近。（战争）

·1998 年，产油国因油价低迷，炼油入不敷出而纷纷关厂，没想到 1999 年 OPEC 国家遵守减产协议，而美国经济增长回稳，纽约原油期货自每桶 10.30 美元逐月向上攀升，2000 年 9 月涨至每桶 37.8 美元的 10 年最高价。（OPEC 政策 + 经济增长）

·2006 年美国预期的天灾没有出现，国内原油库存大幅增加，而且 OPEC 国家不断增产，导致美国每日多出 120 万桶库存，投资基金快速撤出纽约原油期货市场，使得油价自每桶 78 美元高价半年内迅速回跌至 2007 年 1 月每桶 50 美元以下。（OPEC 政策 + 库存）

·2007 年 OPEC 实行减产，以及中东战乱与中国的能源需求大增等因素，避险基金与投机商不断买入原油期货，纽约原油期货价格势如破竹在 2008 年 7 月创下每桶 147.27 美元的历史天价。（OPEC 政策 + 战乱 + 经济增长）

·2014 年下半年原油期货价格因美元强势和需求不振，自每桶 100 美元下滑，原油市场纷纷期待 OPEC 会减产以提振油价，但是 OPEC 在当年 11 月 27 日的半年会议中仍然决议维持配额生产不变，想借由油价下跌来打击美国的页岩油业者，果然油价连续 7 周下跌，2015 年 1 月跌破每桶 50 美元大关（见图 13 - 5）。（美元 + OPEC 政策 + 需求）

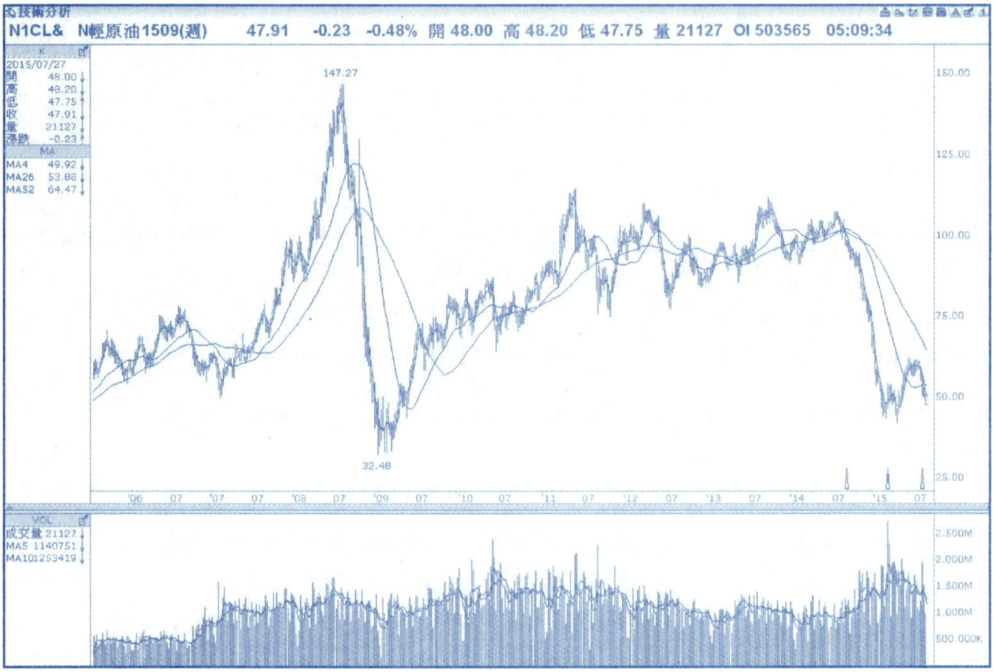

图 13 - 5　纽约轻原油连续周线图

资料来源：精诚信息。

（2）消费因素。虽然原油市场一直以卖方较占优势，但自 2000 年之后，随着中国经济快速崛起，中国市场日益增加的原油需求开始受到市场瞩目，中国已经成为仅次于美国的原油消费大国（见图 13 - 6），其能源政策与经济增长对油价的影响逐渐扩大。而全球性的金融灾难，或是财经政策变革也都影响原油市场，例如 1997 年的亚洲金融风暴、2008 年美国金融海啸甚至 2012 年的欧债危机都让市场预期需求减少，从而对油价造成下滑压力。

·1993 年全球经济不景气，原油需求不振，OPEC 国家又未能依协议减产，

伊拉克重返自由市场供油的阴影不散，原油期货价格跌至每桶 17 美元。（**经济发展 + OPEC 政策**）

·1997 年亚洲金融风暴，加上 OPEC 增加 10% 生产配额，全球原油产量创下每日 6500 万桶的新高纪录，1998 年油价下跌至每桶 10 美元左右，是 25 年来最低价。（**金融灾难 + OPEC 政策**）

·2001 年美国发生“9·11”恐怖袭击事件，油价不涨反跌，同年 11 月纽约原油期货已从前一年的每桶 37 美元跌至 16.7 美元，主要是因为全球与美国经济发展减缓。（**重大灾难 + 经济发展**）

·2007 年 4 月美国爆发次贷危机，此灾难由房地产开始蔓延，在 2008 年 9 月雷曼兄弟破产后，金融市场终于全面爆发多米诺骨牌效应，原油自每桶 147.27 美元的历史高价直线下跌，在 5 个月内跌至每桶 32.48 美元 5 年来的低点。（**金融灾难**）

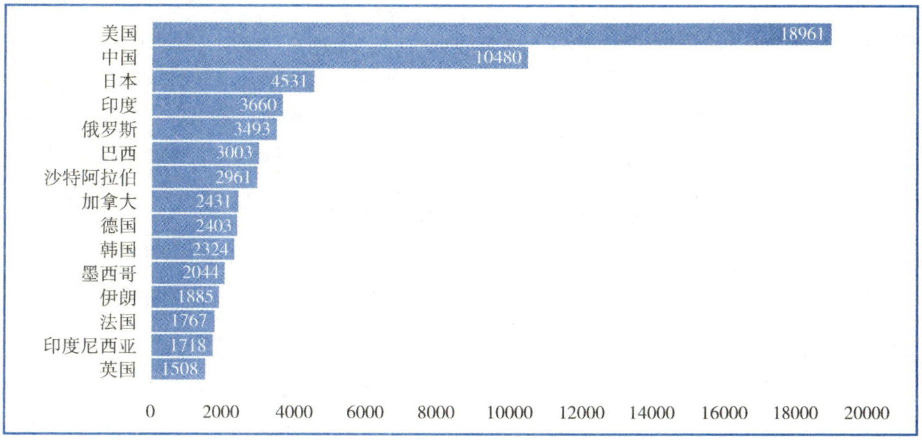

图 13－6　2013 年全球前 15 大原油需求国家（单位：千桶/每日）

资料来源：USEIA。

二、汇率因素

由于全球交易量最大的两个原油期货合约（纽约西德州轻原油和伦敦布兰特原油）都是以美元计价，原油现货市场大部分也是以美元计算，因此美元汇率的变动与原油价格就呈现密切的反向关系（见图 13－7）。

·2009 年 3 月美国实施第一次量化宽松货币政策（QE1），市场开始抛售美元买入欧元，使得美元指数一度由 88.5 下滑至 75.6，同时期原油期货价格则由每桶 40 美元上扬至每桶 76 美元。

·2014 年下半年美元指数在欧洲、日本经济疲弱，加上美国预计加息的气

图 13－7　纽约轻原油期货价格与美元指数

氛下，脱离 80.0 附近盘整一年的底部而上扬，2015 年 3 月指数一度攻上 100.39 点的 12 年新高，同期原油期货价格受到美元上扬、需求疲弱、美国页岩油量产、OPEC 不减产的四重打击，自每桶 107.5 美元快速下滑至 42.03 美元的 6 年低点。

三、季节性循环

美国夏季（通常是 5～7 月）是商业活动最频繁的季节，此时汽油使用量会达到高峰，炼油使用率达到最高，到了秋季与冬末（或春初）炼油厂各有两次例行性岁修会减少原油需求，不过炼油者会视市场实际需求调整岁修时间长短。因此油价在岁修之际走弱（如果冬季严寒，热燃油需求大，油价就可能会走高），在汽油使用旺季走强（每年 4～5 月开始）。

四、美国原油库存

美国能源部 EIA 每周三会公布各种能源库存报告，包括库存变化、原油需求与进口量等信息，而美国原油库存可以分为商业用油与战略原油库存（见图 13－8）。战略库存变化较小，目前的 6.91 亿桶是自 2009 年 12 月 7.27 亿桶逐渐向下调整，现阶段战略原油的释出，不像 20 世纪 90 年代是为因应中东战乱的缺货，而是存货调解与运输测试，对价格影响不大。相对地，商用原油库存的变化是市场最关心的信息，近两年，美国原油库存频创新高，使得纽约原油期货的交割地点，也是北美最大原油转运中心——俄克拉荷马的库欣市（Cushing）原油库存变化成为关注焦点。

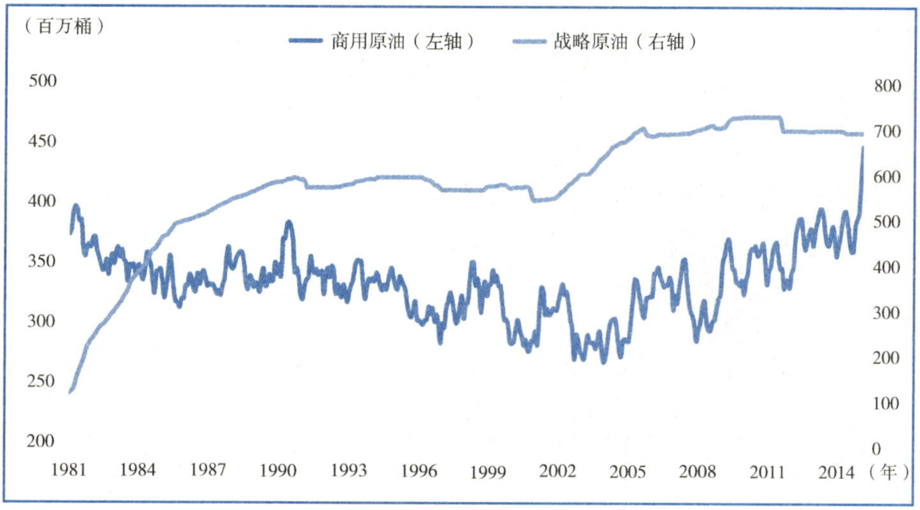

图 13－8 美国原油库存

资料来源：USEIA。

五、其他市场因素

虽然现阶段原油出现较明显的供过于求，但是基于环境保护，替代能源的发展仍然需要关注，往往大宗农产品如黄豆、玉米生产过剩时，会将这些农产品转制成生质柴油，或是燃料乙醇，因此黄豆、玉米甚至甘蔗的价格变化会直接影响替代能源成本，也会间接影响油价变化。

影响原油交易的事项

（1）美国对原油市场的影响力，就像中国对基本金属市场的影响力一样，扣除美国国内的产量，它仍是全球最大的原油进口国（见图 13－9）。至于中国则是由于经济增长快速崛起，自 2000 年以来，对原油的需求量增长了 1.4 倍。据 IEA 预估，中国会在 2020 年之前超越美国，成为第一大原油需求国家，中国原油进口量在 2017 年超越美国，成为全球第一。日本也是重要原油消费国与进口国，由于绝大部分原油靠进口，而且在 2011 年“3・11”地震后，实施全面禁核，日本更是依赖进口能源，因此油价对日本的贸易影响非常大，甚至油价的变化也会影响日本央行的财政与货币政策。

而中国台湾也是全球重要的原油进口地之一，地区内 80% 以上的原油从中东国家进口，其中以沙特阿拉伯、科威特和伊朗最多。往往中油或是台塑进口原油支付价款之际，会因美元需求增加，造成新台币汇率较大波动。

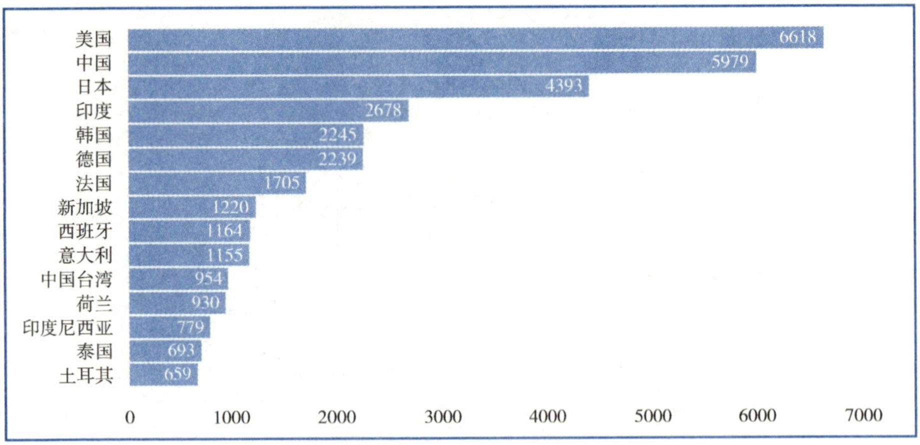

图 13-9　2013 年全球前 15 大原油净进口国/地区（单位：千桶/每日）

资料来源：USEIA。

（2）根据油气日志（Oil and Gas Journal）在 2013 年年底统计，全球已知油源储量有 1.6 兆桶，美洲为 5360 亿桶（约占 33.5%），其中以委内瑞拉的 2980 亿桶最多，加拿大的 1730 亿桶次之；而中东的储油最多，有 7990 亿桶（约占 49.9%），以沙特阿拉伯的 2650 亿桶最多。以上这些重要储油国家的油价政策都是影响油价的重要因素。

（3）美国纽约石油类期货（包括无铅汽油与热燃油）占路透社商品研究局指数（CRB）的比例高达 33%，若再加上天然气比重则达到 39%，是影响 CRB 变动的最大商品类，尤其是西德州轻原油占 CRB 的 23%，是所有 CRB 成分中最大的单一期货商品。因此原油的变动对 CRB 影响颇巨（见图 13-10），例如 2014 年下半年原油价格急挫，使得 CRB 指数快速下滑，基金经理人因此调整 CRB 商品投资，使得其他商品期货价格遭受压力。

（4）由于原油是工业生产的重要能源，油价变动直接影响全球物价，尤其是对石油净进口国而言影响更大。自 2013 年以来，全球各主要国家货币政策极度宽松，雪上加霜的是经济仍然低迷，油价成为物价变动的最重要因素。

（5）CFTC 每周五会公布原油与相关能源类美国期货商品的大额交易人持仓报告，管理基金的投资部位变化往往代表市场的多空气氛（见图 13-11）。自 2009 年以来，管理基金的多头部位与油价走势非常贴近，不过 2014 年下半年这一波油价大跌，管理基金多单并没有大幅撤退，显示这半年来基金操作原油期货严重亏损，从 2015 年 3 月中以来的大幅增加多单留仓，也宣告原油有一波较大的反弹行情。

（6）1983 年 3 月 NYMEX 推出轻甜原油期货契约，我们常会误解这个契约交

图 13－10　西德州轻原油与 CRB 指数

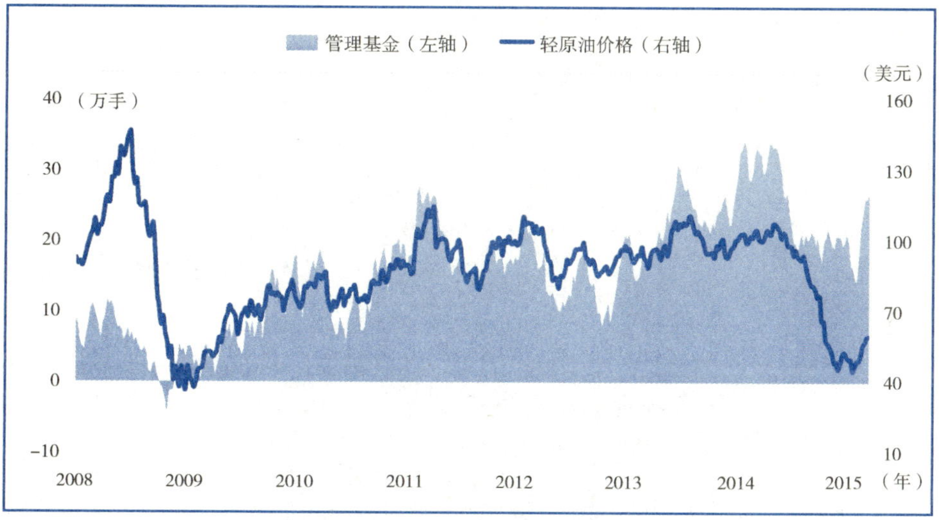

图 13－11　纽约西德州轻原油大额持仓报告与原油期货价格

割标的物是西德州的中级原油（WTI），事实上，WTI 只是 11 种（美国境内 6 种，5 种是进口原油）可交割的原油之一，但这项契约的价格确实能够代表 WTI 的价格。交割质量为国内 6 种原油，API 值介于 37～42 度间，且含硫量低于 0.42% 者都可办理交割；国外进口 5 种则 API 值介于 34～42 度间，含硫量低于 0.46% 者，依质量折价或是溢价来办理交割。

（7）西德州轻原油代表美国的市场交易，布兰特原油代表全球原油的供需，两者之间存在一些差异，因此有很多投资机构代表从事布兰特与西德州期货的价差交易，尤其是2010年以后西德州原油价格大幅弱于布兰特原油，因此出现很多预期价差收敛的跨市场价差交易。

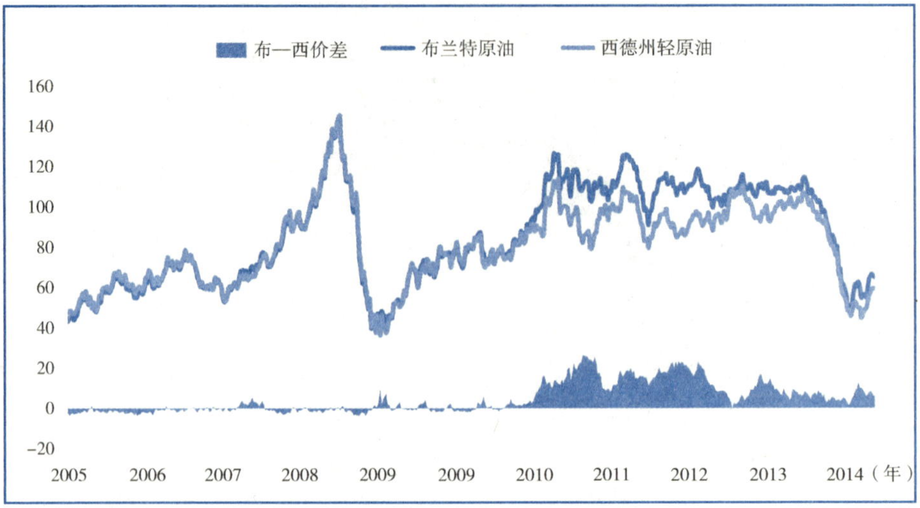

图 13－12　布兰特原油与西德州原油期货价差走势（单位：美元）

（8）原油有另一种价差交易——原料与其产品间的裂解价差交易。裂解价差（Crack Spread）交易是属于炼油加工的价差交易，与黄豆类产品的榨压价差交易（Crush Spread）相同。一般来说，裂解价差交易的比例有二：3∶2∶1，也就是买入（或卖出）三张原油契约，同时卖出（或买入）两张无铅汽油及一张热燃油期货契约；另一比例是5∶3∶2。

（9）OPEC国家的原油生产政策仍然对油价影响很大，以2013年的原油净出口国排行来看，沙特阿拉伯第一，俄罗斯第二，阿拉伯联合酋长国第三，也就是说前十大原油出口国除了俄罗斯与第十名的加拿大外，其他都是OPEC国家（见图13－13）。

（10）2014年12月12日中国证监会核准上海期货交易所子公司国际能源交易中心在上海自贸区设立原油期货，它成为中国第一个核准在国际交易的中国商品期货。未来原油期货在自贸区上市会带动中国金融业国际化，并能正式加入国际原油的定价领域，这对于大量进口与消费原油的中国而言意义重大。

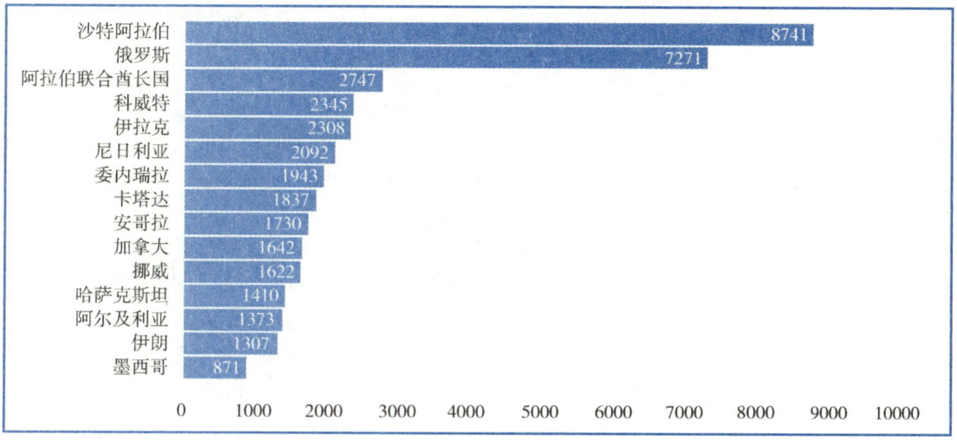

图 13－13　全球前 15 大原油净出口国（单位：千桶/每日）

重要参考数据来源

www. eia. gov 美国能源信息局（U. S. Energy Information Administration）（能源资料报告、能源月报、原油月报、原油市占率报告、每周三公布的原油市场库存周报、能源供需、相关定期与不定期报道）

www. energy. gov（美国能源部，美国能源政策与系统说明介绍，能源产业相关信息）

www. american petroleum institute. com 美国原油协会（AmericanPetroleumInstitute），（每周统计报告、月统计报告，以及其他原油相关报道）

www. cmegroup. comCME 集团，纽约商业交易所（CMEGroup，NYMEX），（关于西德州轻原油期货相关交易量与市场行情报道）

www. theice. com 英国伦敦洲际交易所（ICE Futures Europe），（伦敦布兰特原油期货相关交易量与市场报道）

www. world. petroleum. org 世界原油议事会（World Petroleum Council，WPC），（原油产业相关信息、国际原油研讨会、各产油国相关报道、产业年报）

www. petroleum-economist. com（原油经济学家，各产油国重要产业信息报道、原油大消费国信息报道、能源相关信息报道与分析）

www. iaee. org 国际能源经济协会（International Association for Energy Economics），（能源论坛、能源环境政策、能源产业相关报道）

www. ipaa. org 美国独立原油协会（Independent Petroleum Association of America)，（原油产业相关报道与分析、原油相关供需数据、美国钻油平台数据、美国原油供需与储备统计数据等）

www. opec. org（石油输出国家组织，原油月报、年报、原油供需报道、OPEC 政策宣达、全球原油中长期展望与预测分析等）

www. bakerhuges. com（美国贝克休斯能源信息服务公司，提供石油类与天然气的相关统计资料，尤其在钻油井数量的增减统计）

www. new. cpc. com. tw（中国台湾中油全球信息网，提供原油与相关能源产品知识，与进口原油计价基础，以及油品市场相关信息）

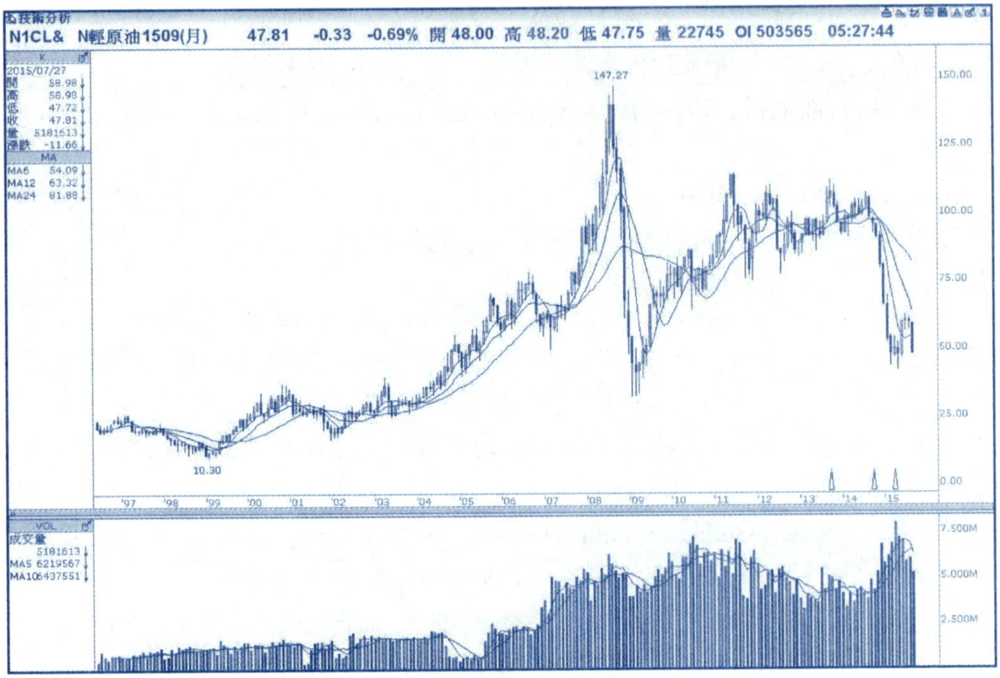

图 13 -14 纽约 NYMEX 原油期约连续走势图

资料来源：精诚信息。

附注：三次能源危机

第一次石油危机：发生在 1973 年，又称作 1973 年石油危机，由于 1973 年 10 月第四次中东战争爆发，阿拉伯的 OPEC 国家为了打击对手以色列和支持以色列的国家而宣布石油禁运，暂停原油出口造成国际油价上涨，当时原油价格曾从 1973 年的每桶不到 3 美元涨到接近 13 美元。于是触发了第二次世界大战之后最严重的全球经济危机，持续三年的石油危机，对发达国家经济造成严重冲击。在这场危机中，美国的工业生产下降了 14%，日本的工业生产下降了 20% 以上，所有工业化国家的经济增长都明显放慢。西方国家鉴于石油消费逐日增大，因此在危机过后，纷纷建立战备储油，以供不时之需。

第二次石油危机：1978 年年底，世界第二大石油出口国伊朗发生重大政变，最终伊朗亲美的温和派国王巴列维下台，也就是“伊斯兰革命”。1978 年 12 月至 1979 年 3 月，伊朗石油全部停止出口，全球石油供给突然减少 500 万桶/日。此外，1980 年 9 月伊拉克突袭伊朗爆发“两伊战争”，使得两国石油出口一度中断，造成石油供应明显短缺，石油价格从每桶 13 美元最高飙升至 39 美元。经过第二次石油危机，发达国家一度减缓的战略储油计划开始加快速度。

第三次石油危机：1990 年 8 月初伊拉克攻占科威特后爆发了波斯湾战争，伊拉克遭受国际经济制裁，使得伊拉克的原油供应中断，国际油价因而急升至每桶 42 美元高点。此外，美国经济在 1990 年第三季度加速陷入衰退，拖累全球经济，使得 1991 年全球 GDP 增长率跌破 2%。于是国际能源机构启动紧急计划，将每天 250 万桶的储备原油投放市场，使原油价格在一天之内就每桶暴跌 10 多美元。以沙特阿拉伯为首的 OPEC 也迅速增加产量，世界石油价格很快就稳定下来。

表 13－5　纽约 NYMEX 西德州轻原油期货合约规格

商品名称	轻原油
交易所	NYMEX
合约规格	1000 桶
商品代码	GL
报价单位	美元/桶
最小跳动值	0.01 美元/桶
交易月份	连续 72 个月
北京交易时间——夏令时 （冬令时间延后 1 小时）	人工盘 21:00 至次日 02:30 电子盘 06:00 至次日 05:15
涨跌停限制	10 美元，20 美元，30 美元……
最后交易日	到期月份之前 1 个月之后第 25 个日历日 （未含当日）往前第 4 个工作日
最后交割日	到期月份的倒数第 2 个工作日
交割方式	实物交割
2014 年主交易月平均交易量	473.1 万手

表 13－6　伦敦 ICE 布兰特原油期货合约规格

商 品 名 称	布兰特原油
交易所	ICE
合约规格	1000 桶
商品代码	LCO
报价单位	美分/桶
最小跳动值	1 美分/桶
交易月份	连续 36 个月
北京交易时间——夏令时（冬令时间延后 1 小时）	电子盘 08:00 至次日 06:00
涨跌停限制	无
最后交易日	到期月份之前 1 个月由月底往前第 15 个日历日
最后交割日	无
交割方式	现金结算
2014 年主交易月平均交易量	390.5 万手

Part 14：无铅汽油

汽油（Gasoline）是从原油分馏或裂化、裂解出来，具有挥发性、可燃性的烃类混合物液体，可用作燃料，由于是自原油提炼出来的极易汽化油料，所以取名汽油。汽油是无色液体，不过为了方便辨识不同辛烷值的汽油，会加入不同颜色，它具特殊臭味，易挥发、易燃，主要成分为 $C_4 \sim C_{12}$ 脂肪烃和环烃类，含少量芳香烃和硫化物。

汽油有两项特性——蒸汽压力与辛烷值（RON）；汽油本身在常温下是属挥发性物质，为了避免汽油从液体转变成气体，必须在汽油表面施加压力，也就是所谓蒸汽压力。在寒冷的气候下，汽油的蒸汽压力必须够高，才能使汽车发动，然而如果蒸汽压力太高，汽油汽化的速度会过快，并且对引擎造成损害；应用在内燃机的汽油，必须保持在压缩过程不自动燃烧。辛烷值是汽油抗震爆性能的量度；震爆（Knocking）是指汽车引擎发生不正常燃爆，连续震爆容易烧坏气门、活塞等机件。辛烷值是计算汽油引发引擎爆震的程度，数值越高，抗震爆的性能越佳。

增加汽油辛烷值的方法之一是加入四乙基铅，但是它对人体有害，而且会损坏控制排气污染的触媒转化器，所以从 20 世纪 80 年代开始，无铅汽油逐渐取代有铅汽油（高级汽油）；到 2011 年，仍有阿富汗、阿尔及利亚、伊拉克、朝鲜、缅甸和也门等使用有铅汽油，联合国已针对这六国制订有铅汽油退场计划。

最常用的 95 号无铅汽油的抗震爆强度，相当于标准油含有 95% 异辛烷和 5% 正庚烷的抗震爆强度。选用汽油应依照原厂建议，选用的汽油辛烷值只能比原厂建议值高，不能低。车辆使用较其引擎辛烷值需求低的汽油会造成不正常燃烧，导致爆震。不过驾驶者受到风切变及引擎噪声影响，极易忽视，长期会造成引擎损伤。

为了在储藏、输送过程中，能够清楚了解储藏、输送的油品，一般炼油厂会在不同级别的油品加入不同颜料以方便识别。像中国台湾中油或台塑化公司的高级汽油（2000 年 1 月 1 日停售）是绿色，92 号无铅汽油是蓝色，95 号无铅汽油是黄色，98 号无铅汽油是红色。目前加油站贩卖的无铅汽油有 92 号、95 号、98 号三种，它们除了辛烷值不同外，其他性质大致相似，其代表研究法辛烷值分别是92、95和98。美国汽油等级可区分为高级汽油、中级汽油及普通汽油，其辛烷值研究法与马达法的均值分别为92、89、87，相当于研究法辛烷值98、95及92。

就中国台湾来说，目前美、日进口车及国产车使用92号或95号无铅汽油；部分欧洲进口车原设计使用98号汽油，但进口商已做调整，也适用95号无铅汽油。有些厂牌在使用95号无铅汽油时，偶尔还有爆震现象，特别是在爬坡或天气热的时候。进口车代理商建议这些车辆自行加添加剂以改善此问题。不过这些车种如果使用98号无铅汽油就不会有爆震现象，也不必加添加剂。

汽油用途：分为车用汽油、航空汽油和工业用无铅汽油。

（1）**车用汽油**（motor gasline，mogas）。供车辆做动力燃料用的汽油，分为高级汽油（premium gasoline）和普通汽油（regular gasoline）。过去车用汽油都会加入四乙基铅以提高其辛烷值，近年来因环保考虑，不再加铅，所以称为无铅汽油。

（2）**航空汽油**（aviation gasoline，avgas）。供航空做动力燃料用的汽油。航空汽油因辛烷值不同，分为100/130号航空汽油，115/145号航空汽油等。

（3）**工业用无铅汽油**。用在工业方面做溶剂的汽油，不加入汽油精（四乙基铅）。

汽油是主要的车用动力燃料，不过可作为动力燃料的还有替代能源（酒精汽油与生质柴油），在汽油中添加有机化合物可以改善排放、提高效能。

（1）**汽油**。一般使用在火花点燃的引擎，是一种非常容易汽化的可燃性油料，由于不同的炼制过程，是一种成分复杂的混合物，除一般碳氢化合物外，因环保要求，添加了含氧化合物甲基第三丁基醚（MTBE），以及各种功能不同的添加剂。

（2）**酒精汽油**。是在一般汽油中加入若干比例的乙醇（酒精，可用甘蔗、玉米提炼）有促进燃烧的效果，可降低车辆的一氧化碳、碳氢化合物等污染物排放量，改善空气质量，有助于减少二氧化碳排放量，是符合现代环保概念的再生能源。中国台湾的中油添加3%乙醇在汽油中，成功施行普遍乙醇添加汽油的国家是巴西，在20世纪70年代，巴西就利用甘蔗生产乙醇，并且大力推广，目前巴西的加油站提供的是添加25%乙醇的酒精汽油，也是全球唯一不提供纯汽油的国家。

（3）**生质柴油**。利用废食用油或是大豆、油菜、向日葵等油脂作物为原料，经过转酯化反应、中和、水洗及蒸馏等转换技术生产的油品，符合能源效益的再生能源，专门用于柴油车。

影响汽油价格因素

一、供给与需求

汽油是经由原油裂解，所以决定汽油产出多少的是原油设备使用率，通常100 桶原油会产出45 桶汽油，因此原油价格涨跌是影响汽油价格变化的关键。以纽约 NYMEX 的西德州轻原油期货和无铅汽油期货的价格相关性来看，两者走势关系相当密切，2014 年间的相关性高达98.4%（见图 14－1）。

图 14－1　纽约 NYMEX 西德州轻原油与无铅汽油期货（单位：美元）

因此凡是会影响原油供需面的因素变化都会牵连汽油价格，此外，美国是全球第一大能源消费国，所以无论是经济发展、能源进出口政策、国内税率和炼油使用率变化都会牵动全球市场价格。近20 年，美国炼油使用率在75%～100%之间游走；在 1997—1998 年美国经济增长非常好，当时炼油使用率最高可达99.3%，然而2008 年金融海啸时，炼油使用率一度低挫至 74.3%。美国在2007年之前25 年间汽油产出持续增加，2008 年之后产出受到金融海啸影响渐趋减缓，同时美国汽油出口量开始明显增加，到2011 年出口量达到最高峰，汽油库存也因为产出减缓与出口增加，迅速减少（见图 14－2）。

二、消费因素

汽油消费最大影响因素是经济增长，而其中汽车销售数量更是直接影响汽油的需求。以汽油第二大消费国——中国为例，自 2009 年以来，中国汽车销售数量明显增加，虽然2012 年经济开始放缓，但汽车销售数量仍然持续增长，2013

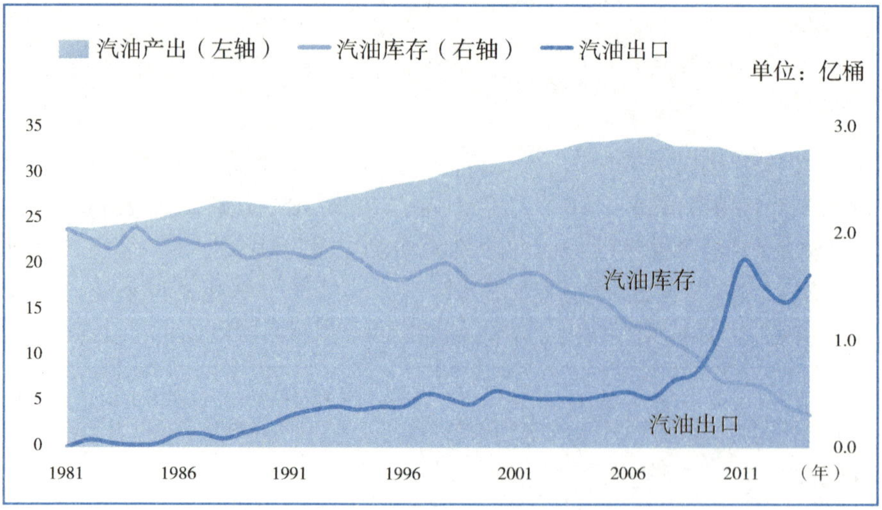

图 14－2　美国汽油产出与进口、库存量

资料来源：USEIA。

年汽油年需求量更是呈现 10% 以上增长。因此，市场都认为中国经济与汽车销售增长，对全球原油与汽油市场有重大影响。（见图 14－3）

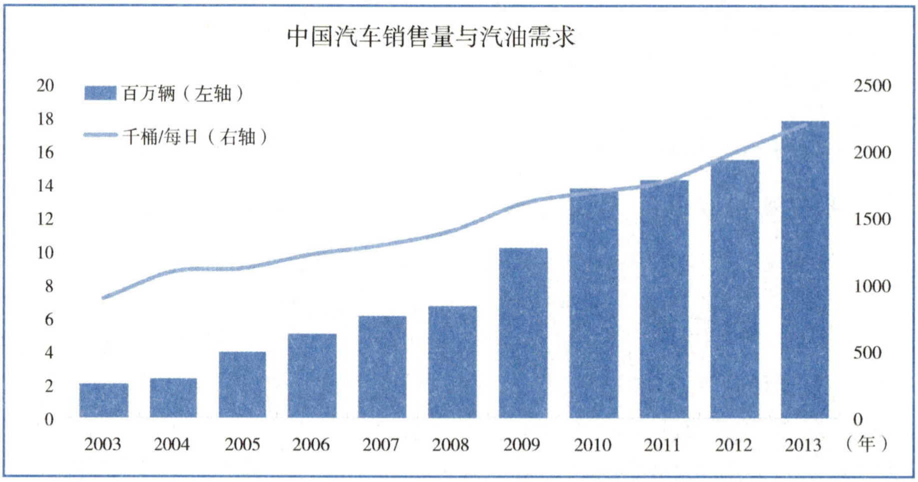

图 14－3　中国汽车销售量与汽油需求

资料来源：中国国家统计局。

三、汇率因素

对于原油大进口国如中国、日本而言，汇率因素非常直接地影响汽油价格变化，以中油每周油价调整机制为例，每周汇率均价的变动乘以调价指针就是价格

变动幅度的计算基础。当然，纽约无铅汽油期货是以美元计价，其价格走势和原油一样，与美元指数呈现相反方向。

四、季节性循环

美国夏季（通常是5～7月）是商业活动与旅游最频繁的季节，通常从阵亡将士纪念日的假期开始，汽油使用量会逐渐增加，到7月初的美国国庆节达到高峰，因此纽约无铅汽油期货价格也会在此期间走强。

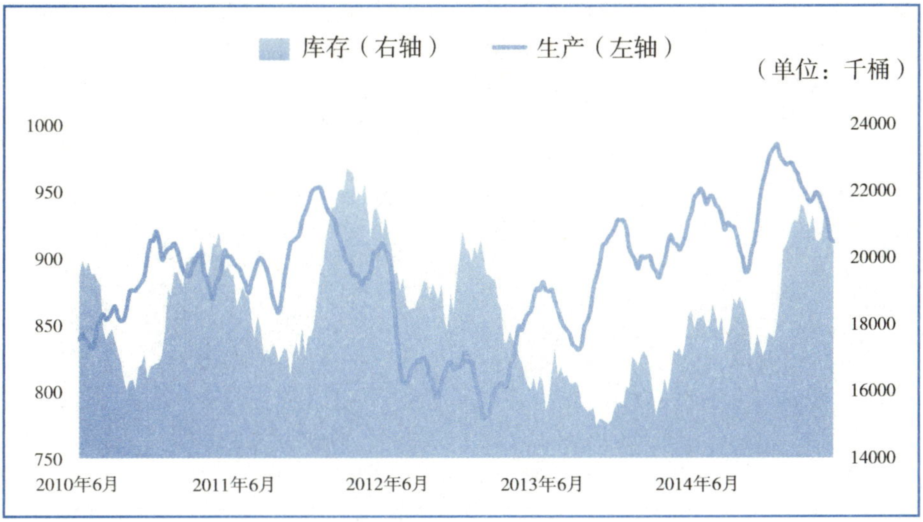

图 14－4　美国燃料乙醇产量与库存

资料来源：美国能源信息局。

五、替代能源

基于环保因素，汽油替代能源如酒精汽油（燃料乙醇）和生质柴油的生产已经受到重视。不过依据美国 EIA 统计，最近五年，美国燃料乙醇的产量相当平稳，每日产量在78万～98万桶间；且现阶段美国燃料乙醇库存高达2000万桶，是5年来的相对高位，显示市场供给充裕。此外，美国燃料乙醇是以玉米为炼制原料，虽然玉米价格已经跌至10年低点，但并没有刺激燃料乙醇的生产，这凸显出美国替代能源市场供过于求的现象。

影响汽油交易的事项

（1）交易纽约能源类期货很重要的指针就是美国能源信息局（EIA）在每周三公布的库存报告，包括原油、汽油、柴油、丙烷的库存产量与进出口等相关资料，其中库存是最受瞩目的项目，库存增加代表市场供给的充裕，所以往往数据一公布，期货价格就会下跌。

（2）美国 CFTC 每周五会公布原油与相关能源类期货商品的大额交易人持仓报告，所以管理基金的投机部位变化往往代表市场的多空气氛（见图 14－5）。由于无铅汽油期货的交易量比原油期货少很多（仅约为 15%），管理基金的净持仓部位变化与价格的正向关系就不如原油明显。

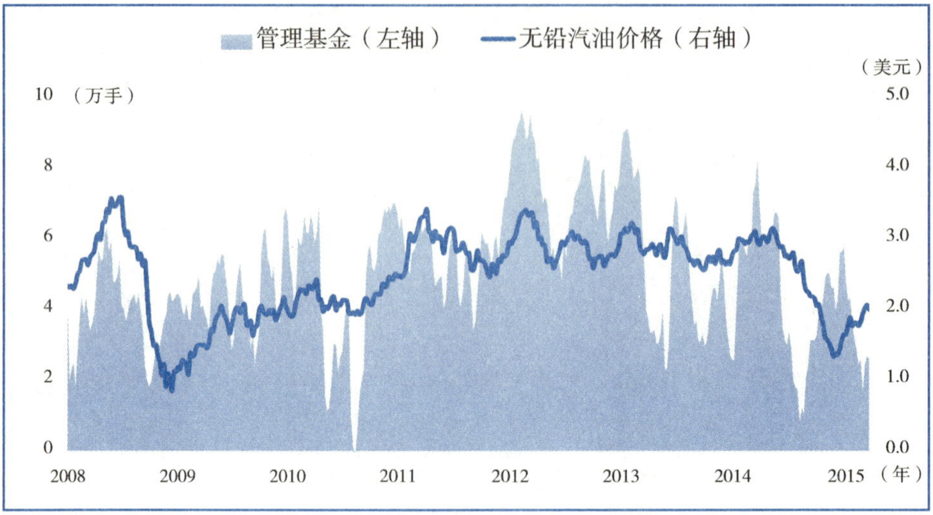

图 14－5 纽约无铅汽油大额持仓报告与汽油期货价格

（3）NYMEX 于 1994 年发行原油裂解价差契约，投资人可以用固定保证金承作一套价差交易，用以锁定炼油商的裂解利益，或是赚取价差收益、发散的利润。其中包含 3 口一两个月后到期的原油期货、2 口无铅汽油期货和 1 口热燃油期货。这种 3∶2∶1 的比例模拟了现实中的提炼产出。不过建立在轻原油基础上的 3∶2∶1 比例无法满足所有炼油厂需求，OTC（场外交易市场）可提供为各种情况设定的自定合约。

重要参考数据来源

www.eia.gov 美国能源信息局（U.S. Energy Information Administration）［能源资料报告、能源月报、原油月报、原油市占率报告、原油市场库存周报（每周三）、能源供需、相关定期与不定期报道］

www.energy.gov（美国能源部，美国能源政策与系统说明介绍，能源产业相

关信息）

www. americanpetroleuminstitute. com 美国原油协会（American Petroleum Institute），（每周统计报告、月统计报告，以及其他原油相关报道）

www. cmegroup. com CME 集团，纽约商业交易所（CME Group，NYMEX），关于无铅汽油期货相关交易量与市场行情报道

www. theice. com 英国伦敦洲际交易所（ICE Futures Europe），伦敦布兰特原油期货相关交易量与市场报道

www. world. petroleum. org 世界原油议事会（WorldPetroleum Council，WPC），（原油产业相关信息、国际原油研讨会、各产油国相关报道、产业年报）

www. energyintel. com 智慧能源（Energy Intelligence，简称 EI），（各产油国重要产业信息报道、原油消费国信息报道）

www. worldoil. org（各产油国油井开采情况，原油生产与消费信息报道，能源市场相关信息分析）

http：//oil-info. ieej. or. jp（日本石油情报，日本民间机构对原油产业相关报道与分析）

www. opec. org（石油输出国家组织，原油月报、年报、原油供需报道、OPEC 政策宣达、全球原油中长期展望与预测分析等）

www. new. cpc. com. tw（台湾中油全球信息网，原油与相关能源产品知识、台湾进口原油、原油计价基础等信息）

表 14－1　纽约 NYMEX 无铅汽油期货合约规格

商 品 名 称	无 铅 汽 油
交易所	NYMEX
合约规格	42000 加仑
商品代码	RB
报价单位	美元/加仑
最小跳动值	0. 0001 美元/加仑
交易月份	连续 36 个月
北京交易时间——夏令时 （冬令时间延后 1 小时）	人工盘 21:00 至次日 02:30 电子盘 06:00 至次日 05:15
涨跌停限制	0. 25 美元
最后交易日	到期月份之前一个月最后 1 个工作日
最后交割日	最后交易日后第 2 个工作日
交割方式	实物交割
2014 年主交易月平均交易量	72. 3 万手

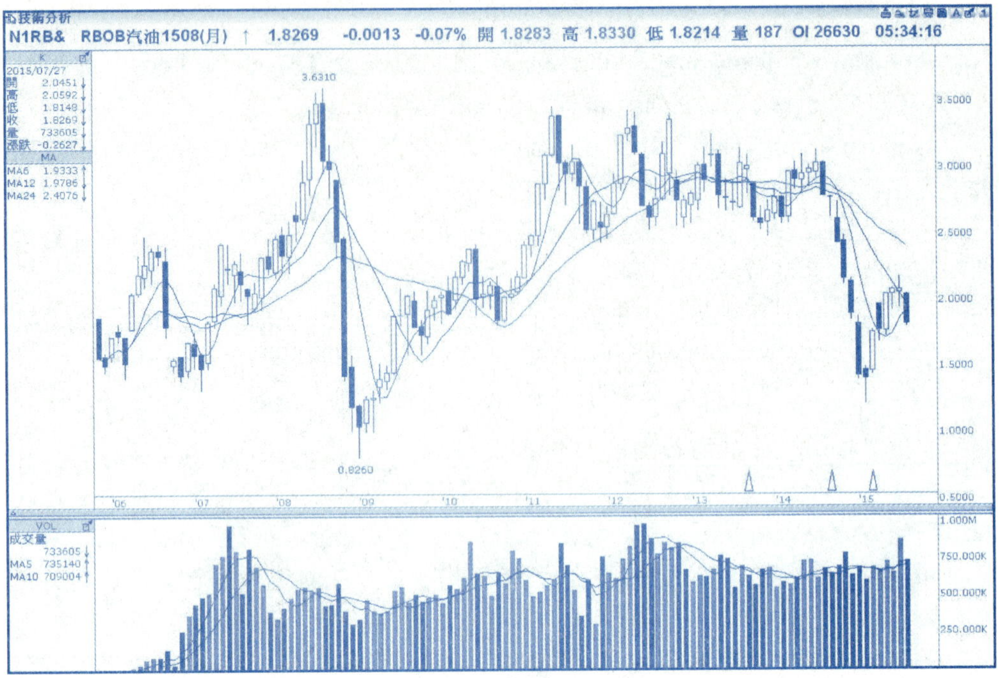

图 14-6 纽约 NYMEX 无铅汽油期约连续走势图

资料来源：精诚信息。

Part 15：热燃油

热燃油（Heating Oil）是原油分馏过程的中间产品，分馏油在175℃～425℃间蒸馏形成，从原油提炼的产品包括：柴油、煤油、航空用油与热燃油。分馏油（Distillate）分为柴油、一号油与二号油。一号油包括煤油和航空燃油，煤油通常用于炉具或灯具燃料，一号油占分馏油总量的15%左右；二号油在分馏油中约占25%，是仅次于汽油的最大提炼产品（见图15－1）。

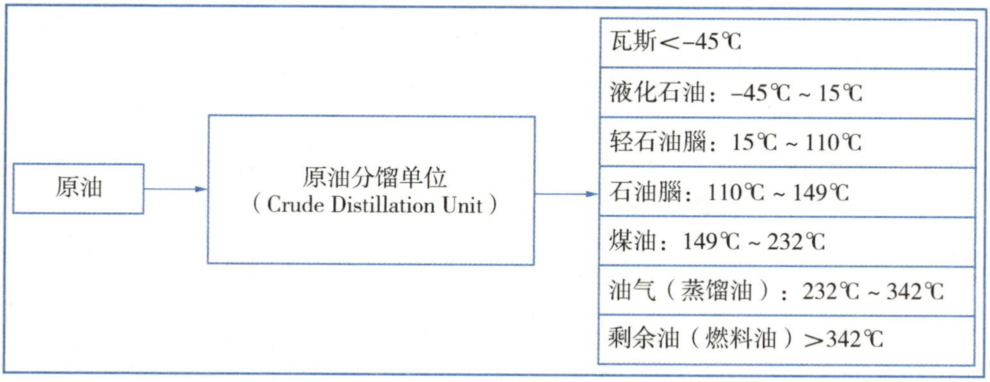

图15－1　原油分馏简图

在美国，二号油称为燃料油、蒸馏油或家庭热燃油，至于美国以外地区称为油气（Gas Oil）。柴油与热燃油的性质相近；柴油可作为热燃油使用，但热燃油则不行。通常二号油用于高纬度国家的家庭，或是小型商业公司加热取暖，NYMEX交易的热燃油期货合约标的就是二号油。

根据美国石油学会（API）分类，由原油炼制出来的石油产品，已达两千多种，大致可以归纳为以下各主要项目：

（1）**气体类石油产品**。天然气、液化石油气、甲烷、乙烷、丁烯等。

（2）**燃料石油产品**。汽油、煤油、柴油、航空燃油、渔船用油、锅炉用油、燃料油和石油焦等。

（3）**润滑油脂类产品**。车用机油、齿轮油、家庭用机油、通用机油、冷冻机油、多效润滑油脂等。

（4）**石油溶剂**。如通用溶剂、油漆溶剂、干洗油、去渍油、甲苯、二甲苯等。

（5）**石油炼制产品**。甲烷、乙烷、乙烯、丙烯、丁二烯、苯、甲苯、二甲苯、硫黄、碳烟等。

（6）**柏油类产品**。铺路柏油、涂料柏油、屋顶柏油、绝缘柏油等。

（7）**其他**。不包括上述石油副产品，如焦油、石蜡、凡士林等。

热燃油供需

热燃油有两个特有现象，**一是库存量季节性变化明显**。冬季是热燃油旺季，所以库存量通常会在每年 10～11 月间达到高点，直到来年的 2～3 月降到低点，夏季期间需求最低。美国能源信息局在冬季至次年春季热燃油（Heating Oil）的使用旺季公布周库存变化，其余时间则只公布分馏油（Distillate）库存。以最近 10 年美国分馏油的库存来看，每年 8～10 月库存会达到高峰，3～4 月则是一年的低档（见图 15－2），充分显示分馏油的库存刚好涵盖整个热燃油的高低区域。以 2014 年分馏油库存变化来看，全年的库存水平几乎都位于 10 年的下缘区，说明近年来美国油源充足，而且由于天然气取代热燃油的部分需求，业者纷纷降低热燃油库存，相对会使分馏油库存量被压低。

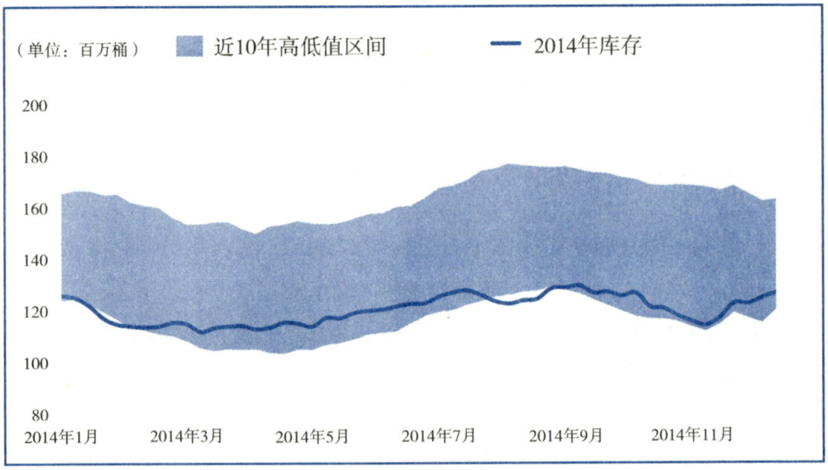

图 15－2 美国分馏油年内库存变化比较

资料来源：US EIA。

第二个特有现象是热燃油有明显的替代品，如电力与天然气，有时煤或液化石油对热燃油也有影响。根据美国能源部能源信息局月刊所载，热燃油的市场价格 42% 受到原油价格变动影响（比汽油的 46% 少），12% 是提炼成本，另外，占大部分成本的是市场推广与营销费用，比例达 46%（比汽油的 12% 多）。其中主要原因是热燃油的替代品多，因此需要高额的推广营销费用来吸引消费者。

热燃油消耗量有逐年降低的趋势，主要是转移到较方便、成本较低的天然气，因为天然气燃烧产生的二氧化碳比热燃油减少 20%，比煤燃烧减少 45%，在环保观念下，天然气是较理想的热能源。不过由于热燃油的燃点比较高（约 52℃），在家庭使用有较高安全性。根据美国 EIA 统计，美国热燃油消费量在 1976 年达到高峰，之后每年减少 100 亿加仑。1990 年以前热燃油年销售量维持在 200 亿加仑以上，到了 2000 年已降至 140 亿加仑以下，2008 年更降至百亿加仑以下，2013 年已经减少至 48.8 亿加仑（见图 15－3）。

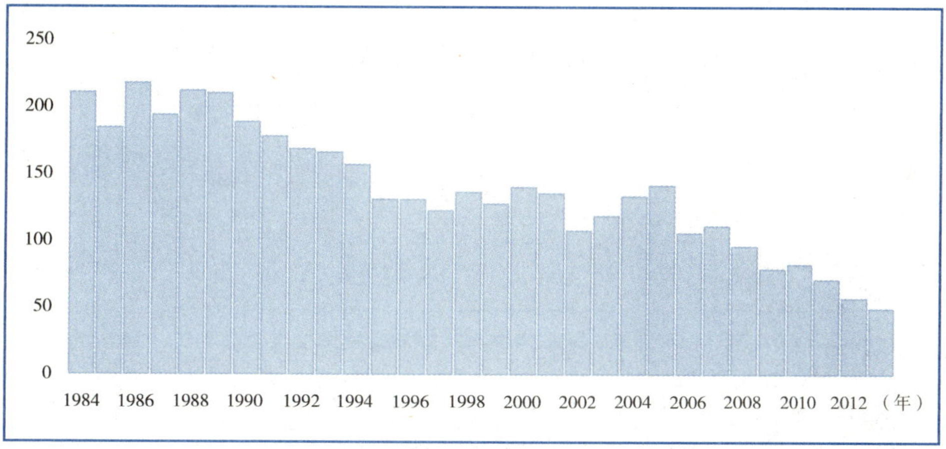

图 15－3　美国热燃油销售（单位：亿加仑）

资料来源：US EIA。

20 世纪 90 年代美国已经研究出利用黄豆油替代燃料油，也就是 20% 的热燃油可以在同样生产设备下用黄豆油代替，如此一来，更加减少热燃油的需求。由于黄豆油生产过程相较燃料油容易，而且生产过程中不会产生有污染的硫气，较符合现代环保要求。根据 2014 年美国能源部估计，自 2014 年开始到 2040 年，美国家用燃料油的需求量预计每年会下降 2.7%，商用方面每年会减少 1.1%，只有工业用会年增 0.1%。因此，可以预期热燃油市场将随着天然气和其他环保替代能源的增加而年年缩小。

影响热燃油价格因素

一、供给与需求

热燃油来自原油分馏裂解，因此原油价格涨跌对热燃油价格影响息息相关。

以纽约 NYMEX 的西德州轻原油期货和热燃油期货的价格相关性来看，2014 年两者相关性达到 95.9%，只比汽油少一些；热燃油与无铅汽油期货的相关性则是 93.8%。如果以汽油及热燃油的期货价格走势图比较，基本上无铅汽油的价格都比热燃油低，这种情况在热燃油使用旺季更明显（见图 15－4）。

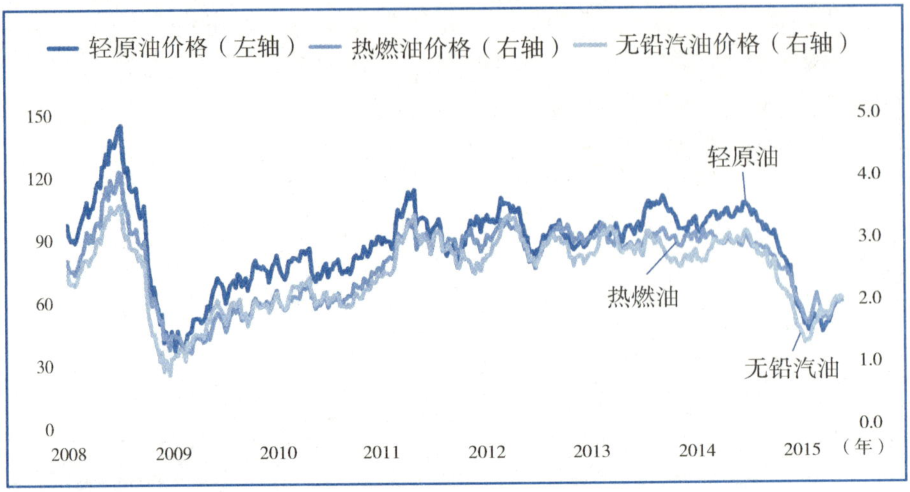

图 15－4　NYMEX 原油、无铅汽油与热燃油期货价格走势（单位：美元）

美国能源信息局会定期公布分馏油库存、生产量、进口量等数据，因为分馏油包括飞机燃油、热燃油和柴油，因此是热燃油价格重要参考信息，尤其在旺季期间的库存变化更具有参考价值。

影响热燃油交易的事项

（1）原油价格的变动对热燃油有直接正向引导关系，例如：2014 年 7 月至次年 3 月原油剧跌 60.4%，其间热燃油虽是面临旺季，也跟着大跌了 44.1%。其次，原油裂解价差交易会影响热燃油短暂行情变动，并且让原油和热燃油、无铅汽油间维持一定的投入与产出关系。

（2）美国能源信息局（EIA）在每周三公布的库存报告、能源月报和年度报告都是能源类产品很重要的参考。

（3）热燃油的季节性价格变动很强，如果遇到严寒天气，价格马上反弹，相对也会拉抬原油的市场价格。例如：2015 年 2 月美国东北部接连受到暴雪和寒流影响，使得热燃油期货在这个月狂飙 36.3% 至每加仑 2.2989 美元，原油期货也跟着反弹，终结连续 7 个月收黑的大熊市，而无铅汽油期货价格也受到一定的裂解关系与价差交易影响跟着上扬（见图 15－5）。

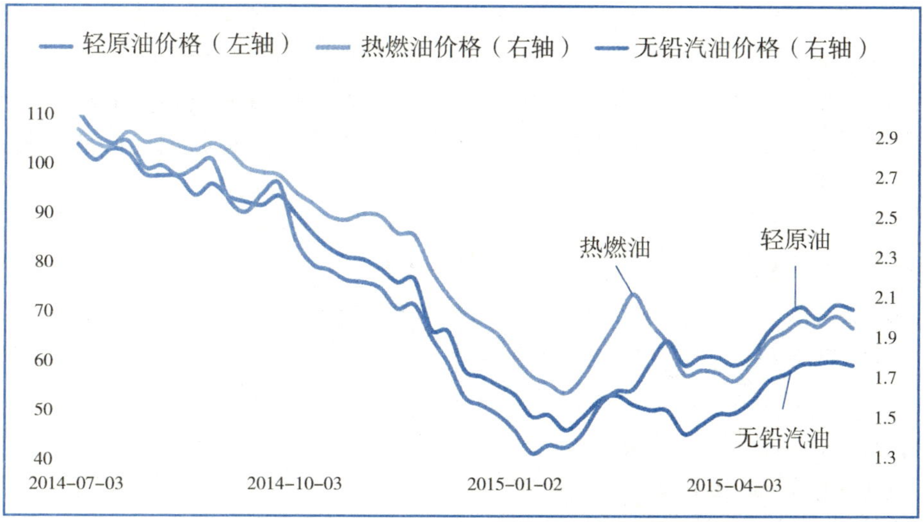

图 15－5　NYMEX 热燃油、无铅汽油、原油期货连续线图（单位：美元）

（4）美国商品期货委员会（CFTC）每周五公布原油与相关能源类期货商品的大额交易人持仓报告，管理基金的投机净持仓部位变化应重点观察（见图 15－6）。大致上，管理基金净部位与热燃油价格有密切正向关系，只是部位的变动幅度相对比价格变动来得大。

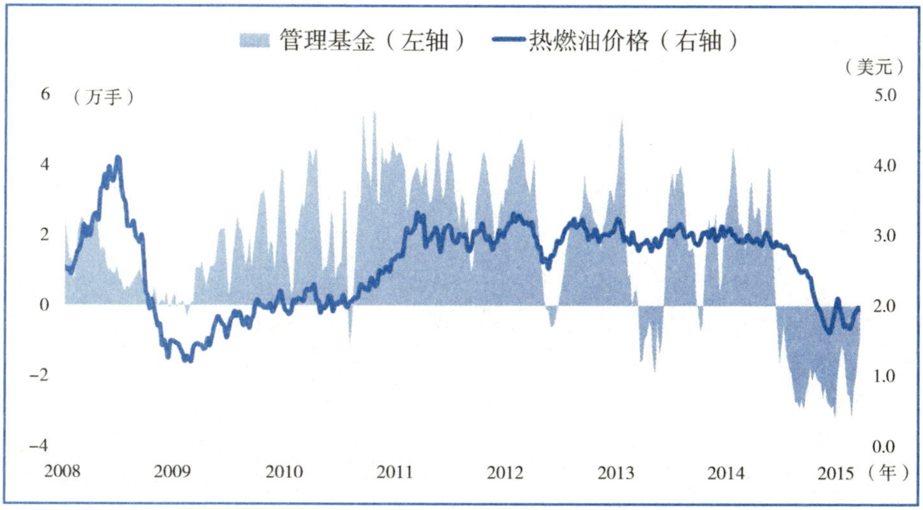

图 15－6　纽约热燃油大额持仓报告与期货价格

数据来源：CFTC。

重要参考数据来源

www. eia. gov 美国能源信息局（U. S. Energy Information Administration）能源资料报告、能源月报、原油月报、分馏油生产、进出口、库存周报、能源供需、相关定期与不定期报道

www. americanpetroleuminstitute. com 美国石油协会（American Petroleum Institute，简称 API），每周统计报告（每周二）、月统计报告，以及其他原油相关报道

www. cmegroup. comCME 集团，纽约商业交易所（CMEGroup，NYMEX），关于热燃油期货相关交易量与市场行情报道

www. theice. com 英国伦敦洲际交易所（ICE Futures Europe），伦敦布兰特原油期货相关交易量与市场报道

www. opec. org 石油输出国家组织，原油月报、年报、原油供需报道、OPEC 政策宣达、全球原油中长期展望与预测分析等

www. new. cpc. com. tw 中国台湾中油全球信息网，原油与相关能源产品知识、台湾进口原油、原油计价基础等信息

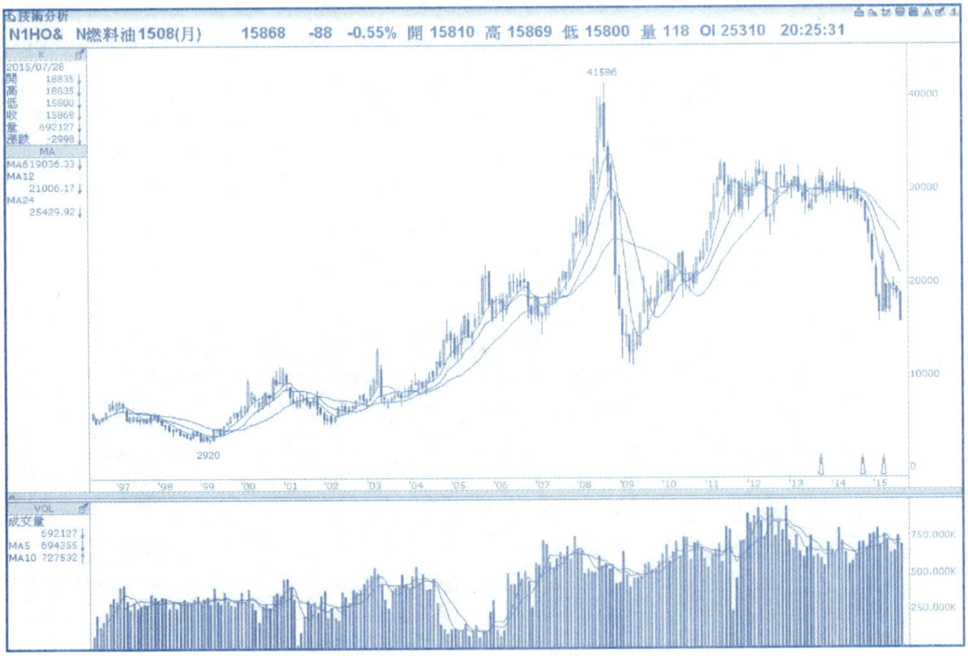

图 15－7　纽约 NYMEX 热燃油期约连续走势图

资料来源：精诚信息。

表 15－1　纽约 NYMEX 热燃油期货合约规格

商品名称	热燃油
交易所	NYMEX
合约规格	42000 加仑
商品代码	HO
报价单位	美元/加仑
最小跳动值	0.0001 美元/加仑
交易月份	连续 36 个月
北京交易时间——夏令时 （冬令时间延后 1 小时）	人工盘 21:00 至次日 02:30 电子盘 06:00 至次日 05:15
涨跌停限制	0.25 美元
最后交易日	到期月份之前一个月最后 1 个工作日
最后交割日	最后交易日后第 2 个工作日
交割方式	实物交割
2014 年主交易月平均交易量	70.9 万手

Part 16：天然气

天然气（Natural Gas，瓦斯）是一种无色、无臭、无形、易燃、易爆的化石燃料，主要成分是90%以上的甲烷碳氢化合物和少量乙烷、丙烷、丁烷与戊烷，储存在油田和天然气田，有少量存于煤层中。可区分为传统天然气（conventional gas）及非传统天然气（unconventional gas）。

目前美国有非常丰富的天然气资源，天然气属于能源发电的一种，通常单位成本比电力低。最近几年美国积极开发的页岩气就是一种非传统的天然气，2005年以来，美国钻井业者在新技术辅助下成功开采，造成从业者疯狂探井开采油气，使得美国天然气价格迅速滑落。

（1）传统天然气

储存于渗透率高的多孔性岩层中，经长期累积而移栖于封闭岩层，开采时，借由地层本身压力，经由气井将天然气挤压至地表。

（2）非传统天然气

是指传统天然气以外的天然气，储存层渗透率低，必须使用特殊技术破坏岩层结构才能开采。非传统天然气可区分为：

（1）页岩气（Shalegas）。储存在页岩的天然气，因其储存层渗透率低，开采难度大，在天然气价格低时，其开采成本不符合市场经济效益，近年来因美国发明水力压裂和水平钻井新技术，因此降低开采成本而大量开发。

（2）煤层气（Coal Seam Gas）。吸附于煤层中的天然气，通常位于地下200～1000米深处的煤层。过去开采煤矿时产生的甲烷都被排放到大气中，但由于近年来技术进步，已能收集并制成天然气。

（3）致密砂岩气（Tight Sand Gas）。储存于低渗透率的砂岩中的天然气，由于渗透率低，通常必须先将岩石压裂或粉碎，才能使其顺利地流向开凿的井内。

一般家庭与工业用燃料

（1）液化天然气（Liquefied Natural Gas，简称LNG）开采后，如果是在内陆，可以用天然气管线运输（如美国、欧亚大陆），但是如果要漂洋过海时，为了运输便利，需经加工至液化温度零下 162℃（天然气经液化后体积可缩小 600 倍）。在国际上，一般天然气进口需先液化再以 LNG 专用冷冻船运输至买方港口，买方再将 LNG 储存于冷冻储槽，使用前须经气化输送至客户端。由于液化天然气处理程序较管路天然气复杂，因此国际 LNG 价格比一般管道天然气价格高出许多。

在中国台湾，LNG 经由船运抵中国石油公司的液化天然气厂后（中油为台湾地区唯一天然气进口企业），置入地下储槽，以超低温、常压方式储存在 10 万立方米的保冷储槽。配合市场需求，随时利用汽化器，将液化天然气转化为气态天然气，通过大口径地下输气管线，供应各瓦斯公司，这就是俗称的天然瓦斯的来源。

（2）液化石油气（Liquefied Petroleum Gas，简称 LPG）是从原油炼制过程中提取，也可以从天然油气田处理过程中析出。主要成分是丙烷及丁烷，利用这些气体很容易在正常温度下略为加压，或是在正常气压下利用冷冻方式加以液化的特性，将其转化为液化石油，就可以减少至 1/250 体积，达到更方便储存、运送、携带及使用的目的。一般处理方式是加压灌入钢瓶供用户使用，也就是俗称的液化瓦斯或是桶装瓦斯。

以上两者都是无色、无味、无毒、易燃、易爆。当它完全燃烧时，都会产生无毒的二氧化碳，但是如果燃烧不完全，就会产生有毒的一氧化碳。因此，基于安全考虑，瓦斯公司供应的天然气，或是桶装瓦斯，必须遵照政府法令规定，添加臭味剂，以防止气体意外泄漏时造成重大危险。

天然气供需

以美国能源信息（EIA）公布的统计数字来看，全球前三大天然气生产国为美国、俄罗斯与伊朗，但是除了美、俄以外，其他国家的市场占有率都相对低。在消费方面，美国是最大消费量国家，2012 年的消费量占全球的 21.35%，俄罗斯第二。至于亚洲国家，中国和日本消费量也很大，尤其是日本，自从 2011 年的“3·11”地震后，天然气进口量年年攀升，目前日本已是全球第一大天然气进口国。

在天然气出口方面，俄罗斯独占鳌头，中东的卡塔尔天然气出口排第二，欧洲的挪威与荷兰也有相当数量的天然气出口。在北美洲、加拿大有较大量的天然气输出，占全球出口量的 8.5%，美国也有天然气出口，但只占全球的 4.4%。然而 EIA 预估美国在 2020 年将成为天然气的净出口国。事实上，在 2012 年，美国仍是第二大天然气进口国（见图 16－1），不过最近三年随着非传统天然气产量增加，美国对外依存度已经逐渐减少。

全球天然气主要生产国为美国与俄罗斯，两者产量加总计占全球总量的40%左右，伊朗、加拿大、中国与挪威也有相当数量的天然气产出。美国产量在1982年以前是全球第一，1982年以后，苏联产量迅速增加，到1980年后期产量已经远远超过美国，而1992年苏联共和国解体后，俄罗斯产量超过美国，但是差距已经越来越小，2009年美国产量小幅超越俄罗斯，到2012年美国已经超越俄罗斯10%，稳坐全球第一。

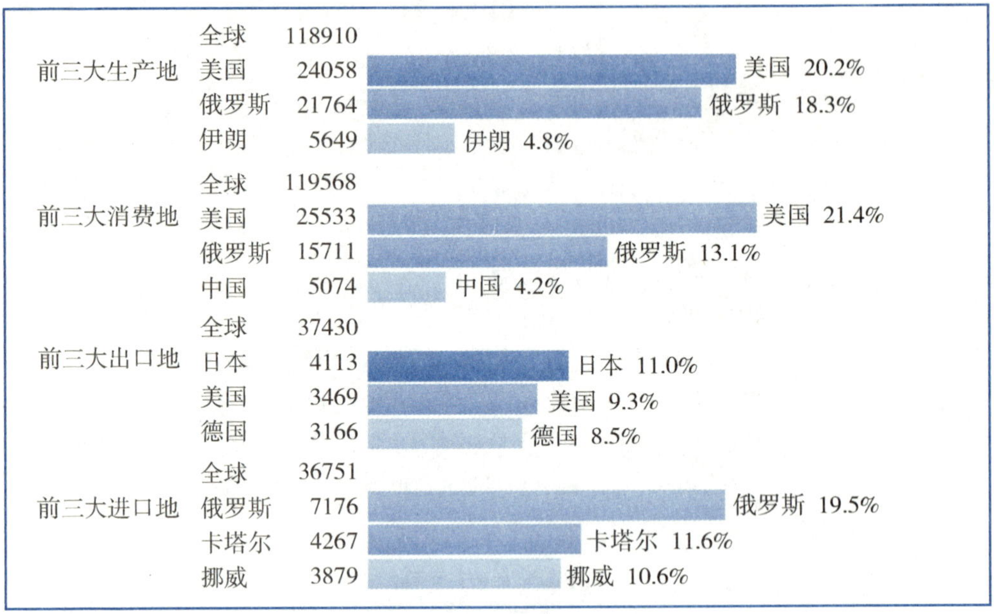

图16－1 2012年全球天然气供需重要数据（单位：10亿立方英尺①）

以天然气在最近35年的全球供需状况来看，1988年以前，每年呈现供过于求的市况，1989年后25年来只有5年供过于求，最大一次生产剩余是在2001年全球经济不景气、美国互联网泡沫之际，而2002年至今，天然气都呈现供不应求的情况（见图16－2）。

传统与非传统天然气储量

根据EIA在2014年统计，全球传统天然气可开采的蕴藏量约为6972兆立方英尺，以中东所占的储量最大，再者是包括俄罗斯在内的欧亚大陆，两者蕴藏量

① 1立方英尺＝0.0283168立方米。

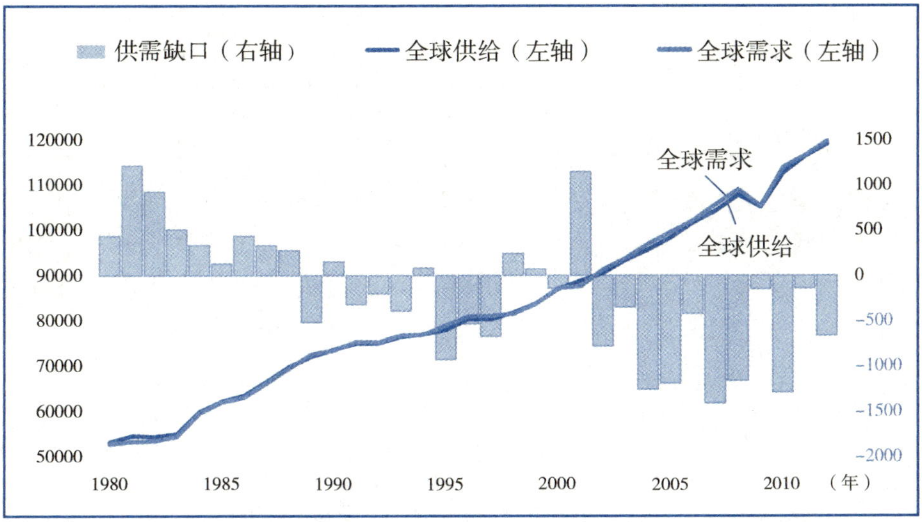

图 16－2　全球天然气供需与缺口（单位：10 亿立方英尺）

已达全球的 70% 以上，而其他地区的蕴藏量相对较小（见图 16－3）。相较传统蕴藏量，非传统天然气的蕴藏量十分可观，根据 EIA 在 2013 年的统计，全球可开采页岩气（非传统天然气）蕴藏量就有 7299 兆立方英尺，其中中国就占 15.3%（1115 兆立方英尺）的最大储量，而美洲包括阿根廷、美国、加拿大、墨西哥、巴西等五国的可开采页岩气总蕴藏量高达 38.8%，是最丰富的蕴藏区域，其中以阿根廷储量达 802 兆立方英尺，占全球总储量的 11%，俄罗斯仅占有 3.9%。

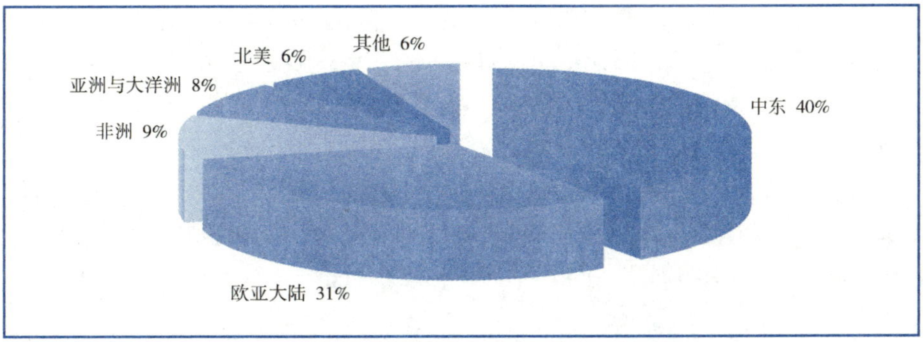

图 16－3　全球传统天然气蕴藏量分布

影响天然气价格因素

一、供给与需求

美国是全球天然气最大生产国、消费国，也是全球第二大天然气进口国，其天然气产销状况对全球都有重大影响，因此美国的天然气消费与天然气开发的状况都是影响天然气价格关键因素（见图 16－4）。自 2009 年以来，美国以新技术大量开发非传统的页岩气就是最大影响因素，美国国内天然气供给增加，不但减少对外进口，连带压低全球天然气价格。

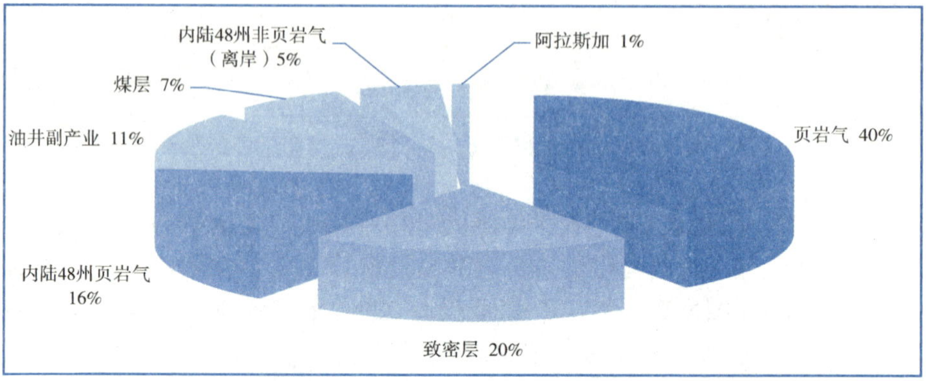

图 16－4　2013 年美国天然气产出来源

以最近 35 年美国天然气的供需状况来看，美国天然气市场都是供不应求的状态，尤其是 1995—2005 年间需求缺口最大。但是 2007 年以后需求缺口明显缩小，2015 年可以恢复到 1988 年以前小幅的不足状况（见图 16－5），此外，美国在 2012 年已经开始商业化生产页岩气，也导致纽约天然气期货价格在 2012 年 4 月底直挫至 2 美元以下的 10 年低位。

·2005 年美国经济持续增长，自 2004 年以来联准会已连续 13 次调升基准利率，加上中国经济增长加速对国际能源进口需求显现，能源价格持续攀高，天然气期货价格在 2005 年 12 月中创下 15.78 美元新高价。**（经济增长＋需求）**

二、相关替代能源

虽然天然气与原油都是能源，但是天然气不像汽油或热燃油与原油价格那么密切。天然气与液化石油气（LPG）与电力的相互替代性让天然气虽然与原油价格同样受到能源需求因素影响，但是走势不尽相同。以 2008 年金融海啸后为例，原油价格在 2009 年年初见底后迅速反弹，但天然气价格至 2009 年 8 月才触底反

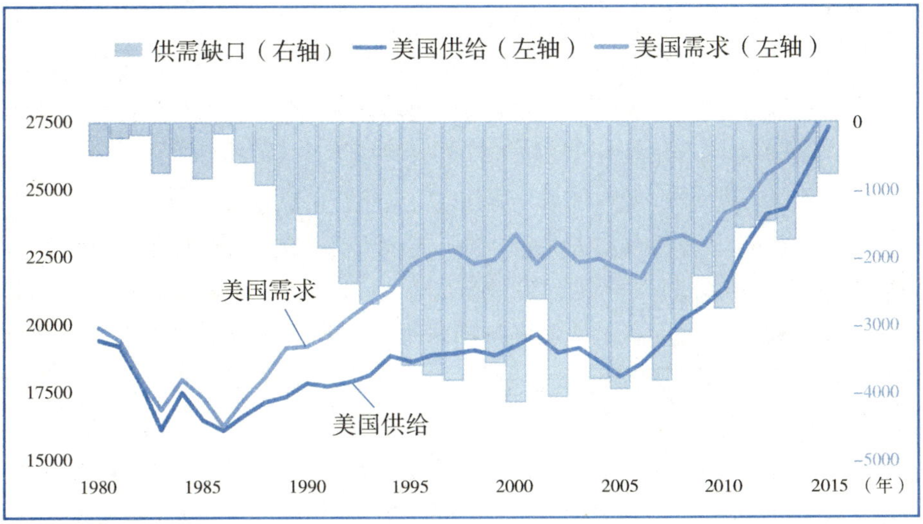

图 16-5　美国天然气供需与缺口（单位：10 亿立方英尺）

弹，而且天然气在 2010 年 1 月出现另一波探底走势，之后走势疲弱。2014 年下半年原油大跌之际，天然气因为起跌点较早（2014 年 2 月底已经开始走空头），在那段原油大跌期间，天然气跌势相对缓和（见图 16-6）。

图 16-6　纽约 Nymex 天然气与轻原油期货价格走势图（单位：美元）

以美国使用天然气为例，有 50% 以上是用在工业用途与公用事业发电，因此天然气与煤或是汽油、柴油有某种程度的替代性，在需求方面，如果发生电力短缺，往往也会拉抬天然气价格。

·2000—2001 年美国加州电力自由化，引发严重的电力短缺危机，2000 年美国天然气供需出现 4.15 兆立方英尺的史上最大短缺，纽约天然气期货价格自 2000 年年初的 2.1 美元一年内急速飙升至 10.2 美元。（替代需求）

三、其他因素

基于环保因素，天然气替代核能发电已成为各国新能源政策的热门讨论话题，2011 年日本“3·11”地震引发的海啸，使得福岛核能外泄，也让日本更进一步增加天然气的使用量。以往亚洲包括日本、中国大陆、中国台湾对外进口天然气大多以 5～20 年长期合约进行贸易，因此美国天然气价格变化对国际天然气贸易影响较小，但是随着美国天然气生产量增加，以及各进口国倾向推行长短期贸易合约并行的价格政策，未来国际天然气进出口价格变化会渐渐与现货市场接轨。

影响天然气交易的事项

（1）IEA 预估全球电力 2013—2040 年需求会增长 80%，以中国需求增长最大（占 1/3），印度其次（占 15%）。

（2）IEA 预估至 2040 年天然气会成为仅次于煤的主要燃料使用能源，但欧洲的消耗量增长会减缓，中国在 2030 年间会成为第二大天然气消费国，产量也会年年增加，而美国天然气产量在 2030 年以后会渐渐缩小。

（3）2013 年美国页岩气的产量已占国内天然气总产量的 40% 以上，其中 60% 以上集中在北达科他州与德州（见图 16－7）。但是随着 2014 年油价大跌，这些主要页岩油（气）的产区油井急速减少，未来是否能再恢复荣景是全球能源市场的观察重点。

（4）美国 EIA 每周四会公布天然气的库存与市况周报，通常是市场交易重要参考信息，也是中长期趋势的重要观察。以 EIA 最近 10 年的天然气库存变化来看，通常为配合季节性与天气的转变，在 10—11 月天然气库存达到年内最高，3—4 月库存降至最低档，而 2014 年天然气库存几乎在 10 年间的低档地带，显示出美国天然气供给量持续增加，从而行业出现去库存的趋势（见图16－8）

（5）美国 CFTC 每周五会公布相关能源类期货商品的大额交易人持仓报告，而管理基金的投机部位变化往往代表市场的多空气氛（见图 16－9）。不过由于近年来不断开采页岩气，管理基金对天然气市场大部分时间态度偏空，虽然 2014 年年初因为天气酷寒导致净持仓部位明显转为偏多，但天气转暖空单又大量累积，显现

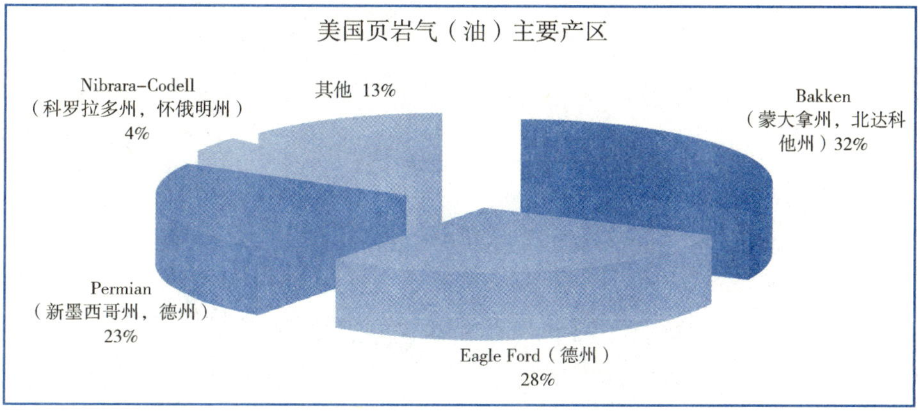

图 16－7　美国页岩气（油）主要产区

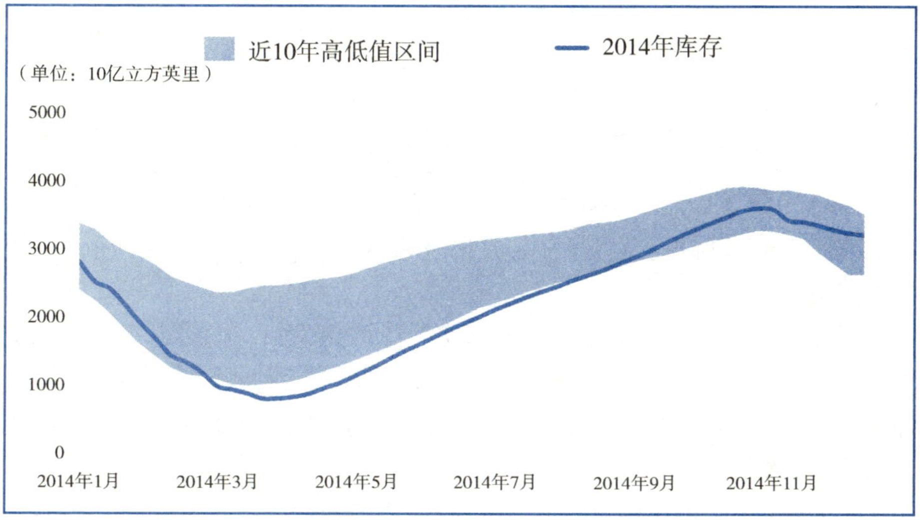

图 16－8　美国天然气年度库存变化

出法人在天然气的投机部位空头气氛弥漫。

（6）中国台湾进口的都是传统天然气，并没有页岩气进口；2012 年进口 1250 万吨（约 163 亿立方米），其中以卡塔尔（46%）、马来西亚（22%）与印度尼西亚（15%）等 3 个国家进口数量最多。

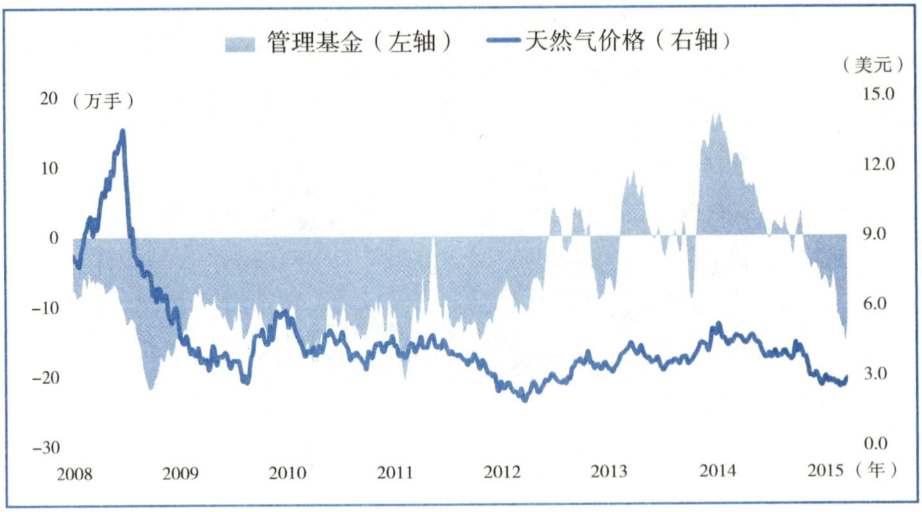

图 16-9　纽约天然气大额持仓报告与期货价格

重要参考数据来源

www. eia. gov 美国能源信息局（U. S. Energy Information Administration）［能源资料报告、能源月报、天然气库存周报（每周四）、天然气供需、相关定期与不定期报道］

www. iea. org（国际能源协会，全球能源产销相关信息，以及世界短中长期天然气与能源价格趋势与展望）

www. cmegroup. comCME 集团，纽约商业交易所（CME Group，NYMEX），（关于天然气期货相关交易量与市场行情报道）

www. theice. com 英国伦敦洲际交易所（ICE Futures Europe），（伦敦布兰特原油期货相关交易量与市场报道）

www. bakerhughes. com（美国原油，各产油国油井与气井开采变化状况、能源相关信息报道与分析）

www. opec. org（石油输出国家组织，原油月报、年报、原油供需报道、OPEC 政策宣达、全球能源中长期展望与预测分析……）

www. new. cpc. com. tw（中国台湾中油全球信息网，天然气与相关能源产品相关信息，天然气价格与进口信息）

表 16－1 纽约 NYMEX 天然气期货合约规格

商 品 名 称	天 然 气
交易所	NYMEX
合约规格	10000MMBTU
商品代码	NG
报价单位	美元/MMBTU
最小跳动值	0.001 美元/MMBTU
交易月份	连续 120 个月
北京交易时间——夏令时 （冬令时间延后 1 小时）	人工盘 21:00 至次日 02:30 电子盘 06:00 至次日 05:15
涨跌停限制	1.5 美元，3.0 美元，4.5 美元……
最后交易日	到期月份之前 1 月份倒数第 3 个工作日
最后交割日	最后交易日之次 1 个工作日
交割方式	实物交割
2014 年主交易月平均交易量	216.8 万手

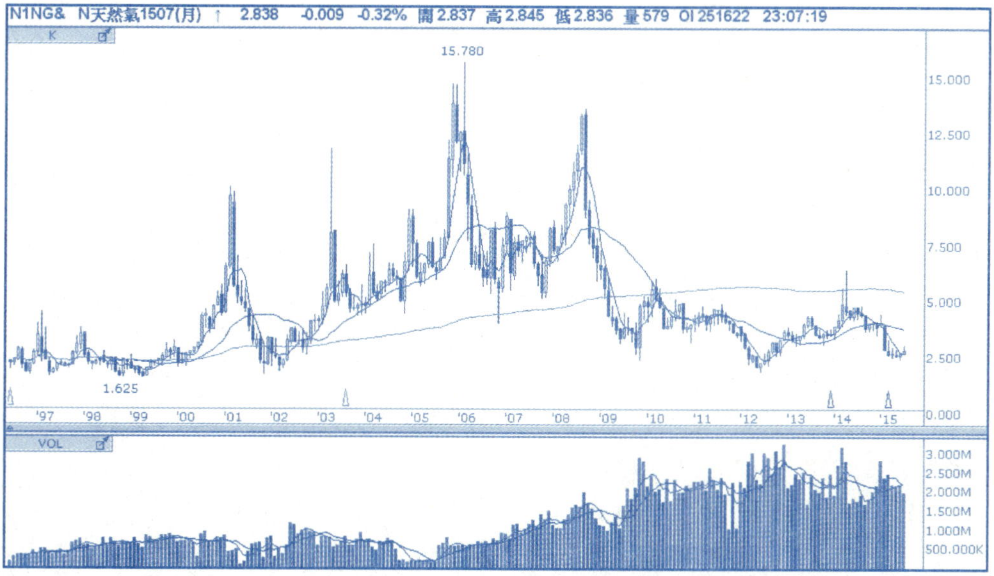

图 16－10 纽约 NYMEX 天然气期约连续走势图

资料来源：精诚信息。

贵金属

在商品期货中，黄金和白银是人类最早也是最受欢迎的饰品，所谓“穿金戴银”，就是形容生活优渥与富裕，“金碧辉煌”形容室内装潢美轮美奂。也就是说，与金或是银有关的词语都是光彩炫丽与高贵富庶的象征。

公元前2000年黄金就在人类的服饰与仪式中出现，埃及的象形文字有对黄金器物进行描述。公元前700年，黄金、白银被用作货币的功能渐渐推广，公元前200年，人类开始利用黄金镶嵌宝石，使黄金饰品更加绚丽夺目。

黄金与白银属于同一个生态系统的金属，白银价格受到黄金价格的影响很大，自1980年以来的两者价格关系的平均相关系数为0.70，是属于长期高度相关的商品。而在地壳中，白银的含量比黄金多出60～65倍，说明了黄金为何昂贵的原因。实际上，近35年，黄金与白银的平均价格比大致在1∶60，非常符合蕴藏量的多寡比例。

1975年美国政府开放黄金市场自由买卖后，纽约商品交易所（最早期简称COMEX，被CME合并后属于CME集团）就开始黄金期货合约的上市交易，如今已有超过40年历史，而白银跟随黄金的脚步，也在COMEX上市交易。事实上，黄金与白银是期货市场贵重金属（Precious Metals）的代表商品，这两种商品期货几乎是全球期货市场最广为机构法人和投资人交易的品项。

除了美国COMEX外，2000年以后黄金期货在其他交易所如雨后春笋般涌现，包括日本的东京商品交易所（简称TOCOM）、土耳其的伊斯坦布尔黄金交易所（简称IGE）、印度孟买的多商品交易所（简称MCX）、中国上海期货交易所（简称SHFE），以及中国台湾期货交易所（简称TAIFEX）都有黄金期货合约上市交易。

Part 17：黄　金

在自然界中，天然金蕴藏在地下矿脉或是冲积层中，以粒状或是更微小的游离状藏在矿石中，通常与石英或黄铁矿同时出现；天然金也会以叶片或大型块状形式出现，由岩石中侵蚀出来，最后形成矿床中的沙砾，称为冲积金。不同来源的含金矿石或是沙金必须经过提炼才会变成生金，生金经过冶炼后才会产生纯度高的熟金，然后才可以用在工业或其他用途上。

黄金的特性

黄金具有很好的化学稳定性，密度高、延展性佳、柔软、光亮、抗腐蚀，熔点达1064℃，沸点高达2808℃，所谓“真金不怕火炼”，就是最好的形容。在地壳中，黄金仅占十亿分之三。由于纯金太软，通常与铜或其他基本金属合成为合金增加硬度，合金的含金量以K（开）度量，纯金是24K，所谓18K金是指在合金中黄金所占的比例是18：24。例如：美国鹰币是22K；加拿大枫叶金币与澳大利亚袋鼠金币纯度都是99.99%。

人类最爱收藏黄金，其中，中国与印度是全球黄金消费量最多的两个国家。全世界黄金存量最多的地方是在各国的中央银行，截至2015年6月，全球央行黄金储备总量达31957.5吨，换算2014年全球黄金总消耗量，是全球黄金年消费的7.6倍；美国拥有8133.5吨黄金，占全球储备25.5%，为单一储藏黄金最多的国家，欧元区加起来占有33.8%，为单一储藏黄金最多的区域（表17－1）。

表17－1　全球央行前50大黄金储备

排名	国家/地区/机构	存量（单位：吨）	储备比例	排名	国家/地区/机构	存量（单位：吨）	储备比例
1	美国	8133.5	73.7%	26	泰国	152.4	3.6%
2	德国	3383.4	67.6%	27	新加坡	127.4	1.9%
3	国际货币基金组织	2814.0	不公开	28	瑞典	125.7	7.9%

（续表）

排名	国家/地区/机构	存量（单位：吨）	储备比例	排名	国家/地区/机构	存量（单位：吨）	储备比例
4	意大利	2451.8	66.5%	29	南非	125.2	10.1%
5	法国	2435.4	65.6%	30	墨西哥	122.4	2.3%
6	俄罗斯	1246.6	13.3%	31	利比亚	116.6	4.9%
7	中国	1054.1	1.1%	32	希腊	112.5	65.7%
8	瑞士	1040.0	6.8%	33	国际清算银行	111.0	不公开
9	日本	765.2	2.3%	34	韩国	104.4	1.1%
10	荷兰	612.5	56.9%	35	罗马尼亚	103.7	10.5%
11	印度	557.7	6.1%	36	波兰	102.9	4.0%
12	土耳其	513.0	16.1%	37	伊拉克	89.8	5.2%
13	欧洲央行（ECB）	504.8	26.2%	38	澳大利亚	79.8%	5.6%
14	中国台湾	423.6	3.8%	39	科威特	79.0	8.9%
15	葡萄牙	382.5	69.4%	40	印度尼西亚	78.1	2.7%
16	委内瑞拉	361.0	68.1%	41	埃及	75.6	19.4%
17	沙特阿拉伯	322.9	1.7%	42	巴西	67.2	0.7%
18	英国	310.3	10.0%	43	丹麦	66.6	2.3%
19	黎巴嫩	286.8	21.3%	44	巴基斯坦	64.5	14.8%
20	西班牙	281.6	19.3%	45	阿根廷	61.7	6.9%
21	奥地利	280.0	43.6%	46	芬兰	49.1	17.9%
22	比利时	227.4	34.5%	47	白俄罗斯	44.5	37.1%
23	哈萨克斯坦	200.8	26.7%	48	玻利维亚	42.5	10.7%
24	菲律宾	195.3	9.2%	49	保加利亚	40.1	7.0%
25	阿尔及利亚	173.6	3.9%	50	马来西亚	37.0	1.3%

注：截至2015年6月。资料来源：世界黄金协会。

黄金在金融行业扮演的角色

黄金作为国际交易的媒介已有几世纪之久，直到1944年的《布雷顿森林协议》（*Bretton Woods Agreement*）才明确地把黄金列为国际货币系统的一部分。但是随着时间演变，《布雷顿森林协议》影响力日渐薄弱。到了1958年，外汇兑黄金比例已不符合实际情况，金本位（Gold Standard）制度亮起红灯，黄金在历经金币、金块与金汇兑等货币流通过程后，直到1971年美国宣布停止美元与黄金之间的一定比率兑换关系（1盎司[①]黄金等于35美元）后，黄金与货币的直接关系才正式结束。黄金价格开始自由浮动，由国际自由市场决定金价走势。美国政府更于1974年宣布美国人民可以合法持有黄金，并从1974年年底开始生效。

虽然黄金的实质货币功能已不存在，但目前各国中央银行仍持有黄金作为重要储备资产，因此黄金仍是战乱时的最佳保值工具；1980年“两伊战争”爆发，引发第二次石油危机，黄金价格飙升至每盎司850美元以上，但1990年伊拉克入侵科威特引发的第三次能源危机却没有拉抬黄金行情；2001年美国“9·11”恐怖攻击事件则揭开金价自谷底反弹序幕。

黄金的用途

根据世界黄金协会（World Gold Council，以下简称WGC）的分类，黄金在实物的需求用途可分为珠宝与科技工业。珠宝是黄金的最大需求（2014年全球用于珠宝首饰的黄金为2457.2吨，占总需求的58.3%），其次是用在电子科技业，有少数用于其他工业（如：国防、太空、通信、化工）和口腔材料（见图17－1）。以2014年为例，黄金的实物用途占总需求的2/3，其余的1/3则是黄金投资用途（包括个人投资与官方储备）。

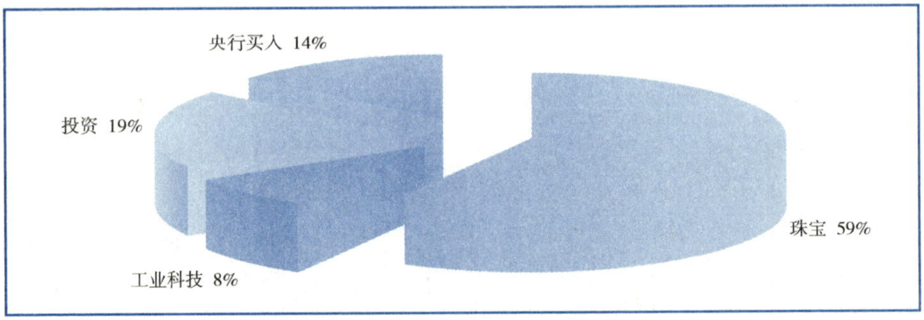

图17－1　2014年全球黄金需求分类

资料来源：WGC。

黄金投资可以区分为有形的金条、金块与金币投资，以及无形的交易所黄金

① 在金衡制中，1盎司=31.103克。

基金（ETF）、黄金衍生性商品投资，如：黄金存折、黄金期货、黄金债券，以及中央银行的买卖黄金储备，其中以私人的金条投资所占份额最大（见图17－2）。

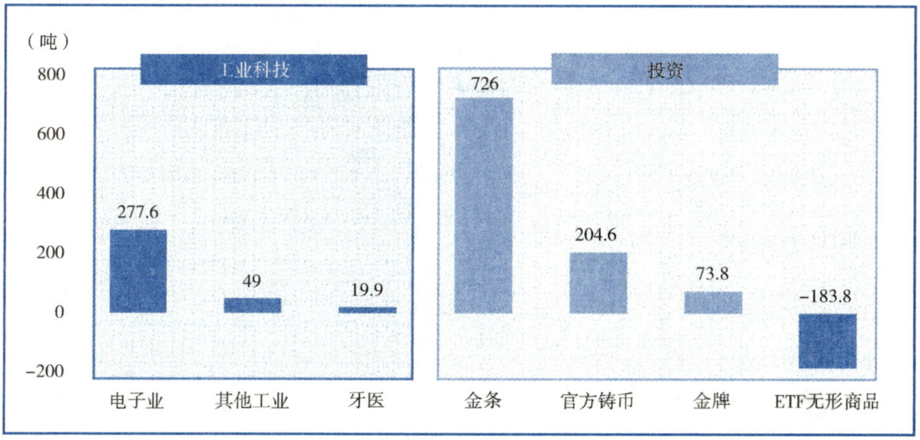

图17－2　2014年黄金工业科技与投资用途

黄金在实物的消费使用会直接受到经济增长影响，而对于投资的需求，基于黄金具备类似货币的功能，不单受经济增长影响，也受主要国家利率政策、物价、全球金融市场投资变迁，甚至是战争、政治动乱等多种因素影响，可谓是商品期货中，价格受影响层面最广且最复杂的一种。

影响黄金价格因素

一、供给影响因素

黄金的供给来源有：**①矿场新开采的黄金；②由金饰或是工业用品中回收的旧黄金；③中央银行卖出的储备黄金（这部分可以说是需求的减项）**。以最近5年全球黄金供给为例，平均有66.3%的黄金来自矿场开采，其他的33.7%来自回收的黄金。由于旧金回收是属于市场已经存在的黄金，实际上不会对价格产生太大影响，反而是黄金价格会影响旧金回收的数目。最近10年，全球旧黄金回收比例在26%～42%之间，当黄金价格每盎司在1000美元以下时，随着金价上扬，回收比例会提高，但金价在1000美元以上后，不管金价上扬或下跌，回收比例都呈现减少现象，尤其在金价下跌波段时，旧金回收比例大幅减少。这说明当黄金在千元以上高价时，持有人的惜售心理（见图17－3）。例如：2012—2014年年底，金价自历史高点快速下滑，回收比例持续减少，截至2014年已从

37% 降至 26% 的 10 年最低点。

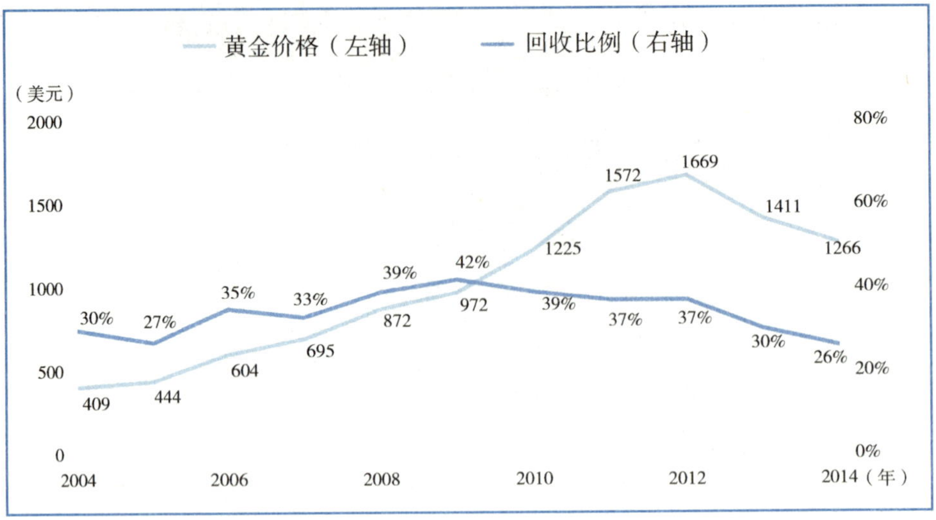

图 17－3　黄金价格与回收比例

以全球金矿产出来看，南非黄金产量在 20 世纪 70 年代平均产量占全球 2/3，可谓独步全球，但到了 80 年代已降至 41.4%，1992 年已不足 30%，2000 年比例更是降至 14%，2014 年市占率仅剩下 5.6%。这是因为从 1981 年开始，中国、俄罗斯与澳大利亚的黄金产量逐年增加，而南非的产量却逐年减少，在一消一长的情形下，全球黄金市场的产量结构已经产生相当大的变化。

现阶段中国、澳大利亚、俄罗斯的黄金产量在全球已经呈现三足鼎立的状态（见图 17－4），尤其是中国积极开采金矿，市场占有率越来越高。虽然南非金矿产出已今非昔比，但是自 1884 年南非大量发现金矿以来，至 2001 年已经开采出 51000 吨的黄金，这是在全世界没有任何国家或地区可以比得上的辉煌纪录。以 2014 年区域黄金供给来看，包括中国在内的亚洲黄金产量比例最大，为 22%（大部分是中国生产），其次是非洲，再次是中南美洲（见图 17－5）。

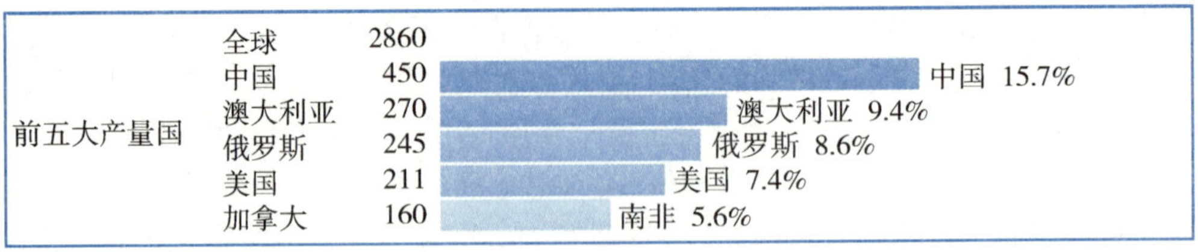

图 17－4　2014 年全球前五大金矿产国（单位：吨）

资料来源：USGS。

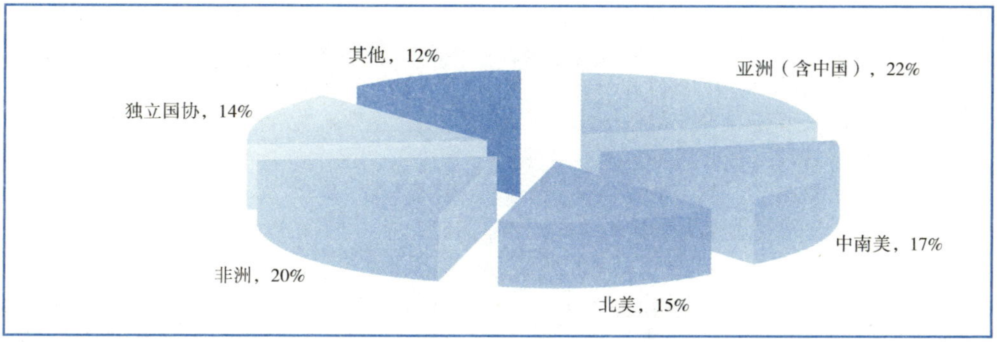

图 17－5 2014 年全球黄金供给分布

资料来源：WGC。

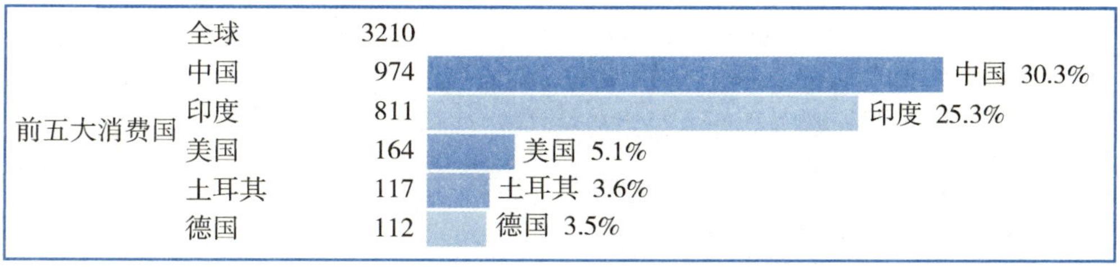

图 17－6 2014 年全球前五大黄金消费国（单位：吨）

以 2014 年全球黄金需求来看，中国是第一大需求国家，第二大是印度，美国位居第三，土耳其第四，德国第五。印度在 2013 年以前是全球第一大黄金消费国家，但是在 2013 年以后中国已经追上印度成为第一大黄金消费国家（见图 17－6）。不像印度绝大部分是珠宝黄金的需求，中国的黄金需求因素复杂，除了珠宝首饰外，投资需求占很重要的部分、另外，像铜一样，中国利用进口黄金来取得融资的贸易也不在少数，而这种情况或多或少虚增了中国的需求。依据美国地理研究协会（USGS）的统计，全球黄金储量约有 55000 吨，其中以澳大利亚占 17.8% 为压倒性第一，第二是南非，占有 10.9%，俄罗斯第三，占有 9.1%，而中国储量仅 1900 吨，占 3.5%，世界排名第 11（见图 17－7）。由此可看出，尽管目前中国产量第一，但若是以现阶段的开采规模与进度，不到 5 年金矿资源将会耗尽。相对地，澳大利亚资源雄厚，不但是基本金属重要的产国与储存国，也是黄金重量级的产出国与蕴藏国。

（1）供给重要影响因素：矿场罢工、暴动，金矿成本效应。

· 自 1975 年以来，金矿产量呈现逐年增加的趋势，但产出量与黄金价格之间没有太明显的相关性，在几个价格明显的大波段中，可看出金价与金矿产出是呈现反向走势。

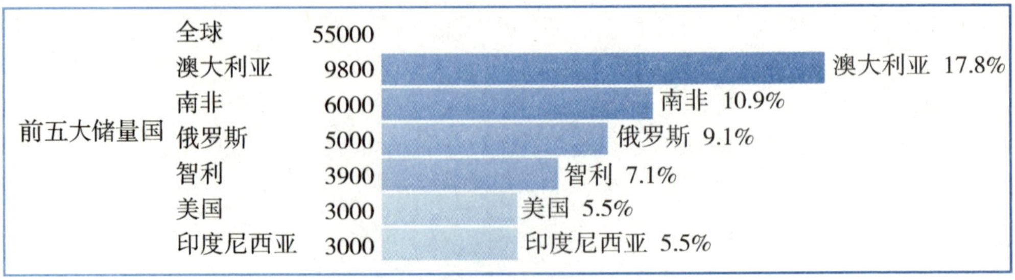

图 17－7　全球金矿储量前五大储量国（单位：吨）

·1981 年开始至 2000 年黄金长期空头走势，价格自 600 美元跌至 252 美元，金矿年产出量自 1219 吨增产至 2570 吨；2000—2008 年这一波黄金大多头，金矿年产出量自高点逐渐跌回 2300 吨，2012 年以后金价自 1900 美元以上历史高点 3 年间回跌至 2014 年的 1133 美元，金矿产量从 2690 吨增加至 2860 吨。由此看出，金矿产量与金价之间的确存在相反趋势，不过产量是呈现平稳上升或是逐步小幅减少，相较之下，价格波动性就显得大许多（见图 17－8）。

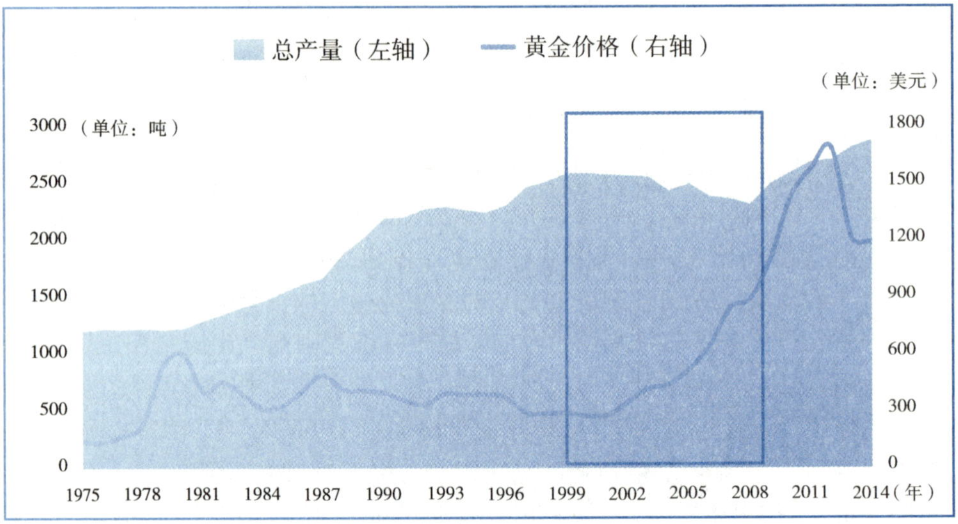

图 17－8　金矿产量与黄金价格

数据来源：USGS。

二、需求影响因素

黄金重要消费国实际经济增长状况与预估、关税政策、央行买卖黄金有关。黄金属于奢侈品，当一国经济快速发展以后，黄金的珠宝需求或其他投资需求纷纷显现。黄金在珠宝需求方面，不管是印度或是中国都有很明显的季节性存在。

此外，中央银行购入黄金或是释出黄金也是影响需求的重要因素。

以黄金最近10年的需求变化来看：全球总需求增长15%，以私人投资的增长最大，为42.7%；其次是工业科技增长22.0%，消费最多的珠宝需求增长9.4%，官方持有仅增长4.8%。近10年，以各方需求的消长来看，珠宝需求仍是最大，占49%（比例已经缩小），官方持有比例缩小至17%，工业科技与其他比例不变，只有私人投资的份额从16%增加至20%（见图17－9）。由此可见，在现阶段，私人投资的消长是影响金价最大的因素。

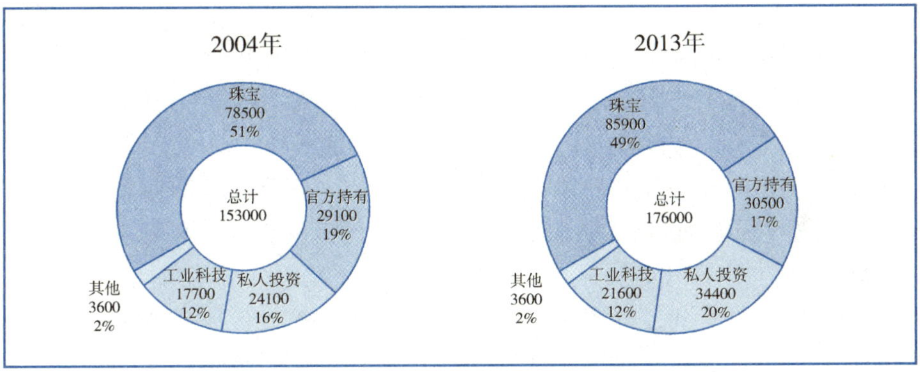

图17－9　黄金十年需求分类比例的变化

由于黄金价格受到众多因素影响，黄金实体需求与价格变化往往没有很一致关系，反而是黄金投资（ETF）与价格有较明显的正向关系。当金价向上时，私人投资动能增加；金价下跌时，私人投资对价格会产生推波助澜的效果，而中央银行的买卖黄金则是受到政治经济与外汇储备政策的考虑（见图17－10）。

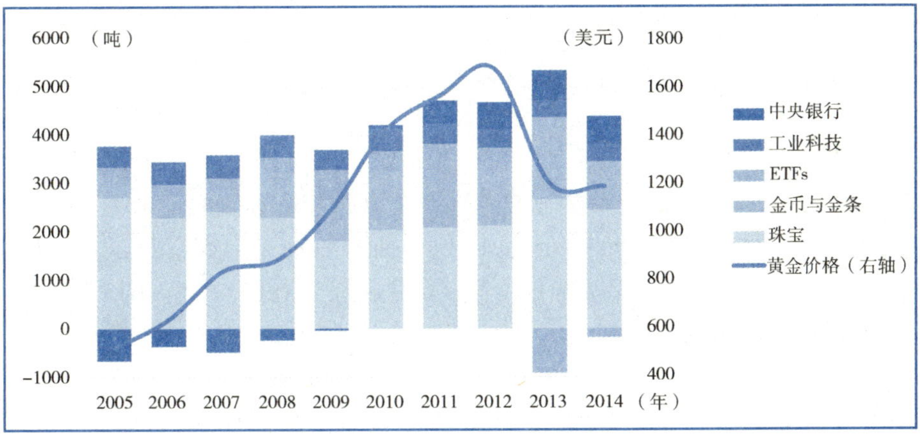

图17－10　黄金价格与需求

·1999 年 5 月，英国央行连续举办 5 次黄金拍卖，当年 8 月黄金期货价格暴跌至每盎司 252.5 美元接近矿产成本的 20 年低点，9 月包括英国在内的 15 个欧洲国家央行共同签署央行《黄金抛售协议》（*Gold Saleswithin Central Bank Gold Agreements*）同意未来 5 年内限制黄金抛售不逾 2000 吨，金价 1 个月内反弹回升至 320 美元以上。（经济增长 + 投资替代 + 央行释金）

·2001 年黄金受到中国央行增加储备激励，价格自 255 美元反弹，加上金砖四国的亮丽经济增长，黄金再度得到投资者青睐，展开一波为期 7 年的亮丽多头走势。（经济增长）

·2004 年 3 月欧洲国家央行实行第二回合《黄金抛售协议》，限制未来 5 年黄金抛售总额不超过 2500 吨，由于抛售数量超过市场预期，金价回跌至 320 美元的 5 个月低点。（央行释金）

·2005 年美国经济复苏，中国经济加速成长，黄金需求明显增加，金价涨势加速，当年 9 月脱离 400～450 美元将近 1 年的区间整理，短短 7 个月就快速攀上 700 美元。（经济增长）

·2008 年 7 月受到金融海啸爆发影响，金价自高点迅速回落，10 月一度回挫至 681 美元的 15 个月低点，但由于利率不断降低使得黄金保值的特性受到重视，金价止跌回升，2009 年 10 月黄金期货再度突破千元关卡，超越 2008 年高点纪录，且于同年 12 月初创下每盎司 1226.4 美元的新高。（经济增长 + 利率政策）

·2012 年 9 月美国联准会实施第三轮货币量化宽松政策，美国经济已经慢慢复苏，市场资金一致看好股市，黄金保值与避险效应褪色，资金纷纷自黄金与商品期货抽离，金价三度挑战 1800 美元失败后迅速回跌。（经济增长）

·2012 年 11 月印度为拯救日益恶化的财政赤字，首次调升黄金进口税率，印度黄金进口减少的市场预期浮现，接着印度在 2013 年 1 月、7 月、8 月三次调升黄金进口税率至 10%（每次各调升 2%），黄金价格腹背受敌，价格更加疲弱（见图 17 -11）。（主要消费国家进口关税）

·2013 年年初高盛、美林、汇丰大幅下调黄金当年目标价格，大型投资机构看空加速黄金跌幅，第二季黄金 ETF 与类似现货投资大幅减少 402.2 吨，纽约黄金期货在 4 月 15 日暴跌 9.3%，创下 30 年来当日最大下跌纪录，金价跌破半年线与 1500 美元关卡后更是兵败如山倒，6 月底创下 1183.2 美元的 25 个月新低价。（ETF 资金撤出加速跌幅）

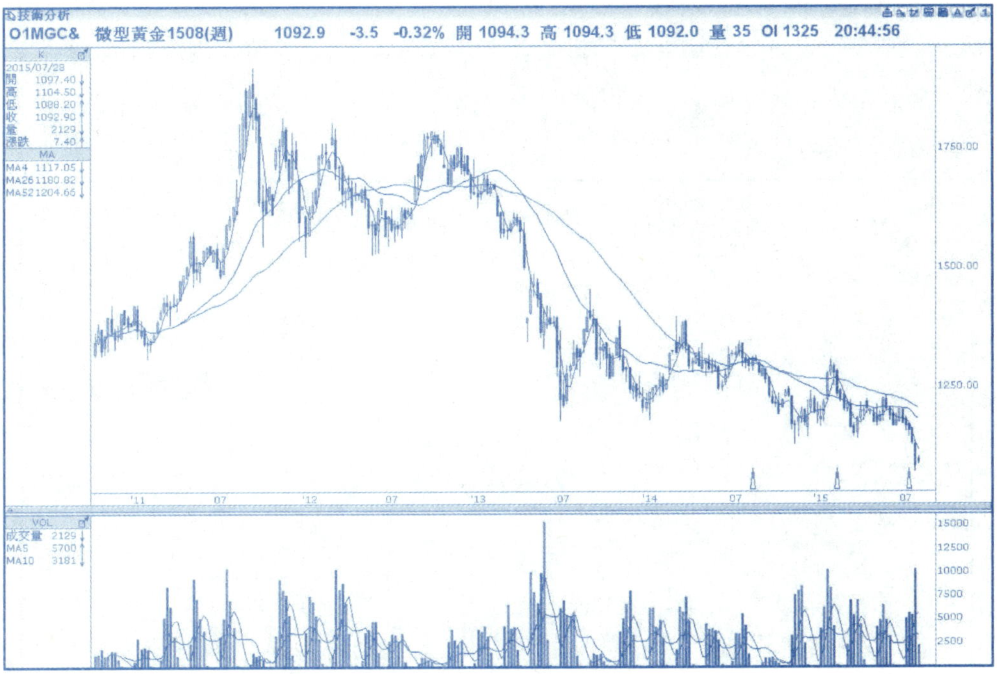

图 17－11　黄金连续周线图

三、战争影响

·1990 年 8 月爆发伊拉克入侵科威特的海湾战争，金价回升至 400 美元以上，但力道甚弱，连当年 2 月的高点都无法越过，10 月西德州原油价格创下每桶 40.40 美元的历史天价，但黄金却反向下滑，市场大户持续抛售，以及全球后冷战时期的整体政治、经济情势趋缓，是让金价无所发挥的主因。

·1991 年 1 月，联合国宣布对伊拉克展开攻击行动，金价又回升到 400 美元以上，可是因彼此实力相差甚大，双方胜负已定，在利多出尽的影响下，黄金与原油价格很快就出现暴跌走势，金价一天内重挫 22 美元，原油更大幅下滑近 18 美元；这是金价又一个盘跌走势的开始。

四、通货膨胀与保值效应

美国经济好转，联准会于 2004 年 6 月开始调升利率，至 2006 年 6 月联准会连续 17 次调升利率，联邦基金利率由 1.0% 调升至 5.25%，导致消费者物价不断攀升。2005 年下半年至 2006 年上半年，消费者物价攀升年增率高达 4.0% 以上，人们对通货膨胀的恐惧使黄金价格由 450 美元迅速蹿升至 720 美元以上。

五、美元与利率政策

美元与黄金价格大致呈现相反走势，但在2002—2006年黄金的大多头走势中，黄金与美元指数的关系显得不明确。而2012年以后黄金大幅回档，两者的反向关系就较明显（见图17－12）。

图17－12　黄金期货与美元指数走势

·2011年美国联准会实施第二轮货币宽松政策，金价在利率降低且资金宽松的投资环境下，持续攀高，并于当年9月创下1911.6美元的历史新天价。**（利率下降＋美元贬值）**

·美元指数自2011年5月初72.7的33个月新低点开始反弹，截至2012年8月，美元指数攀升至73.5的波段高点，黄金则自2011年的历史高点持续下滑至1530美元附近的低点。

·2014年7月美元指数突破80.0的盘整区大幅飙升，至2015年3月中创100.39的12年新高，黄金价格则由1350美元直挫至1150美元附近。

六、黄金与原油

原油价格与物价关系密切，而黄金又是规避通货膨胀、货币贬值的最佳投资工具。因此在经济增长佳的大环境下，原油价格上扬多数会带动黄金向上攀升；但在经济增长不佳，物价疲软时，原油价格上扬就不一定拉得动黄金的保值效应（见图17－13）。

·自2004年以来，能源价格飙涨更是助长黄金的多头走势，2008年3月黄金期货价格首次站上千元关卡，并创下每盎司 1009 美元的当时历史高价。

图 17－13　黄金与轻原油期货走势（单位：美元）

·2015 年 3 月底原油在美国天气酷寒、燃油需求增加拉抬下，价格自 42 美元底部反弹，至 5 月初价格最高反弹至 62.5 美元，但这段时间，黄金却从 1390 美元下跌至 1180 美元，原因是黄金需求疲软且物价长期低迷，欠缺拉抬题材。

七、汇率因素

纽约黄金期货以美元为交易货币，印度黄金以印度卢比为交易货币，中国上海黄金以人民币为交易货币，中国台湾期货交易所黄金以新台币为计价单位，因此各交易所间黄金的价值受到各地汇率影响。以 2005 年 6 月为基准，最近 10 年的美元、印度卢比、中国人民币三种货币与黄金价格变动比较，印度卢比对美元呈现贬值趋势，因此黄金价格相对昂贵，人民币则呈现升值走势，价格相对便宜。因此价格相对便宜的中国黄金吸引投资客买入，投资市场或是黄金消费的实物商也进行美国与中国，或是中国与印度交易所之间的黄金价差交易（见图 17－14）。

八、季节性循环

黄金最明显的季节性循环特性是在珠宝使用方面，最大消费国印度每年 10 月底至次年 5 月是需求旺季，也就是自印度的排灯节（亦称屠妖节或是光明节）开始，重要节庆加上结婚旺季，黄金饰品需求大增。俗谚有云：“有钱没钱，娶个老婆好过年。”通常中国在年底 11 月开始至来年 2 月是结婚旺季，有大量黄金需求。

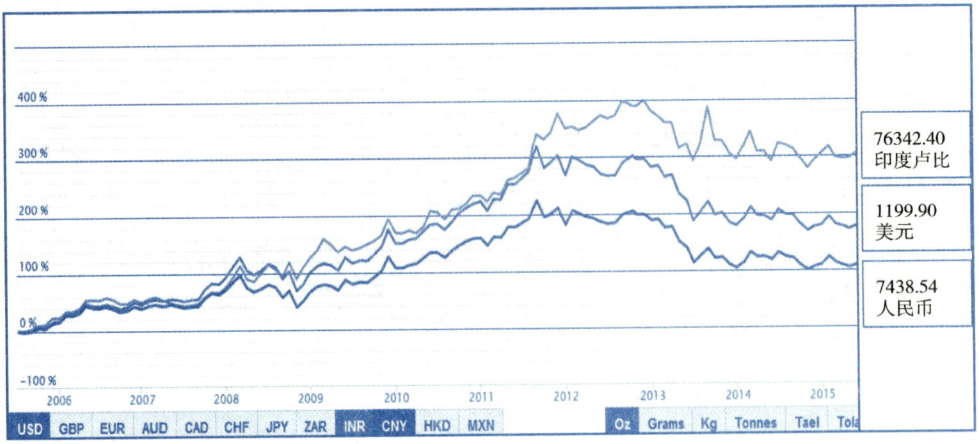

图 17－14　不同币别黄金价格（截至 2015 年 5 月）

由于珠宝是黄金使用的最大需求，因此黄金在年底价位相对抗跌，例如：纽约黄金期货在 2013 年由 1680 美元惨跌至年底的 1182 美元后，行情开始一波反弹直上至 2014 年 3 月中的 1390.6 美元，而 2014 年中黄金持续下跌至 11 月初的 1133 美元四年半新低，而后随即反弹到 1 月底的 1303.5 美元（见图 17－15），说明即使黄金价格处于弱势，季节性因素仍会拉抬行情反弹向上。

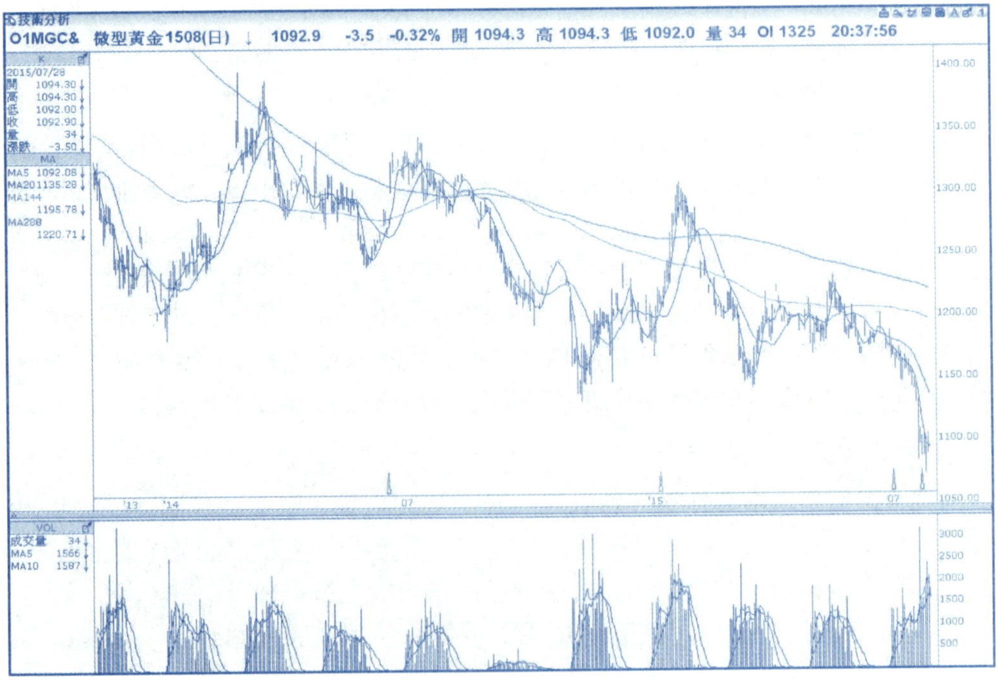

图 17－15　纽约黄金期货日线图

影响黄金交易的事项

（1）黄金主要生产国中国、澳大利亚与俄罗斯的生产成本、产量变化与生产者避险活动都会影响黄金价格，对此投资者必须深入了解。例如：2013 年黄金大幅回档，但都维持在 1100 美元以上，有部分是心理因素，因为市场认为全球 10 大金矿商的黄金产销成本在每盎司 1150～1050 美元之间，如果跌破这段价位可能会引起矿场关闭的风潮，这是市场不想见到的。

（2）自 2010 年以来，各国中央银行改变 20 年来不断卖出黄金的作风，至今已经连续 5 年净买入黄金，其中以俄罗斯、土耳其的购金动作最为频繁，俄罗斯央行更是自 2010 年以来全球购入黄金最多的央行，2014 年俄罗斯央行购金占全球各央行购金数量的 30%。而这些发展中国家的购金动作往往支撑金价，是市场重要的信息。

（3）由于 2000—2010 年各国中央银行呈现黄金净卖出之象，因此央行释金是重要的影响因素，而 1999 年 9 月欧洲各央行开始每 5 年签订的《黄金销售协议》（*European Gold Sales within Central Bank Gold Agreements*，*CBGAsales*）成为市场瞩目的焦点。截至 2014 年 9 月，欧洲央行签订 3 次 CBGA，但在 2010 年以后各国央行释金活动几乎停顿，连续 5 年净买入，导致 2014 年 9 月签订的第 4 次 CBGA 为释出黄金数量无上限规定（见图 17－16）。因为欧元区在最近四年受到欧债事件影响，大量印钞与买入债券后，导致资产负债表大幅扩张，使得现阶段欧洲央行不会有大幅释金动作。

（4）黄金 ETF 的买卖是投资类最大部分，在 2005 年黄金大多头期间，ETF 都呈现净买入状况；从 2013 年金价大幅回档后，ETF 连续 2 年呈现净卖出市况。SPDR 的黄金 ETF 是全球最大的黄金 ETF 基金，因此其持有黄金变化是市场重要的参考数据。例如 2013 年金价急挫后，SPDR 持仓规模快速下降，至 2015 年 6 月初，SPDR 黄金的持仓量已经降至 2008 年 9 月以来的新低水平（见图 17－17），未来 SPDR 黄金 ETF 持仓量的变化仍是黄金期货的重要参考依据。

（5）纽约黄金期货是全球各大黄金期货交易中成交量最大的期约，CFTC 公布的大额投资人持仓部位变化具有参考意义，而管理基金的投资部位变化与价格走势深具参考性（见图 17－18）。

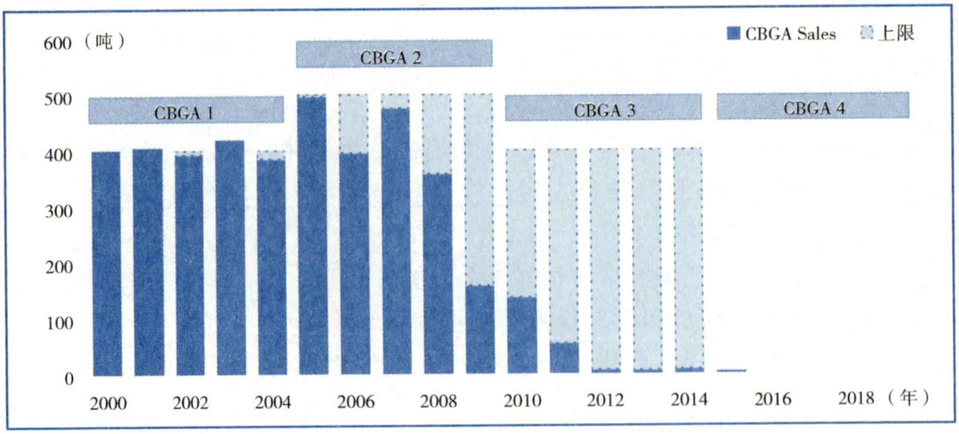

图 17－16 欧洲央行黄金销售协议

数据来源：欧洲央行、IMF、WGC。

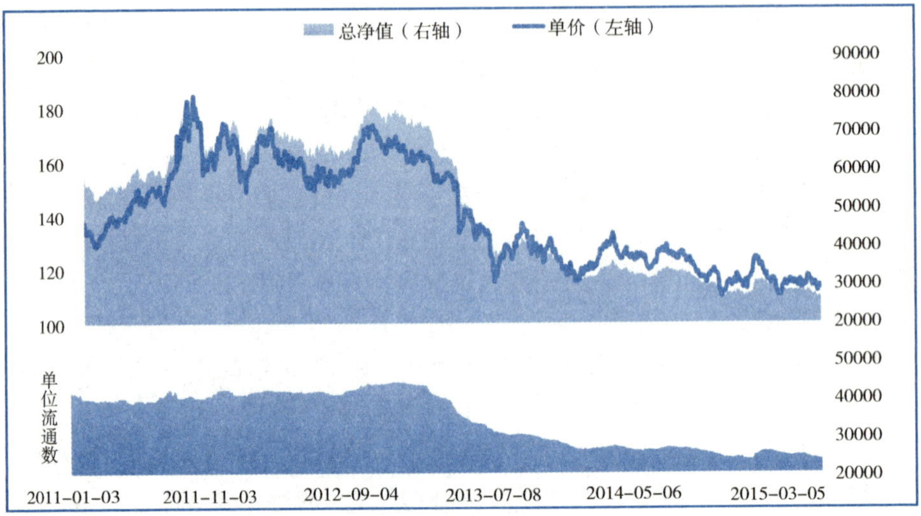

图 17－17 SPDR 黄金 ETF 净持仓与价格走势

数据来源：SPDR。

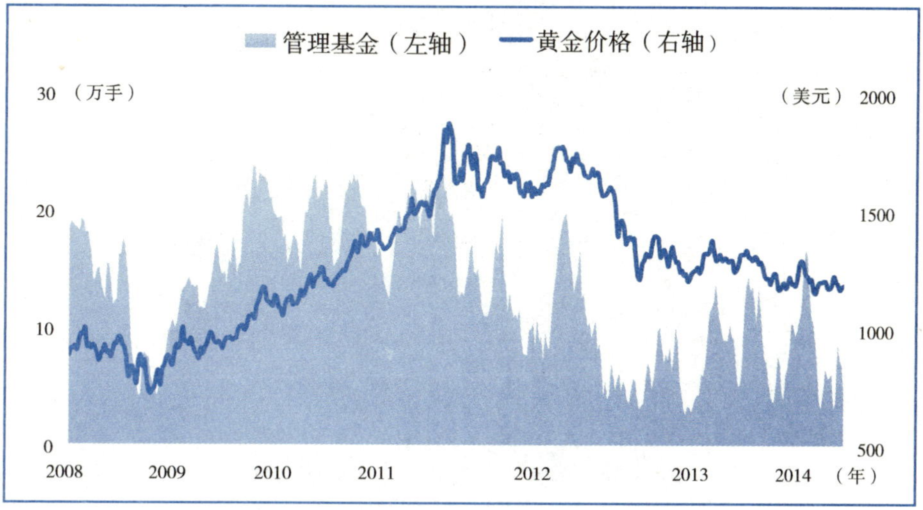

图 17－18　CFTC 大额交易人投机部位变化

重要参考数据来源

www. gold. org（世界黄金协会，黄金供给与需求、黄金投资、央行黄金储备等黄金相关的资料统计与分析报道）

www. spdr. com（SPDR 黄金基金网，全球的黄金 ETF 交易，关于此 ETF 的交易量、在外流通数量、ETF 净值等相关数据）

http：//mine－engineer. com（黄金价格，黄金产国信息与黄金市场基本面报道与分析）

www. cftc. gov（美国 CFTC 大额交易人黄金期货与选择权持仓报告）

www. goldseek. com（黄金价格、产销国供需数据与黄金市场相关信息）

www. cmegroup. com（美国 CME 集团的 Comex，纽约黄金期货市场相关信息）

www. shfe. com. cn（上海期货交易所，上海黄金期货交易相关信息与市场分析）

www. taifex. com. tw（中国台湾期货交易所，中国台湾期货交易相关信息）

www. cngold. org. cn（中国黄金协会，中国黄金供需数据，黄金价格与市场相关信息）

http：//gold. hexun. com（和讯网黄金频道，黄金价格与供需市场变动相关信息）

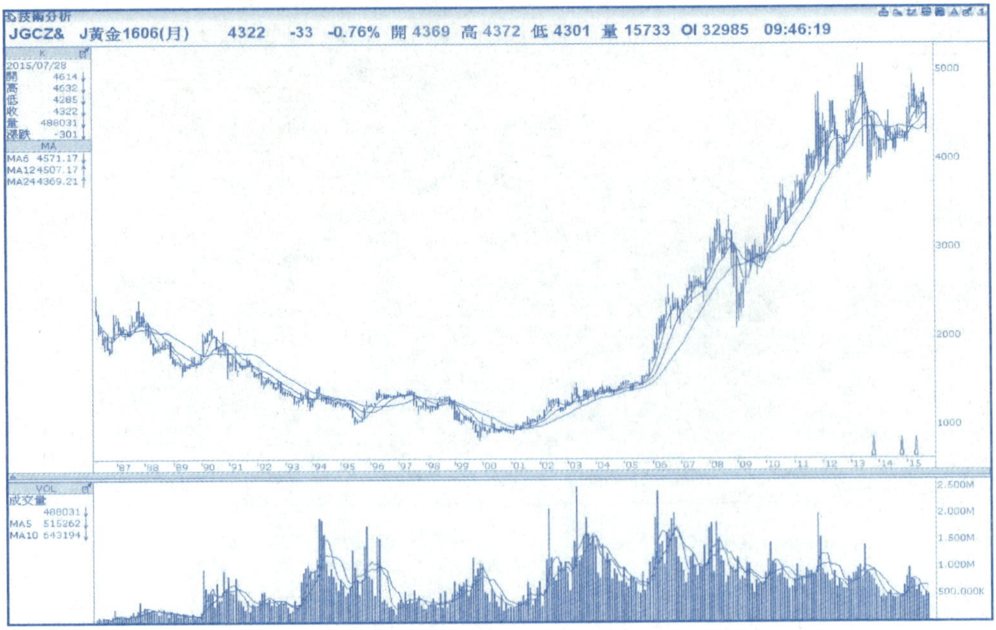

图 17－19 日本东京工业交易所（TCE）黄金连续走势图

表 17－2 纽约黄金合约规格

商品名称	黄　金
交易所	COMEX
合约规格	100 盎司
商品代码	GC
报价单位	美分/盎司
最小跳动值	10 美分/盎司
交易月份	2 月、4 月、6 月、8 月、10 月、12 月
北京交易时间——夏令时（冬令时间延后 1 小时）	人工盘 20:20 至次日 01:30 电子盘 06:00 至次日 05:15
涨跌停限制	无
最后交易日	到期月份的倒数第 3 个工作日
最后交割日	到期月份的倒数第 2 个工作日
交割方式	实物交割
2014 年全年交易量	4051.8 万手

表 17 –3　上海期货交易所黄金合约规格

商 品 名 称	黄　　金
交易所	SHFE
合约规格	1000 克
商品代码	AU
报价单位	人民币/克
最小跳动值	0.05 元人民币/克
交易月份	最近 3 个连续月份以及最近 11 个月以内的偶数月份
北京交易时间	电子盘 09:00～11:30；13:30～15:00
涨跌停限制	3%
最后交易日	到期月份的 1 5 日
最后交割日	最后交易日后第 5 个工作日
交割方式	实物交割
2014 年全年交易量	2386.5 万手

表 17 –4　日本东京工业交易所黄金合约规格

商 品 名 称	黄　　金
交易所	TOCOM
合约规格	1000 克
商品代码	JAU
报价单位	日元/克
最小跳动值	1 日元/克
交易月份	2 月、4 月、6 月、8 月、10 月、12 月
北京交易时间 T+1 盘 15:30 至次日 03:00	电子盘 08:00～14:15
涨跌停限制	150 日元
最后交易日	到期月份的倒数第 4 个工作日
最后交割日	到期月份最后 1 个工作日
交割方式	实物交割
2014 年全年交易量	687.6 万手

表 17－5　中国台湾期货交易所黄金合约规格

商 品 名 称	黄　　金
交易所	TAIFEX
合约规格	10 两(1 两＝10 钱＝37.5 克)
商品代码	TGF
报价单位	新台币/钱
最小跳动值	0.5 元新台币/钱
交易月份	自交易当月起连续 6 个偶数月份
北京交易时间	电子盘 08:45～13:45
涨跌停限制	15%
最后交易日	到期月份的倒数第 3 个工作日
最后交割日	无
交割方式	现金结算
2014 年全年交易量	4.5 万手

Part 18：白　银

自然界中，绝大部分白银是以含银化合物矿石的形态存在。银化学性质稳定，活跃性低，价格贵，导热、导电性能很好，不易受化学药品腐蚀，富延展性。反光率可达99%以上。但质地较软，容易变形。所有金属中，白银的导电与导热性仅次于黄金，熔点高达962摄氏度，沸点达2212摄氏度。在空气中，白银会快速地与硫结合生成硫化银，使得银器容易变黑。由于纯银过于柔软，通常会加入铜使其硬化，而且铜不会影响白银的颜色，市场所谓的法定纯银（Sterling Sliver）是指纯度92.5%的白银加上7.5%的铜。

银溶于硝酸，生成硝酸银。硝酸银是一种透明晶体，有旋光性且易溶于水。硝酸银是合成许多其他银化合物的原料，也可作为防腐剂。银不易与硫酸反应，因此硫酸在珠宝制造中可用于清洗银焊退火后留下的氧化铜火痕。此外，古代帝皇利用银针测试食物是否被下毒是有根据的，因为古人最常用的毒是砒霜，提炼砒霜的矿物中含有硫或是硫化物，与银接触后，产生化学反应，在银针表面形成黑色硫化银。

20世纪初期，中国是少数以白银作为货币本位的国家。在美国，白银和黄金同是货币的基本原料与标准之一，不过1868年美国发现新银矿，接着在加拿大和澳大利亚也有大量白银被发现与开采，导致银铸币出现通货膨胀的贬值现象。但是直到1873年，美国都采用金、银币的复本位制（Bimetallic Standard），也就是美国政府同时接受白银和黄金以固定兑换比例作为自由货币政策基础，当时两者的兑换率约为16∶1。但是当白银产量大增时，要维持该固定比例越来越困难，于是美国政府在1873年放弃白银作为货币本位，改采黄金为单一的货币本位制度。

白银的用途

白银因其优良的工业特性，被广泛地应用在感光材料、工业（电子电器、通信业、计算机、国防、航天、汽车、医药等）、银器和首饰、造币、化工材料与医药及抗菌材料业。2000年以前白银在摄影与工业的需求相差无几，但是随着照相技术数字化的科技越来越先进，最传统的底片和相纸的感光技术对白银需求逐年减少，导致现阶段白银几乎有一半以上的需求来自工业用途。

根据世界白银协会（The Silver Institute）报告，在最近10年的全球白银需求用途中，工业用途的需求自46%增加到53%，照相用途则自19%大幅缩减至5%，白银首饰无太大变化，仅由21%减少至18%，银器相关用品需求则由7%减少至4%；另外，包括实体银币、银条和白银ETF等私人投资，在这10年间由7%增加至20%，可以说是增加得最迅速的（见图18－1）。

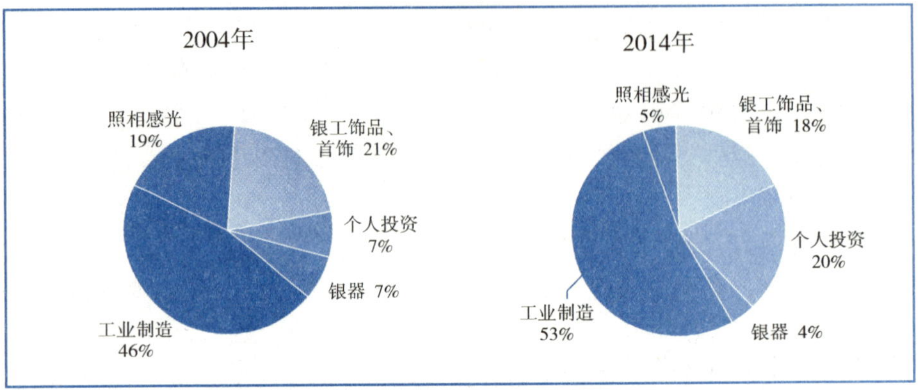

图18－1　白银10年使用分类变化

资料来源：世界白银协会。

白银供给

全球银矿产出呈现逐年增加的状况，尤其最近3年增加速度更为明显，而白银的供给除了新矿产出以外，来自旧银的回收也占很重要的比例；以2014年的资料来看，旧银回收占供给的比重为20.2%，新矿产出占78.8%，其余的1%包括政府的销售与避险者的反向冲销（见图18－2）。

根据世界白银协会报告，2014年前五大银矿产出国家中名列第一的是墨西哥，产量占全球的22.0%，第二的秘鲁产量占比为13.9%，中国产量占第三，澳大利亚产量第四，智利产量第五（见图18－3）。

银矿前五大产国就有三个在中南美洲，不仅如此，中南美洲银矿储量很丰富。根据美国地质勘探局（USGS）2014年度报告，全球银矿总储量53万吨，秘鲁储量最多占18.7%，第二是澳大利亚与波兰，储量相同各占16.0%，智利为第三，中国第四，墨西哥第五（见图18－4）。值得注意的是墨西哥产量很大，但是所剩储量不多，2014年开采量已占储量的12.7%，如果以这种速度继续开

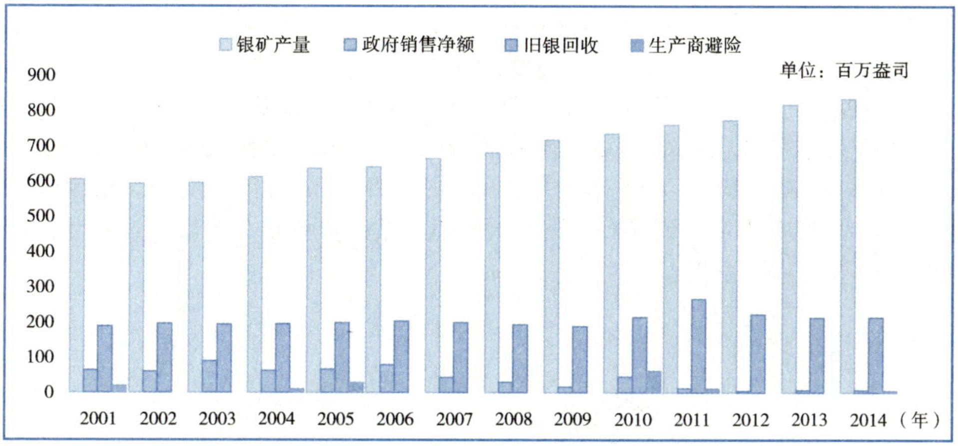

图 18－2　全球白银供给变化

资料来源：世界白银协会。

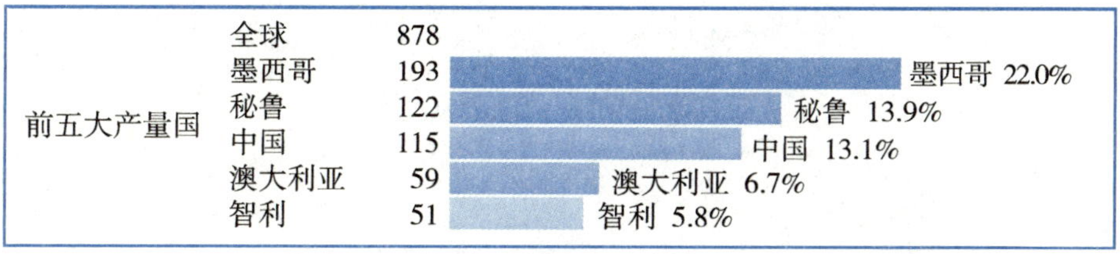

图 18－3　2014 年全球白银前五大产国（单位：百万盎司）

资料来源：世界白银协会。

采，恐怕矿源很快就会枯竭。秘鲁倒是储量丰富，产量也大，是白银供给市场最重要的观察国家。

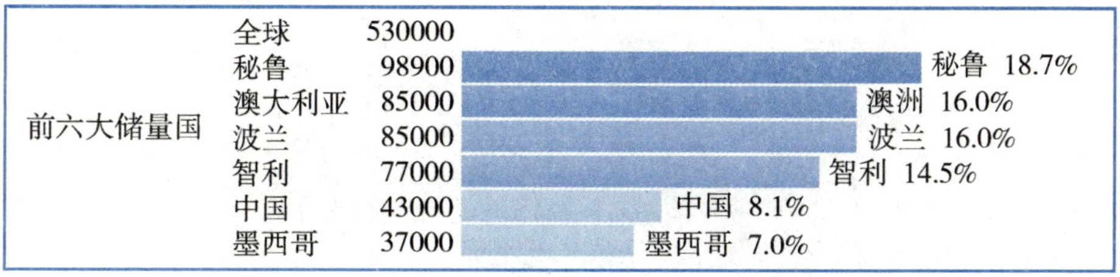

图 18－4　2014 年全球银矿前六大储量国家（单位：吨）

资料来源：USGS。

白银消费

近15年，全球白银需求量没有明显增加，2008年的金融海啸使得白银在2009年需求大减，2010年白银需求恢复以往水平，2013年再度刷新最高纪录，尽管2014年工业需求再创新高，但是银币奖章实体投资与生产商避险冲销减少，使得总需求量下降（见图18－5）。

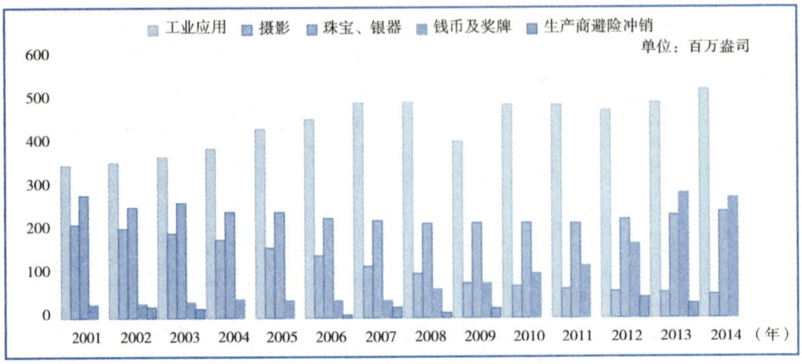

图18－5　全球白银需求量

资料来源：世界白银协会。

美国是全球白银需求最大国家，根据美国地质勘探局（USGS）年报，2014年白银总需求6900吨，约占全球的21%，用于电子电器材料的白银最多，占42%；其次是用于银币与徽章，占35%；用于照相与感光材料占13%；用于珠宝与银器，占7%（见图18－6）。

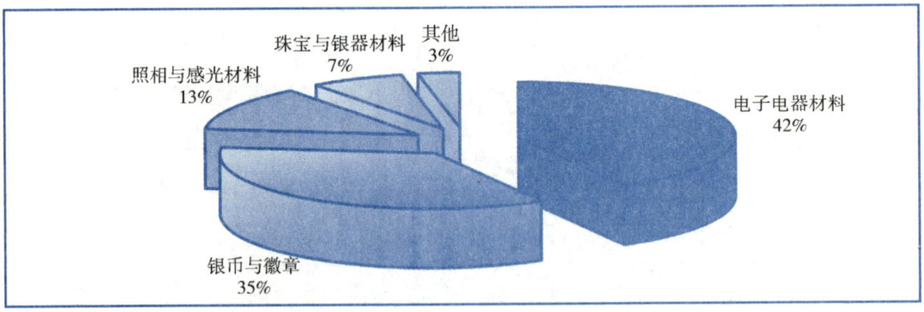

图18－6　2014年美国白银使用分类比重

中国的白银使用量仅次于美国，自2000年以来，中国白银使用量逐年增加，2005年以后增速更是加快，2009年中国白银年使用量达到4780吨，全球市场占有率 17.5%，紧跟在美国之后。当时中国白银使用量已经是 1985 年的 5 倍有余，市场预估在 2016 年中国白银使用量将超越美国成为全球第一。以 2014 年中国白银使用分类来看，用于电子电器工业需求最大占总使用量的 35%，第二是化工与化学应用占 20%、照相与感光占 20%（见图 18－7）。

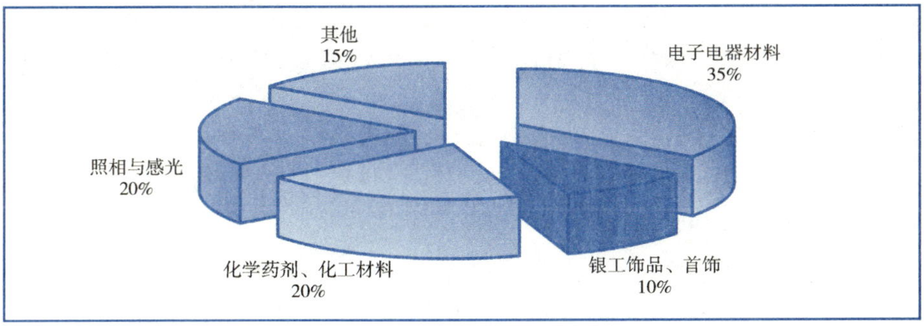

图 18－7　2014 年中国白银使用分类

白银库存

白银库存与银价关系密切，尤其是 1980 年后更加明显，在白银官方库存年年减少，且私人库存比例相对增加的情况下，库存增减代表私人投资意愿，因此库存与价格涨跌呈现明显正向变化。例如：2005 年库存量由连续 15 年的减少开始增加，白银价格多头在 2006 年开始发动，2011 年银价创下历史新高纪录，同时白银库存量增加达到最高峰，自 2012 年以来，白银库存增加量逐年递减，呼应了同期间价格的弱势（见图 18－8）。

影响白银价格因素

一、供给与需求

以最近 15 年白银的供给与需求来看，2009 年以前白银的供应量没有明显增减，自 2010 年以后，由于银矿产量和旧银回收量都同步增加，白银供给量明显增加。不过 2012 年由于回收旧银数量的急剧减少，导致总供给出现下滑，尽管如此，2014 年供给量仍然再度刷新高纪录。整体来看，白银在 2013 年以前，除了 2002 年外，全球市场都呈现出供过于求的状态，买方市场占优势。然而白银的价格走势与供需的状态没有太大关系，2011 年 4 月底白银期货创下 49.52 美元的历史新高价，当年度白银出现 16390 百万盎司的大量供过于求情况（见图18－9）。

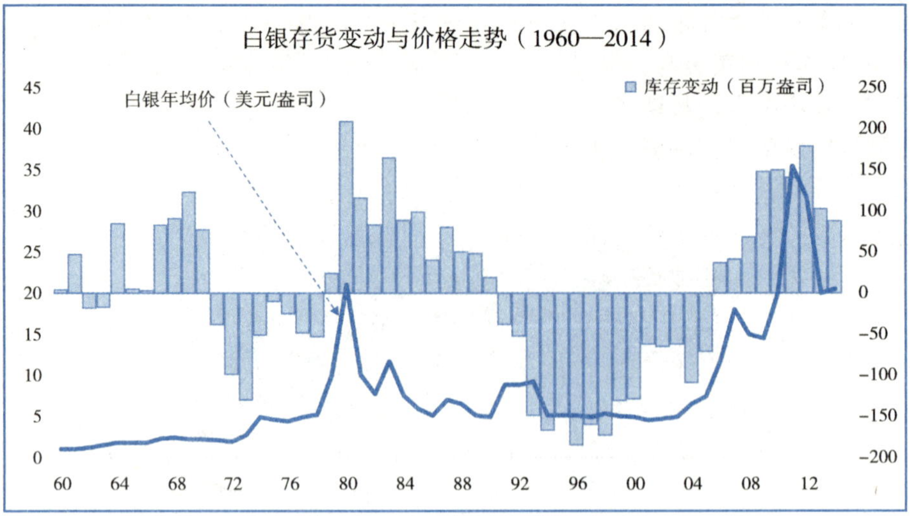

图 18－8　白银库存量增减与年度均价

资料来源：CPM 集团。

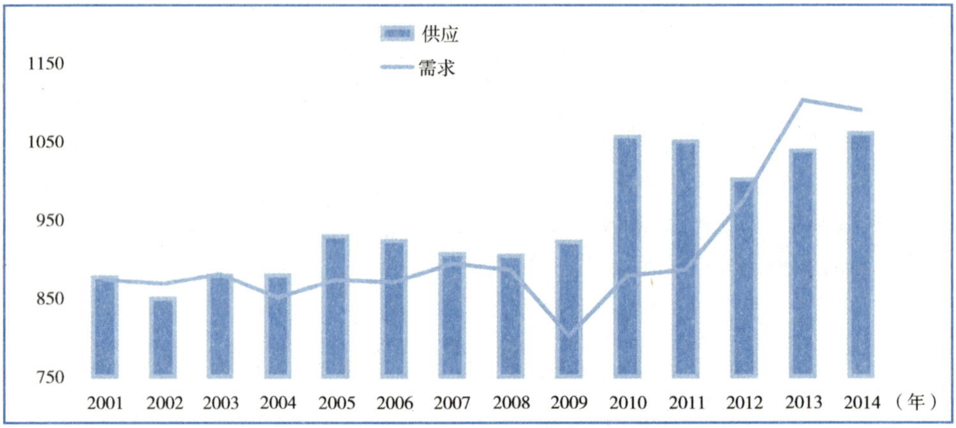

图 18－9　2001—2014 年全球白银供给与需求（单位：百万盎司）

资料来源：世界白银协会。

（1）**供给重要影响**。回收市场、库存、金矿与其他基本金属、利率政策。

白银的回收量约占总供给 20%，以白银过去 30 年产出与价格关系来看，旧银回收不影响价格，反而是银价变化主导旧银回收数量，通常是银价上扬会导致旧银回收量的增加。

根据 CPM 集团的白银最新年报，统计自 1977—2014 年的白银价格与金矿、银矿供给之间关系发现，银矿产量增加 1% 会导致白银价格下跌 1.72%，但金矿产量增加1%就会引起白银价格下跌3.06%，可见金矿影响白银价格比银矿要大。在这38年间黄金与白银的价格相关性在0.35～0.90之间，平均相关性为0.70，显示出两者间长期的高度相关。

比较特殊的是，纯粹的银矿产量仅占白银总产量30%以下，70%以上的白银产出是来自其他金属矿（如：黄金、铜、锡、铅和锌）矿提炼出的副产品，尤其是来自铅、锌矿产提炼占白银产量的1/3以上，从铜矿中提炼也占1/5，因此这些金属供需、价格变化与白银供给有密切关系。

·自2009年以来，在欧美各国央行持续宽松货币政策下，货币贬值可能带来通货膨胀的隐忧使得黄金保值特性再度彰显，金价大幅反弹带动白银上扬，2009年第三季白银已经从11.27美元反弹至17.8美元附近。**（黄金价格＋利率）**

·2010年11月美国联准会宣布第二次量化宽松政策开始实施至2011年6月，美元指数下滑因而带动黄金飙涨，而且基本金属在中国需求持续增加下，价格大幅上扬，加速白银价格猛烈涨势，2011年4月底白银期货创下49.52美元的历史新天价（见图18－10）。**（美元＋利率＋需求）**

图18－10　黄金与白银期货价格走势图（单位：美元）

·2013年4月中，黄金ETF受到法人机构大量抛售，黄金期货迅速跌破1500美元的技术面与心理面重要支撑，一周之内大跌13%，白银期货也随着黄金一举跌破20美元大关，当周跌幅更是高达18%。**（黄金价格）**

（2）消费重要影响：工业生产、经济增长、投资需求变动。

白银在2013年以前大部分时间呈现供过于求的状况，因此银价的变动受到影响。而白银最大使用量是在电子与电器工业方面，因此消费国经济增长与银价有重要的正向关系。以白银最大消费国——美国为例，自 2000 年以来的工业生产和白银价格变动来看，2008 年以后两者关系较为密切，而且工业生产领先白银价格（见图 18－11）。

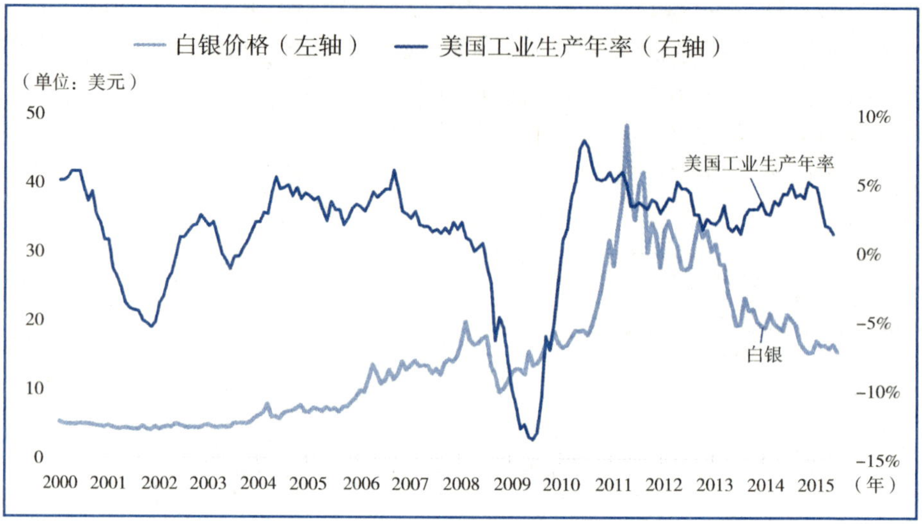

图 18－11　美国工业生产与白银期货价格

其次，白银珠宝首饰的需求对行情也有推波助澜的效果，而此需求和黄金价格涨跌有关系；假如黄金价格上扬，金饰价格高涨，有一些珠宝需求就转向便宜的银饰，银价接着上扬。此外，包括银币、徽章与白银 ETF 及其他交易所类似投资项目的需求在最近 10 年来的增长幅度则是最大，对银价也有重要影响。

·1979 年美国通货膨胀的隐忧日渐严重，商品期货和黄金、白银期货应声大涨，1980 年间汉特兄弟收购白银现货与买进期货契约规避美元贬值风险（估计当时汉特兄弟掌握的白银达 280 万盎司），他们投机性地买进，造成市场缺货，白银价格自 1979 年年初的每盎司 6.0 美元，飙涨至年底的 28 美元（依据 Handy & Harman 报价），甚至在 1980 年 1 月创下每盎司 48 美元的天价。但当美国汇率、利率、通货膨胀率、商品与房地产价格疯狂的走势渐入尾声，白银价格迅速滑落，引起投机者大量停损出场，1980 年 3 月价格一度狂跌至每盎司 11.10 美元，虽然后来价格稍有反弹，但在 1980 年年底白银价格处在 15 美元附近的相对低位。**（投资＋通货膨胀）**

·1993 年 3 月银价再试探 3.50 美元的低点，在供需面没有改善前，银价无法大幅走高。直到 1993 年第二季度，银价就在美国经济转强，预期工业生产增加和官方白银库存量减少的情况下，银价扬升到 5.50 美元附近，1994 年 3 月更曾上冲到 5.80 美元，这是 20 世纪 80 年代末期以来所仅见的高价。**（工业增长＋库存）**

·1998 年通货膨胀促使投机性买盘进入白银市场，当年 2 月白银一度攀升至每盎司接近 7.50 美元的 10 年高点。**（通货膨胀＋投资）**

·2008 年 3 月在美元贬值、工业需求、基金投资和投机活动的激励下，白银价格上扬至每盎司 21.10 美元以上的 28 年最高位，但随着金融海啸来袭，受投机出场与资金被赎回的影响，下半年最低价格一度下挫至 8.5 美元附近的三年半低点。**（美元＋工业生产＋投资＋重大金融事件）**

二、物价与保值

白银价格受到黄金影响很大，因此通货膨胀与物价变动也直接影响白银的实体消费与投资的需求。从美国消费者物价指数（CPI）年变动率和白银价格来看，扣除物价因为金融海啸那一段期间扭曲的发展外，物价变化与白银价格走势方向大致相同。从 2011 年至今，美国物价与白银的相关性高达 75%，说明两者关系密切（见图 18－12）。

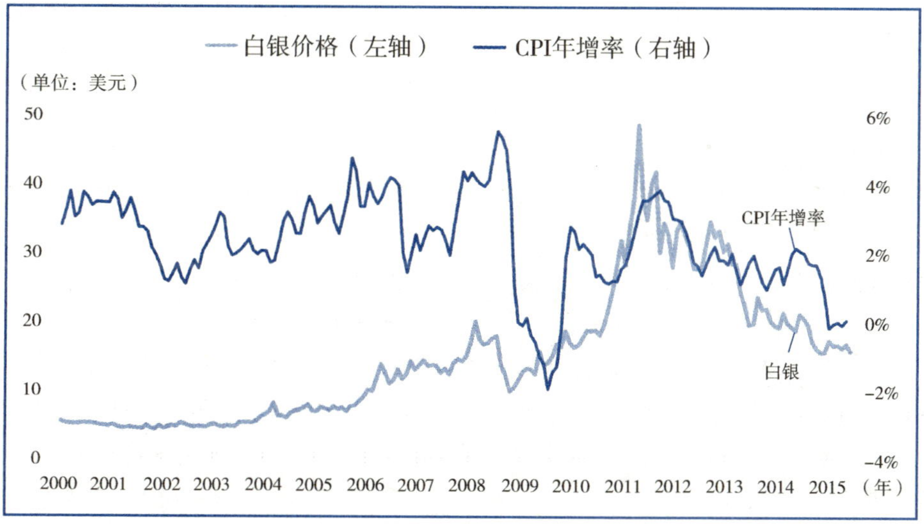

图 18－12　美国 CPI 与白银价格

三、CRB 指数

由于在工业上使用白银的量最大，白银期货也是商品期货的重要一环，在 CRB 指数成分中，白银虽然仅占 1%，但是基于它与黄金及铅、锌的密切关系，白银与 CRB 指数走势间方向一致，且白银走势领先 CRB 指数（见图 18－13）。

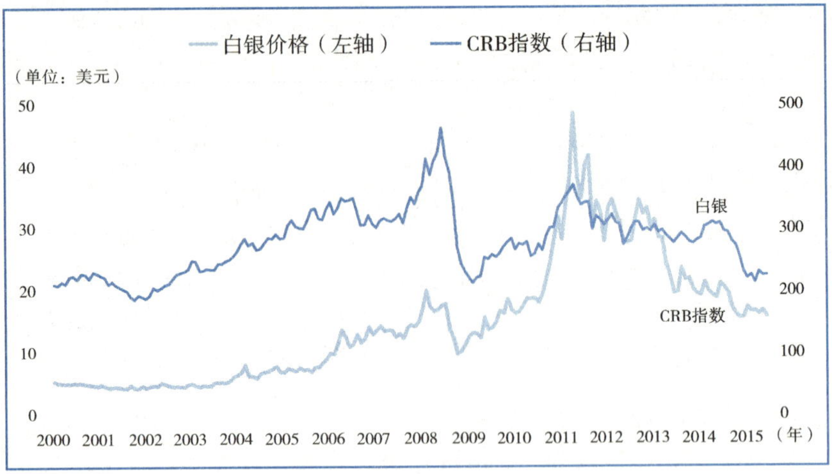

图 18－13　CRB 指数与白银价格

四、其他因素

白银与黄金一样受到战争和区域性动乱的影响，战时白银不如黄金敏感，可是一旦纷争结束，白银价格下滑的力道往往比黄金还要强劲。

影响白银交易的事项

（1）白银的价格波动性在商品期货中算是相当剧烈，与黄金比较，其波动明显偏高。因此白银期货是一般法人机构最喜爱的投机商品之一，但因价格变动迅速，操作难度高，建议不熟悉其特性的散户，不要轻易尝试。将 1975 年以来两者的年波动率进行比较，我们发现 1980 年以后白银波动率一直凌驾于黄金之上，尤其是 2005 年以后的贵金属大多头行情（见图 18－14）。

（2）在 1990 年之前，白银的投资绩效远落后于一般金融期货交易工具（股价指数、国债、债券），但是从最近 10 年来看，白银期货报酬率高达 236%，高于黄金、原油和股债市商品。而基于白银与金融商品的投资差异性，根据 CPM 集团的研究，如果将白银加入股债投资组合，不管是长期或是近期，投资绩效全面提高，尤其是投资股票、债券加上少部分黄金与白银，可达分散风险、提高绩效的效果（见表 18－1）。

（3）黄金与白银的价格关系密切，因此黄金与白银的价格比是投资人非常看重的信息，目前黄金与白银价格比为 75，以最近 40 年金银价格比平均值在 59 来看，现阶段偏高，因此长期白银价格是否相对黄金抗跌，而使金银比值逐步缩小，将是市场关注的议题（见图 18－15）。

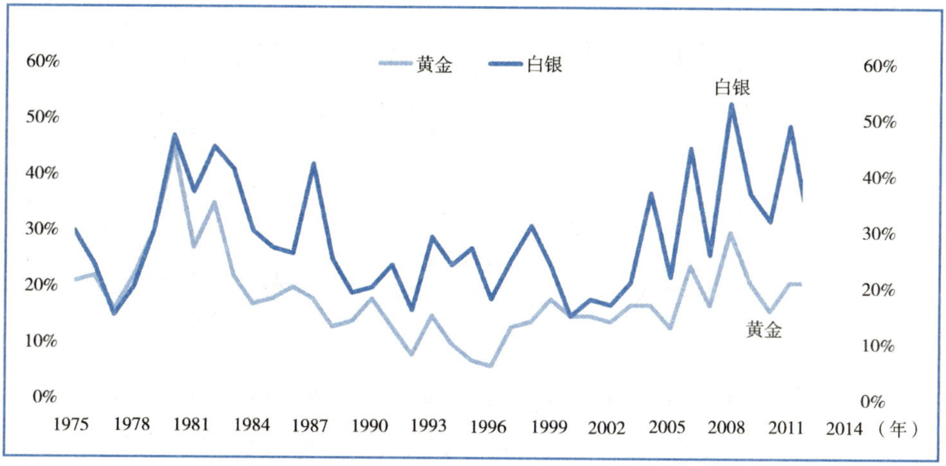

图 18－14　白银期货与黄金期货价格波动率

表 18－1　不同成分投资组合绩效比较

投资组合绩效比较								
年份	1968—2013		1984—2013		1991—2013		2000—2013	
	平均收益	平均风险	平均收益	平均风险	平均收益	平均风险	平均收益	平均风险
组合一 股票+国券 60%股票，40%国券	6.85%	5.56%	7.36%	5.60%	6.52%	5.30%	2.84%	5.75%
组合二 股票+国券 60%股票，40%国券	7.53%	5.70%	8.34%	5.61%	7.51%	5.29%	3.86%	5.70%
组合三 股票+国券+黄金 60%股票，35%国券，5%黄金	7.16%	5.72%	7.42%	5.61%	6.71%	5.31%	3.40%	5.78%
组合四 股票+国券+黄金 60%股票，35%国券，5%黄金	7.75%	5.76%	8.27%	5.62%	7.58%	5.30%	4.30%	5.73%
组合五 股票+国券+白银 60%股票，35%国券，5%白银	7.18%	6.04%	7.45%	5.86%	6.88%	5.56%	3.52%	6.15%
组合六 股票+国券+白银 60%股票，35%国券，5%白银	7.77%	6.07%	8.30%	5.87%	7.75%	5.56%	4.42%	6.10%
组合七 股票+国券+黄金+白银 55%股票，35%国券，5%黄金，5%白银	7.94%	5.76%	7.94%	5.76%	7.94%	5.76%	7.94%	5.76%

（4）黄金与白银价格对不同分类的使用或供给影响程度不一，其中以旧金或旧银回收最为敏感，不论是白银或是黄金的涨跌对其旧料回收量都有很大正向影响。值得注意的是，价格与饰品使用量呈现反向关系。也就是说，黄金价格上

图 18－15 黄金与白银价格比例

扬会导致黄金饰品使用量明显减少，不过白银价格涨跌对银饰却没有明显影响。根据 CPM 集团研究报告，最近 38 年来黄金、白银相关资料统计：黄金每上涨 1%会引起旧金回收量增加 0.76%；而白银每上涨 1%会引起旧银回收增加 0.77%；黄金每上涨 1%会引起金饰使用量减少 0.77%（发达国家），白银每上涨 1%仅会引起银饰减少 0.09%，这显示黄金饰品的消费者对价格的敏感度远高于白银饰品的消费者（见图 18－16）。

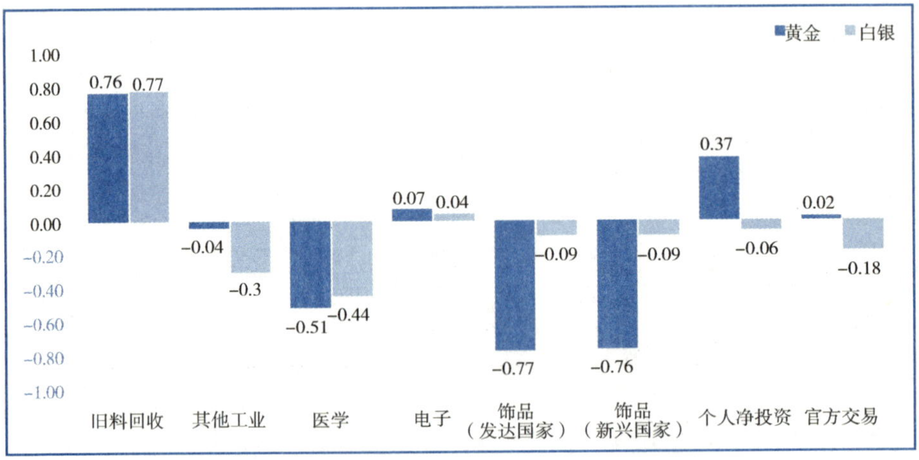

图 18－16 金银价格与各自分类使用之相关性

数据来源：CPM Group。

（5）美国商品期货交易委员会（CFTC）每周五会定期公布美国交易所大额交易人持仓部位变化，代表投资机构的管理基金投机净持仓部位与价格有一定的正向关系。不过自2012年以来，在白银价格下跌的过程中，管理基金投机部位变动速度快且数量也很大，与价格走势关系就显得不太明确，由此也看出大额交易人也会短线放空白银期货快速进出市场以获取利润（见图18－17）。

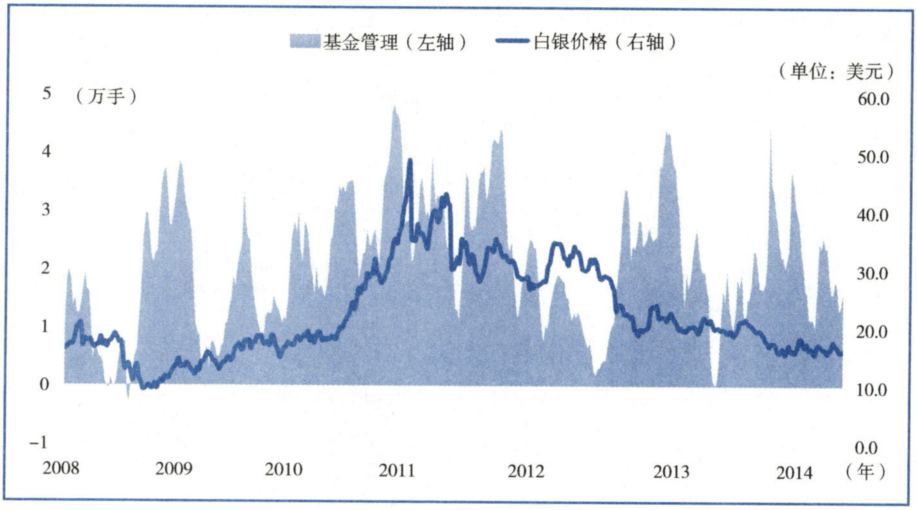

图18－17　CFTC大额持仓净部位与COMEX白银期货价格

数据来源：CFTC。

重要参考数据来源

www.usgs.org（美国内政部地质研究，US Geological Survey，白银的美国供需统计资料与全球白银储量、供需状况与矿业年鉴等资料）

www.abms.com（美国金属统计资料局，简称ABMS，基本金属市场报道、统计分析与展望报告）

www.world－bureau.com（WBMS，全球金属统计局，基本金属相关之统计、年报与市场信息）

www.asianmetal.cn（亚洲金属网，基本金属相关现况分析，行情走势与分析与交易统计）

www.cftc.gov（美国CFTC大额交易人黄金期货与选择权持仓报告）

www.cmegroup.com（美国CME集团的COMEX，纽约白银期货市场相关信息）

www. shfe. com. cn（上海期货交易所，上海白银期货、贵金属相关信息与市场分析）

www. tocom. or. jp（日本东京工业交易所，日本白银期货交易相关信息）

www. mcxindia. com（印度多商品交易所简称 MCX，MCX 白银期货、贵金属相关信息与市场分析）

www. silverinstitute. org（世界白银协会，白银生产与消费状况，市场价格与相关信息分析，白银年报）

www. kitcosilver. com（Kitco 金属公司，白银相关市场信息、交易策略与价格分析）

www. cpmgroup. com（CPM 集团，白银、贵金属市场数据，交易分析报告与年报）

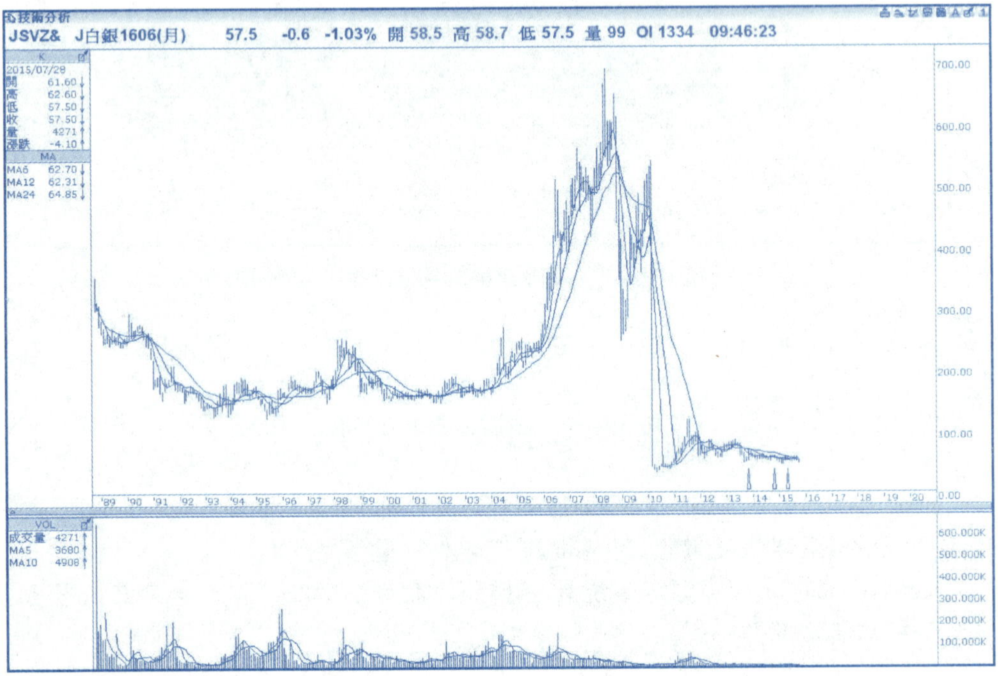

图 18－18　日本工业交易所（TCE）白银期货连续走势图

资料来源：精诚信息。

表 18－2　COMEX 白银期货合约规格

商 品 名 称	白　　银
交易所	COMEX
合约规格	5000 盎司
商品代码	SI
报价单位	美分/盎司
最小跳动值	0.5 美分/盎司
交易月份	3 月、5 月、7 月、9 月、12 月
北京交易时间——夏令时 （冬令时间延后 1 小时）	人工盘 20:25 至次日 01:25 电子盘 06:00 至次日 05:15
涨跌停限制	无
最后交易日	到期月份的倒数第 3 个工作日
最后交割日	到期月份的倒数第 2 个工作日
交割方式	实物交割
2014 年全年交易量	1370 万手

表 18－3　TCE 东京工业交易所白银期货合约规格

商 品 名 称	白　　银
交易所	TOCOM
合约规格	10 公斤
商品代码	JSV
报价单位	日元/克
最小跳动值	0.1 日元/克
交易月份	连续 6 个偶数月
北京交易时间——夏令时 （冬令时间延后 1 小时）	电子盘 08:00 至 14:15 T＋1 盘 15:30 至次日 03:00
涨跌停限制	6 日元
最后交易日	到期月份的倒数第 4 个工作日
最后交割日	到期月份最后 1 个工作日
交割方式	实物交割
2014 年全年交易量	6.3 万手

表 18-4 SHFE 白银期货合约规格

商品名称	白　　银
交易所	SHFE
合约规格	15 千克
商品代码	AG
报价单位	人民币/千克
最小跳动值	1 元人民币/千克
交易月份	1—12 月
北京交易时间	电子盘 09:00～11:30 13:30～15:00
涨跌停限制	3%
最后交易日	到期月份的 15 日
最后交割日	最后交易日后第 5 个工作日
交割方式	实物交割
2014 年全年交易量	19348.7 万手

附录 1 LME 与 SHFE 基本金属

伦敦金属交易所（London Metal Exchange，LME）简介

（1）LME 前身是 1571 年成立的伦敦皇家交易所。

（2）早期只有英国与其他欧陆国家之间的交易。

（3）19 世纪的工业革命引爆欧洲对基本金属的需求。

（4）1869 年苏伊士运河开通后，从智利运送铜的时间缩短为 3 个月，自此确立了 3 个月是 LME 合约标准交割日期，并沿用至今。

（5）1877 年伦敦金属交易公司正式成立，并建立了规范化的交易方式，现有交易制度运作已达 136 年之久。

（6）LME 采取国际会员资格制，超过 95% 的交易来自海外市场。

（7）铜与锡是最早上市交易的基本金属，铅和锌随后在 1920 年上市，铝和镍是稍晚才上市的品种。

（8）交易量是全球基本金属生产量的 40 倍，80% 以上的基本金属交易业务是在 LME 平台成交。

（9）2012 年 12 月港交所以 13.88 亿英镑（约 123 亿元人民币）收购 LME 全部已发行股权，所以 LME 目前为香港交易所集团的成员公司之一，港交所承诺在 2015 年之前不改变现有 LME 运作制度。

LME 会员分为 5 级：

➢ 除符合相关规定外，须购买交易所股票，每年缴交会员费；

➢ 1 级会员可于公开喊价的交易大厅进行圈内交易；

➢ 截至 2015 年 4 月，LME 有 10 家一级会员机构，30 家二级会员机构，2 家三级会员机构，4 家四级会员机构，51 家五级会员机构，总计 97 家会员机构；

➢ 中国方面已有 1 家一级会员（广发金融），3 家二级会员（工商标准银行、招商证券、中银国际），足见 LME 在并入香港交易所后，激发中国金融界加入基本金属定价行列的兴趣，也符合中国官方的期待。

表附录 1－1 LME 五级会员制

会员等级	发行LME合约	认可金融服务法	伦敦清算所会员	交易权限	承揽经纪业务	最低资产（£）	会员年费（£）
一级场内交易员	是	是	是	全权	是	500 万元	55000 元
二级准经纪清算会员	是	是	是	全权	是	500 万元	55000 元
三级准交易清算会员	否	否	是	仅可与一、二、四级会员交易	否	250 万元	19000 元
四级准经纪会员	是	是	否	全权	是	500 万元	45000 元
五级准交易会员	否	否	否	仅可与一、二、四级会员交易	否	5 万元	1250 元

注：最低资产和会员年费按英镑（£）计算。

表附录 1－2 LME 交易时间

	公开喊价交易（Ring）	电子交易（LMEselect）	办公室电话市场交易
交易时间	伦敦 11：40～17：00 台北 18：40～00：00	伦敦 01：00～19：00 台北 08：00～02：00	24 小时

表附录 1－3 LME 全市场交易量统计（单位：手）

年份	2007	2008	2009	2010
期货	85736480	105861588	106463839	112439117
选择权	7065598	7264399	5384527	7739829
均价选择权	112650	89312	82462	79173
总计	92914728	113215299	111930828	120258119
年份	2011	2012	2013	2014
期货	138487658	153201377	164397825	168712316
选择权	7957491	6437234	6432653	8203730
均价选择权	152396	81170	269165	235666
总计	146597545	159719781	171099643	177151712

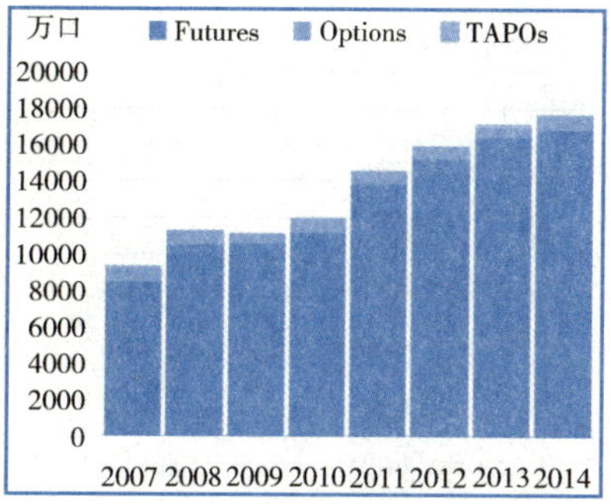

图附录 1－1　2007—2014 年 LME 全市场交易量

2014 年交易概况：
可交易商品：25 种
实际有交易：17 种
委托单种类：期货、选择权、TaPos
全年交易量：177151712 手，↑3.54%
日均成交量：702983 手

表附录 1－4　LME 热门商品交易统计（单位：手）

种类	铝	铜	锌	镍	铅	锡	其他
期货	65439689	38811609	30323897	18079099	12872940	2111938	1073144
选择权	3271338	2003739	1453349	1240163	220491	7010	7640
均价选择权	108818	19689	61845	43712	852	–	750
总计	68819845	40835037	31839091	19362974	13094283	2118948	1081534

表附录 1－5　LME 铝交易量统计（单位：手）

年份	2007	2008	2009	2010
期货	40229693	48307389	46988069	46537180
选择权	3432485	3968804	2722104	3479888
均价选择权	47149	40770	55197	43659
总计	43709327	52316963	49765370	50060727
年份	2011	2012	2013	2014
期货	59558330	59123583	63767903	65439689
选择权	3218299	2424466	2681694	3271338
均价选择权	44196	45361	140542	108818
总计	62820825	61593410	66590139	68819845

表附录 1－6　铜交易量统计（单位：手）

年份	2007	2008	2009	2010
期货	14204250	26507242	24922949	29949765
选择权	2027181	1987291	1624350	3111996
均价选择权	16667	16146	15212	21532
总计	16248098	28510679	26562511	33083293
年份	2011	2012	2013	2014
期货	34537310	35874789	40486017	38811609
选择权	3371191	2605512	2408984	2003739
均价选择权	24309	16649	50219	19689
总计	37932810	38496950	42945220	40835037

表附录1－7 镍交易量统计（单位：手）

年份	2007	2008	2009	2010
期货	3792788	5202609	6717299	7325219
选择权	167428	152744	142168	172075
均价选择权	35220	11347	3541	2547
总计	3995436	5366700	6863008	7499841
年份	2011	2012	2013	2014
期货	8056421	11164449	13678490	18079099
选择权	233837	178844	285039	1240163
均价选择权	2091	3157	7250	43712
总计	8292349	11346450	13970779	19362974

表附录1－8 锌交易量统计（单位：手）

年份	2007	2008	2009	2010
期货	12556285	16120770	15901774	18065641
选择权	1111080	715970	712526	732279
均价选择权	10314	8538	5335	9648
总计	13677679	16845278	16619635	18807568
年份	2011	2012	2013	2014
期货	21984302	29559338	30270370	30323897
选择权	913771	952958	826821	1453349
均价选择权	74938	11239	64234	61845
总计	22973011	30523535	31161425	31839091

表附录1－9 铅交易量统计（单位：手）

年份	2007	2008	2009	2010
期货	4697862	6188753	5983323	7744747
选择权	298965	346672	145354	199884
均价选择权	3210	9411	3065	1622
总计	5000037	6544836	6131742	7946253
年份	2011	2012	2013	2014
期货	10921882	14248937	12931067	12872940
选择权	189831	260265	216518	220491
均价选择权	6806	4764	6920	852
总计	11118519	14513966	13154505	13094283

部位冲销

一、平仓

由于 LME 基本金属期货本质上更像远期合约，在部位冲销方面与一般期货交易有所不同，部位冲销必须是在相同的到期日，才可平仓。但 LME 每天的交易都是 3 个月到期的新合约，所以出场与进场的到期日不会在同一天，因此必须调整至进场时的到期日才可冲销平仓，称为“**调期**”。

二、平仓范例

客户在 1 月 10 日卖出 1 手 3M 铜，到期日为 4 月 10 日；1 月 13 日客户买入 1 手 3M 铜，到期日为 4 月 14 日。此时客户想要把这两笔交易对冲，就必须把后面成交的买单部位到期日调至 4 月 10 日，才能把这两笔交易对冲了结。

合约到期处理方式

任何买单或卖单都可通过 LME 仓单进行实物交割，也可通过期货市场反向操作进行平仓。不过实务上，实物交割只占交易所总交易量的一小部分，大部分的成交单最终都不会进行实物交割。

LME 仓单（Warrants）

LME 仓单是基本金属的物权证明。仓单本身可以买卖，通常是由 LME 指定的仓储公司出具。每张仓单为一个标准合约；以铜为例，每张仓单的数量一般是 25 吨，仓单上同时标明商品名称、数量、存放地址、入库日期、生产厂家、仓储公司等信息。仓单中所列货物规格都须符合交易所规定。

注册仓单

当现货商或金属持有者把符合交割标准的货物交到交易所的交割仓库，交割仓库检验合格后，给货物持有人开具标准仓单，货物持有人就可以拿着标准仓单到交易所的交割部办理注册手续，完成这个过程的仓单就是注册仓单。经过注册的仓单才可以进行交割，其总数也就是交易所公布的库存数量。

注销仓单

已经注册的仓单同样可以办理注销手续，但这时仓单标示的货物未必就已经出库，可能还在交割仓库存放。当某个月份的合约履行交割后，会有部分仓单办理注销和出库手续，因此每次交割都会有部分仓单进入现货市场流通。但有时候参与期货交易的庄家或持有仓单的主力，为了影响价格，会借由注册、注销仓单改变交易所公布的库存数量。

如何操纵仓单

当主力希望价格上涨，就把持有的注册仓单大量注销，刻意造成可交割货物不足的表象，从而引发交易者对未来价格上涨的预期，但实际上可交割的货物并没有减少，还在仓库存放。反之，当主力希望价格下跌时，他们就会把仓单再次注册，造成可交割货物增多的表象，使得期货价格受此影响而下跌。

一、以仓单转移做实物交割

金属生产商通过经纪公司建立空头避险部位，到期后如果不进行反向买入平仓，则可以选择交付 LME 仓单给经纪公司做实物交割，冲抵期货合约。同样地，金属消费者在建立 LME 的买方部位后，也可以借由把货款交付给经纪公司，然后通过经纪公司收受仓单，完成实物交割。

二、卖方实物交割范例

某一位铜的生产商通过经纪公司卖出 100 手交割日为 2014 年 4 月 10 日的铜，到期时如果想要进行实物交割，则生产商必须在 4 月 10 日之前把 2500 吨铜运至 LME 仓库（货物必须是 LME 注册品牌），货到目的港后，通过国际大型仓储公司代理入库，包括港口至仓库的运输、质量检验、过磅、标码、重新包装，最后制成 LME 仓单。在交割日前的倒数第二个交易日 4 月 8 日（现货日 Cash-Day），通知经纪公司将进行实物交割，并在 4 月 10 日之前指令仓储公司把仓单转移给经纪公司，经纪公司在确认收到仓单后，把货款支付给生产商。至此，生产商通过经纪公司卖出的 2500 吨期货合约以实物交割履约完毕。

LME 仓库与仓储

仓库地点要求条件：

- 净消费领域；
- 为材料流通提供良好的物流通道；
- 安全且治安良好；
- 政治、经济、财政稳定。

仓储公司要求条件：

- 完善并有处理相关材料经验；
- 仓库建设的规模、质量与营运能力需合适；
- 秤重机、捆绑机、起重机与运输车等需定期检查；
- 必要时，接近道路、铁路和水源为要件。

仓库地点与管理

- 在高雄港获准成为 LME 递交港前，全球共有 712 个认证仓库，分布在 14 个国家，36 个地点；
- 欧美、中东及亚洲均设有递交港；
- 亚太地区只有新加坡、日本（横滨、名古屋）、韩国（釜山、仁川、光阳）、马来西亚（巴生、柔佛）等递交港；
- 每个仓库只能存放该仓库所被准许存放的金属；
- LME 检查人员得随时检查仓储公司的库存、系统、日常的营运是否符合规定。

高雄港成为 LME 的认证仓库地点

LME 仓储部门于 2013 年 8 月 21 日正式核准三家国际大型仓储业者与其各自选择合作的 5 家高雄港自贸港区业者，在高雄港第 4 货柜中心及中岛商港区码头的 6 座仓库，成为 LME 认证仓库。

台湾利基

由于 LME 亚洲区最大仓储量集中在东南亚的新加坡与马来西亚，可以推估目前中国在 LME 仓库的基本金属库存绝大多数存放在新加坡，其次是马来西亚。然而以地缘关系来看，高雄港 LME 仓库相对中国大陆的距离比新加坡、马来西亚近很多，地缘优势是高雄港争取中国大陆实物商与贸易商业务的最大利基。

表附录 1－10　LME 仓库地点

亚洲地区（10 处）				
中国台湾	高雄 Kaohsiung			
韩国	釜山 Busan	仁川 Incheon	光阳 wangyang	
马来西亚	巴生港 PortKlang	柔佛丹绒柏勒巴斯港 JohorPTP		
日本	横滨 Yokohama	名古屋 Nagoya		
新加坡	新加坡 Singapore			
阿拉伯联合酋长国	迪拜 Dubai			
欧洲地区（17 处）				
比利时	安特沃普 Antwerp			
德国	汉堡 Hamburg	布莱梅 Bremen		
意大利	热诺亚 Genoa	来亨 Leghorn	拉温纳 Lavenna	第里雅斯特 Trieste
荷兰	鹿特丹 Rotterdam		弗利辛恩 Vlissingen	
西班牙	巴塞罗那 Barcelona		毕尔巴鄂 Bilbao	
英国	利物浦 Liverpool	赫尔 Hull	泰恩—威尔 Tyne&Wear	
瑞典	赫尔辛堡 Helsingborg			
土耳其	塔克达 Tekirdag	科贾埃利 Kocaeli		
北美地区（10 处）				
美国	巴尔的摩 Baltimore	芝加哥 Chicago	底特律 Detroit	长堤港 LongBeach
	洛杉矶 LosAngeles	莫拜尔 Mobile	托莱多 Toledo	欧文波若 Owensboro
	圣路易斯 StLouis	新纽澳良 NewOrleans		

表附录1-11 LME亚洲区各仓库价格与库存状况

国家/地区	占亚洲区总仓储量比重	仓库地点（港口）	2015年3月底总仓储量（吨）	日仓储费用/（美元·吨$^{-1}$）	运费/（美元·吨$^{-1}$）
马来西亚	54.05%	柔佛	355352	0.43～0.57	39.7～43.5
		巴生	80735	0.43～0.55	39.4～43.4
新加坡	31.84%	新加坡	256899	0.43～0.59	43.4～47.2
韩国	12.78%	釜山	48145	0.43～0.58	44.3～48.2
		光阳	43290	0.43～0.58	44.3～48.2
		仁川	11667	0.43～0.58	44.3～48.2
中国台湾	1.33%	高雄	10783	0.44～0.54	43.9～45.8
日本	0%	横滨	0	0.29～0.45	19.4～28.4
		名古屋	0	0.36～0.45	7.0～28.4

表附录1-12 上海期货交易所基本金属合约规格

商品（代码）	合约数量	最小跳动值	每日涨跌幅	交割月份	交易时间
铜 CU	5吨	10元/吨	3%	1—12月	09:00～11:30 13:30～15:00
铝 AL	5吨	5元/吨			
锌 ZN	5吨	5元/吨	4%		
铅 PB	5吨	5元/吨			

- 交易币别为人民币。
- 最低交易保证金：合约价值的5%。
- 交割单位：每一仓单为25吨，交割必须以每一仓单的整数倍交割。
- 最后交易日：合约交割月份的15日（遇法定假日顺延）。
- 交割日期：最后交易日连续5个工作日。
- 详细说明见上海期货交易所 http：//www.shfe.com.cn/。

表附录1-13 上海交易所基本金属交易量统计（单位：手）

年份	2007	2008	2009	2010
铜	32656022	41546516	162434872	101577136
铝	9647104	29577840	41061096	34523990
锌 ZN	20430898	47077794	64506772	293178746
铅	0	0	0	0
年份	2011	2012	2013	2014
铜	97922260	114569670	128591712	141020612
铝	19907836	7885360	6611150	27852552

（续表）

年份	2007	2008	2009	2010
锌	107326966	42201848	24166332	80858694
铅	586560	137292	345518	2915644

保税区

保税区又称保税仓库区，是指一国海关设置或经海关批准注册、受海关监督和管理，专门存放保税货物的区域。运入保税区的货物可以进行储存、改装、分类、混合、展览，以及加工制造。在中国，保税区是经国务院批准设立、海关实施特殊监管的区域，是中国目前开放度和自由度最大的经济区域。

保税区实行境内、关外的管理

外国商品存入保税区，只需缴纳仓储等少量费用，而不必缴交进口关税。保税区的货物可以自由出口至他国，但要进入国内则要按进口征税，境内其他地区货物进入保税区则视同出境，需以正常出口管理。

何谓融资铜

铜贸易商是通过银行开出可延期付款的外币计价信用状以进口铜至中国，然后在中国境内市场销售，或向保税仓库注册成仓单并质押货物，或将货物进行再出口，最终获得人民币。

一、套利流程

中国境内的实体贸易商 B 从离岸贸易公司 A 进口铜至保税区，B 再以中国境内银行 D 开立的美元信用状支付货款给 A，然后 B 再通过其离岸子公司 C，把铜出售或再出口，C 支付 B 美元或离岸人民币现金。最后 B 把来自 C 的现金，利用银行 D 间接把美元或离岸人民币换成国内人民币，假如国内人民币资金吃紧，或是人民币有升值趋势，那么 B 就可以利用此交易获得较便宜的资金成本，或是在汇率上得到价差利益。

二、重复循环

在远期信用证的有效期限内（3～12 个月，通常是 6 个月），贸易商尽可能重复上述步骤，在 6 个月的信用状有效期间内，通常可重复 10～30 次，其间融资所取得的资金可以赚取汇差，或是购买理财产品赚取利差，而交易的实物铜则一直都在离岸的保税区内；然而在中国海关的贸易记录，却是每次都有铜进出口的记录，因此虚增了中国铜贸易的数字，当然这种融资方式也可套用在可久储

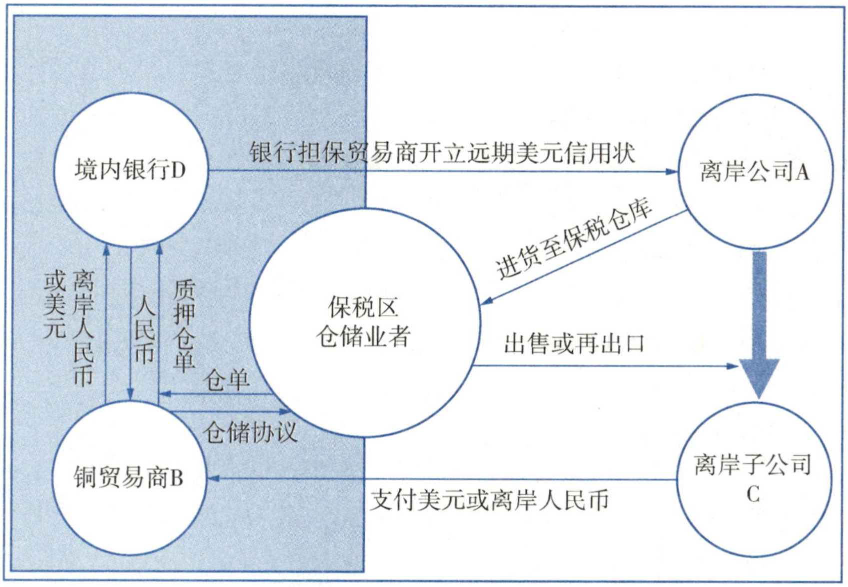

图附录1-2 套利流程

存、不易损坏的其他基本金属或是大宗物资上面。

三、主要利润

中国融资铜主要的利润有人民币兑美元升值的汇差、铜现货与期货之间的利差和其他投资收益。依据市场统计，2013年中国融资铜的汇差与利差的无风险套利收益大约是8%，此外，将取得的人民币现金投资到房地产和信托等投资工具，又可以拿到收益至少在12%以上，因此总净利在20%以上。所以，即使出售融资铜给实体企业而亏损2%进口关税，贸易商们都非常乐意。

人民币贬值对融资铜的影响

这种融资方式适用于人民币强势的情况，然而自2014年开始，人民币两度急速贬值，加上中国新领导人上任后持续压抑房地产的投机交易，使得这些大宗物资的贸易融资遭受损失，违约事件频发。

一、融资标的物价格下跌对融资铜的影响

如果国际铜价格出现大幅下挫（例如：2014年LME铜期货价格大跌28%），铜进口贸易商再出售时必定出现损失，而且像这种长期空头的走势，更是让贸易商深陷亏损难以翻身。

二、保税仓单抛售会使国际铜价走低（融资的恶性循环）

中国贸易商对融资铜的非正规需求会导致国际铜价虚高，在仓单还存于税区的情况下，如果融资铜违约风险升高，导致银行业者缩减信用，或是增加手续费与融资利率收取，业者在保税仓库的仓单就有沉重的去库存压力。相对地，会使伦敦基本金属的卖压升高，促使国际铜价走低，进一步挤压融资铜的利差收益。

三、青岛港仓储融资骗贷案

2014 年 6 月青岛德正资源控股公司在青岛港的仓储融资出现违约，近 20 家中外银行受害，违约风险金额超过 160 亿元人民币（称为“德正案”）。德正案风险爆发的原因正是中国铜融资所有弊端的缩影。

（1）仓储标的物被重复质押。

同一批货物却有来自不同仓储公司出具的多张仓单，此案出具的不实仓单与实际仓单缺口达 10 万吨的氧化铝与 2 万吨的铜。

（2）银行未经实际查证即开立仓单。

基于对仓储公司的信任，多家银行只用电话确认，没有亲往仓储公司查验货物。

（3）标的商品价格下跌。

自 2014 年以来，基本金属价格形成的长期空头，使得仓储货物价值日益下滑，德正以债养债的资金缺口越来越大。

（4）公司诚信与相关人员的道德风险。

过于信任德正的信誉，以及仓储、银行人员受贿或是收受礼品的行为都让德正骗贷得以顺利进行。

（5）**后续影响**。

多家外资银行在检讨此违约案后，对于商品融资规定趋于严格，如：调高保证金、严格仓单管理，以及降低可融资成数；同时，中国国有银行也相对加重对开立远期信用状的条件审核，以及商品融资业务更严格的条件规定。因此，导致中国融资标的短期现货需求明显减缓，自 2014 年 7 月以后，连续两个月中国铜进口量出现异常下滑。

中国基本金属需求的发展

2000—2010 年是中国经济发展快速起飞的时期。在这 10 年间，中国对于基本金属的需求增长非常显著，交易量最大的铝与铜的年平均增长率都在 15% 以上，镍的年需求增长更达 24% 以上；相对于其他国家的负增长，更是凸显中国在基本金属市场的重要地位（见图附录1－3）。

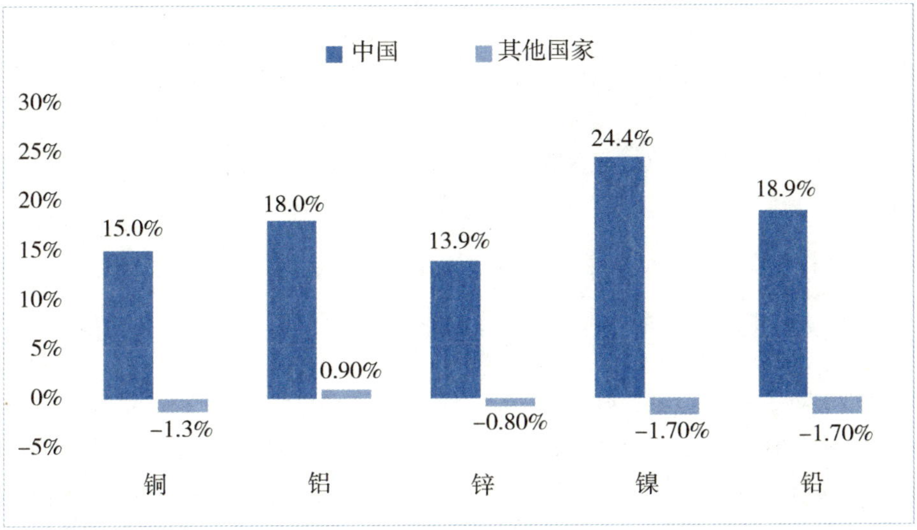

图附录1－3　中国基本金属消费年平均增长率

数据来源：wind 信息。

若以中国消费基本金属占全球总比重来看，1990 年中国的平均比重为 5% 左右，2000 年时比重上升至 10% 以上（镍除外），至 2010 年比重上扬至 40%。说明中国在这二十几年间轻重工业的快速发展，工业原料需求已占全球举足轻重的地位（见图附录1－4）。

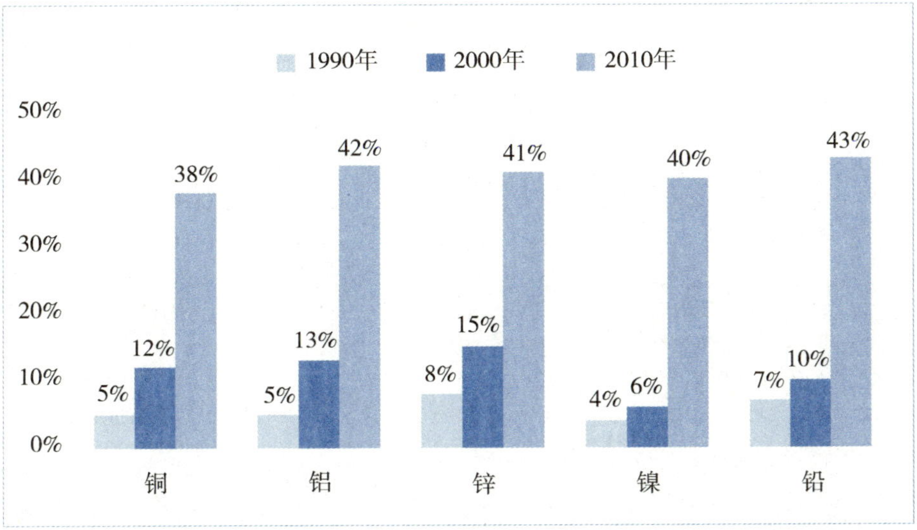

图附录1－4　中国基本金属消费占全球比重

资料来源：wind 信息。

附录2　全球期货与选择权交易量分析

2014年全球前20大期货与选择权交易所

根据《期货业杂志》（*Futures Industry Magazine*）统计，2014年期货与选择权交易量以美国的CME集团蝉联第一，CME集团包括芝加哥商业交易所（简称CME）、芝加哥期货交易所（简称CBOT）和纽约商业交易所（简称NYMEX，包括先前被并入的COMEX）。而且CME集团交易全球最重要且流动性最佳的商品期货。

第二大的洲际交易所包括ICE期货（欧洲）、ICE期货（美国）、ICE期货（加拿大）① 2014年ICE合并新加坡商业交易所（简称SMX），跨足亚洲期权市场，成为横跨欧、美、加、亚洲的最多元化衍生性商品交易所。

欧洲期货交易所（简称Eurex）是在2007年收购美国国际证券交易所（简称ISE），成为全球前三大期权交易所之一。此外，中国台湾期货交易所（简称TAIFEX）在2014年全年交易量2.02亿口，位居全球第19大期权交易所（见表附录2-1）。

表附录2-1　2014年全球期货与选择权市场前20大交易所

名次	交易所	上年交易量/手	今年交易量/手	增长率
1	CME集团	3161476638	3442766942	8.9%
	CME	1551802526	1775988677	14.4%
	CBOT	1090449431	1171499384	7.4%
	NYMEX	519224681	495278881	-4.6%
2	洲际交易所(ICE)	2558489589	2276171019	-11.0%
	ICE期货(欧洲)	1118381584	993647768	-11.2%
	NYSE Amex	549050523	473742797	-13.7%

① 股票现货与选择权的纽约证券交易所（简称NYSE），以及前伦敦金融期货交易所（简称LIFFE）和泛欧交易所（简称Euronext）合并后称为ICE期货（欧洲）；原本在美国的洲际交易所，现称ICE期货（美国），以及加拿大温尼伯商业交易所，现称ICE期货（加拿大）。

(续表)

名次	交易所	上年交易量/手	今年交易量/手	增长率
	NYSE Arca	451427061	438869148	-2.8%
	ICE 期货(美国)	433500235	364250670	-16.0%
	ICE 期货(加拿大)	5688295	5659335	-0.5%
	新加坡商品交易所(SMX)	441891	1301	-99.7%
3	欧洲期货交易所(Eurex)	2190727275	2097974756	-4.2%
	欧洲期货交易所(Eurex)	1551889344	1490541110	-4.0%
	国际证券交易所(ISE)	606765206	481279337	-20.7%
	园际证券交易所 Gemini (ISE Gemini)	32072725	126154309	293.3%
4	印度国家证券交易所(NSE)	2127151585	1880362513	-11.6%
5	BM&Fbovespa(巴西圣保罗证券期货交易所)	1603706918	1417925815	-11.6%
	Bolsa de Valores de Sao Paulo	910894138	790094482	-13.3%
	Bolsa de Mercadorias 8t Futuros	692812780	627831333	-9.4%
6	莫斯科交易所(俄罗斯)	1134477258	1413222196	24.6%
7	CBOE 控股公司	1187642669	1325391523	11.6%
	CBOE	1070865472	1193388385	11.4%
	C2 交易所	76583750	81387833	6.3%
	CBOE 期货交易所	40193447	50615305	25.9%
8	Nasdaq(纳斯达克)OMX	1142955206	1127130071	-1.4%
	Nasdaq OMX PHLX	681995742	617770938	-9.4%
	Nasd aq 还择权市场	326388360	386177089	18.3%
	Nasdaq OMX Nordic	98387962	90070658	-8.5%
	Nasdaq OMX Boston	35334377	31590712	-10.6%
	Nasdaq OMX Commodities	848765	1520674	79.2%
9	上海期货交易所(SHFE)	642473980	842294223	31.1%
10	大连商品交易所(DCE)	700500777	769637041	9.9%
11	BSE(孟买证券交易所)	254845929	725841680	184.8%
12	Korea Exchange (KRX)	820664621	677789082	-17.4%
13	郑州商品交易所(ZCE)	525299023	676343283	28.8%
14	香港交易与结算所(HKEX)	301128507	319577388	6.1%
	伦敦金属交易所(LM E)	171099643	177138349	3.5%
	香港交易与结算所	130028864	142439039	9.5%
15	日本交易所(J PX)	366234062	309732384	-15.4%
16	约翰尼斯堡(JSE)证券交易所	254514072	304003143	19.4%
17	澳大利亚证券交易所(ASX)	261790908	244070858	-6.8%
	澳大利亚股票交易所	139899562	125724466	-10.1%
	雪梨期货交易所	121891346	118346392	-2.9%
18	中国金融期货交易所(CFFE)	193549311	217581145	12.4%
19	中国台湾期货交易所(TAIFEX)	153225238	202227653	32.0%
20	BATS 交易所	151814889	201985667	33.0%

交易量总表与分类

以2014年全球期货与选择权交易量来看，全年交易218.7亿口，仅比2013年增加小幅1.5%，其中期货交易占55.6%较为大宗，而选择权增加3.1%则较为明显（见表附录2－2）。

表附录2－2　2014年期货与选择权交易量

由全球75处的交易所与结算所统计之合同数量			
类别	2013年1—12月	2014年1—12月	变动/%
期货	12134552693	12165484775	0.3%
选择权	9417199143	9707129486	3.1%
合计	21551751836	21872614261	1.5%

以不同类别期权来看，个股期货交易量最大占30%，而指数期货交易量也有27%位居第二，如果以股票类计算（加总个股与指数期货选择权），股票类占全球交易量的57%，是最大部分。以往交易量最大的利率类则已渐渐缩小，仅占全体交易量的15%。从表附录2－3可看出，金融类的交易量占整体期货选择权市场的82%，是绝大多数。

表附录2－3　交易量商品比重

由全球75处的交易所与结算所统计之合同数量			
类别	2013年1—12月	2014年1月—12月	变动/%
个股期	6390404778	6493177097	1.6%
指数	5381657190	5827913937	8.3%
利率	3330904991	3268154625	－1.9%
外汇	2496423691	2119023131	－15.1%
农产品	1209776849	1400153550	15.7%
能源	1315276356	1160317682	－11.8%
基本金属	646349077	872601162	35.0%
贵金属	433546140	370872772	－14.5%
其他	347412764	355224591	2.2%
合计	21551751836	21867438547	1.5%

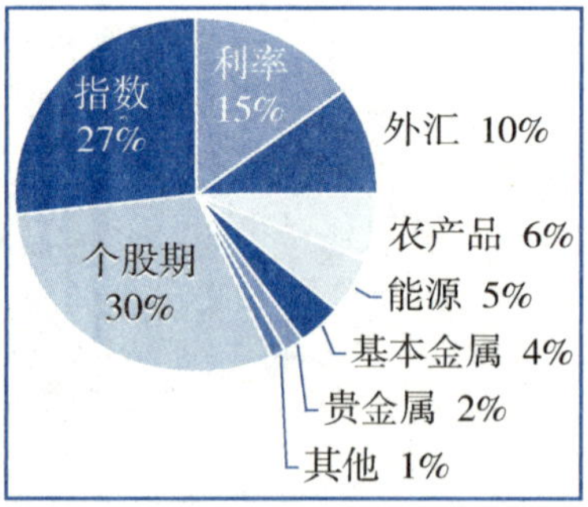

图附录2－1　交易量商品比重

商品期货类的交易量，以能源类最大，2014 年能源类交易量 11.6 亿口，比前一年度衰退 11.8%，显示 2014 年下半年油价大跌，基金交易有减少的现象。而基本金属在 2014 年交易量则是年增长 35% 视为最大的增长类，主要是因为中国上海期货交易所全面大幅增长。贵金属交易量持续疲弱，年衰退率为 14.5%，也显现出黄金和白银价格的疲弱（见表附录2－3）。

以地区来分类，2014 年交易量仍以北美洲为最大地区，不过亚洲地区的交易量已经急起直追（主要为中国与印度的交易量），欧洲地区交易量为第三。而前三大交易市场北美、亚洲和欧洲的交易量比重达 91%，为全球期权交易最主要的市场（见表附录 2－4）。

表附录 2－4　交易量地区比重

由全球 75 处的交易所与结算所统计之合同数量			
类别	2013 年 1—12 月	2014 年 1—12 月	变动/%
北美	7830496564	8212951665	4.9%
亚洲	7301581335	7252376703	－0.7%
欧洲	4359086394	4450348259	2.1%
拉丁美洲	1683182520	1514203690	－10.0%
其他	377405023	437558230	15.9%
合计	21551751836	21867438547	1.5%

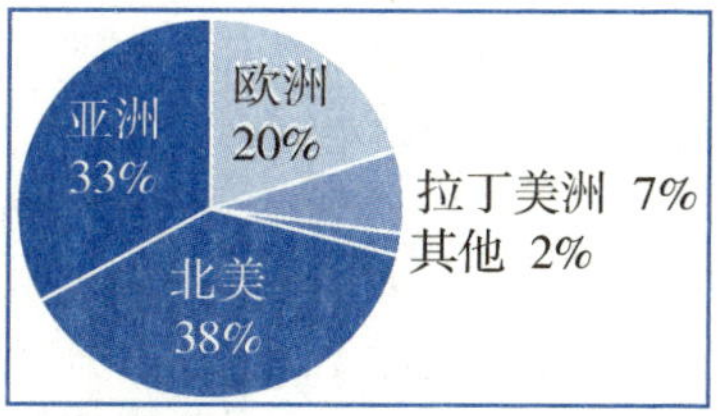

图附录 2－2　2014 年 1—12 月交易量地区比重

商品期货与选择权交易量比较

以前五大农产品交易量来看，全部都是来自中国交易所，尤其是大连商品交易所与郑州商品交易所各有两项属于前五大农产品，主要原因之一是，中国的农产品期货合约规格通常比美国芝加哥期货交易所小很多。以 CBOT 的玉米期货来说，其合约规格是第一名 ZCE 菜籽粉期货的 12.7 倍，如果将玉米的成交量乘以此倍数，其交易量是菜籽粉的 2.9 倍之多。由此可见，CBOT 的玉米、黄豆、小麦期货交易量规模仍独霸全球，且为最重要的农产品期货契约（见表附录2－5）。

表附录 2-5　全球前 20 大农产品期货与选择权合约

前 20 大农产品期货与选择权合约					
排名	合约	合约规格	2013 年合约数量	2014 年合约数量	变动/%
1	菜籽粉剔货,ZCE	10 吨	160100378	303515966	89.6%
2	豆粞期货,DCE	10 吨	265357592	204988746	-22.7%
3	白糖期货,ZCE	10 吨	69794046	97726662	40.0%
4	橡胶期货,SHFE	10 吨	72438058	88631586	22.4%
5	棕榈油期货,DCE	10 吨	82495230	79996388	-3.0%
6	玉米期货,CBOT	5000 蒲式耳	64322600	69437304	8.0%
7	豆油期货,DCE	10 吨	96334673	64082631	-33.5%
8	黄豆期货,CBOT	5000 蒲式耳	46721081	49169361	5.2%
9	鸡蛋期货,DCE	5 吨	1951323	35188187	1703.3%
10	1 号棉花期货,ZCE	5 吨	7452748	31782665	326.5%
11	小麦期货,CBOT	5000 蒲式耳	24993158	31722024	26.9%
12	11 号糖期货,ICE-US	112000 磅	29813680	29396597	-1.4%
13	1 号黄豆期货,DCE	10 吨	10993500	27197413	147.4%
14	卖豆油期货,CBOT	60000 磅	23805912	23769391	-0.2%
15	玉米选择权,CBOT	5000 蒲式耳	23534308	21246732	-9.7%
16	黄豆粉期货,CBOT	100 短吨	20237181	20637382	2.0%
17	黄豆选择权,CBOT	5000 蒲式耳	14760704	17916675	21.4%
18	叶籽油期货,ZCE	5 吨	11853858	13897650	17.2%
19	活牛期货,CME	40000 磅	12463043	13599292	9.1%
20	活猪期货,CME	40000 磅	11277038	10656944	-5.5%

以能源类来看，主流的原油与天然气期货交易量普遍比前一年度下滑，ICE 欧洲的北海布兰特原油持续蝉联第一，美国纽约 NYMEX 的西德州轻原油期货交易量则小幅减少，仍为第二。不过以前十大交易量契约来看，在 NYMEX 交易的就有半数，显示美国纽约的 NYMEX 交易所在能源期货类交易中最具代表性，而 ICE 欧洲则是欧洲能源期货交易最热络的交易所。大连商品交易所（DCE）的能源类交易契约也是颇为活络，不过期契约规模仍然维持一贯小而美的状况，因此交易量相对大（见表附录 2-6）。

金属类合约包括基本金属与贵金属，中国的基本金属交易量非常大，金属类交易量前五名中已占四名，不过交易人几乎都是国内法人，国际化的程度很低。

表附录 2－6　全球前 20 大农产品期货与选择权合约

前 20 大能源期货与选择权合约					
排名	合约	合约规格	2013 年成交量/手	2014 年成交量/手	变动/%
1	布伦特原油期货,ICE	1000 桶	159102103	160425461	0.8%
2	西德州轻原油期货,Nymex	1000 桶	147690593	145147334	－1.7%
3	天然气期货,Nymex	10000MMBTU	84282495	74206602	－12.0%
4	焦炭期货,DCE	100 吨	115306637	63688294	－44.8%
5	焦煤期货,DCE	60 吨	34259550	57605436	68.1%
6	柴油期货,ICE	100 吨	64000861	52800084	－17.5%
7	无铅汽油期货,Nymex	42000 加仑	34470288	34421866	－0.1%
8	热燃油期货,Nymex	42000 加仑	32749553	33946420	3.7%
9	NTI 原油期货,ICE 期货(欧洲)	1000 桶	36111163	31600959	－12.5%
10	轻原油选择权,Nymex	1000 桶	31478060	31107783	－1.2%
11	天然气欧式选择权,Nymex	10000MMBTlI	21053064	20936070	－0.6%
12	膘油期货,MCX	100 桶	39558169	20731880	－47.6%
13	布兰特原油最后一日期货,Nymex	1000 桶	9214951	18493384	100.7%
14	U.5. 原油基金 ETF 选择权	N/A	16557758	16492138	－0.4%
15	天然气期货,MCX	1250MMBTU	23828800	15628773	－34.4%
16	布兰特原油期权,ICE 期货(欧洲)	1000 桶	9690641	13285768	37.1%
17	U.S. 天然气基金 ETF 选择权	N/A	7988602	9254832	15.9%
18	布兰特原油期货,莫斯科交易所	10 桶	18170809	7084451	－61.0%
19	EUA 期货,ICE 期货(欧洲)	1000EUAs	7261175	7008526	－3.5%
20	Henry Hub 天然气交换期货,Nymex	2500MMBTU	11459837	6332365	－44.7%

商品交易所的铁矿石是中国独特的金属期货合约交易商品，铁矿石期货从 2013 年 10 月才开始上市交易，是相当新的期货合约。

贵金属交易方面，上海 SHFE 的白银与纽约 COMEX 的黄金名列前茅，在 SHFE 的白银或是黄金期货交易量大且年年增长，相对 COMEX 的黄金和白银期货在 2014 年交易量是呈现衰退的情况。另外，SPDR 的黄金 ETF 选择权交易量也很大，但是其交易量已经连续两年衰退，成交量排行也从第五名降至第十名。SPDR 的黄金 ETF 是黄金现货非常重要的指标，其黄金持仓量的增减直接影响到现货黄金的投资，对黄金期货或是相关选择权价格影响也是很大（见表附录 2－7）。

表附录2－7　全球前20大金属期货与选择权合约

前20大能源期货与选择权合约					
排名	合约	合约规格	2013年成交量/手	2014年成交量/手	变动/%
1	螺纹钢期货,SHFE	10吨	293728929	408078103	38.9%
2	白银期货,SHFE	15公斤	173222611	193487650	11.7%
3	铁矿石期货,DCE	100吨	2189215	96359128	4301.5%
4	铜期货,SHFE	5吨	64295856	7051 0306	9.7%
5	铝期货,LME	25吨	63了67903	65435357	2.6%
6	Comex黄金期货,Nymex	100金衡制盎司	47294551	40518804	－14.3%
7	锌期货,SHFE	5吨	12083166	40429347	234.6%
8	铜期货,LME	25吨	40486017	38807667	－4.1%
9	锌期货,LME	25吨	30270370	30321911	0.2%
10	SPDR黄金ETF选择权	N/A	49003859	29470882	－39.9%
11	黄金期货,SHFE	1公斤	20087824	23865406	18.8%
12	iShares白银ETF选择权	N/A	29722604	20712614	－30.3%
13	白银MIC期货,MCX	1公斤	33611357	20187418	－39.9%
14	镍期货,LME	6吨	13678490	18077047	32.2%
15	COMEX铜期货,NYMEX	25000磅	17127383	14591200	－14.8%
16	铝期货,SHFE	5吨	3305575	13926276	321.3%
17	COMEX白银期货,NYMEX	5000盎司	14475593	13696961	－5.4%
18	错期货,LME	25吨	12931067	12872224	－0.5%
19	黄金期货,Moscow	1金衡制盎司	15892846	11519763	－27.5%
20	白银M期货,MCX	5公斤	20267222	10016910	－50.6%